Johanna Müller-Ebert

WIE NEUES GELINGT

Johanna Müller-Ebert

WIE NEUES GELINGT

Die vier Schritte zur Veränderungskompetenz

Kösel

Für alle Mutigen auf dem Weg zur Veränderung

Verlagsgruppe Random House FSC® N001967
Das für dieses Buch verwendete FSC®-zertifizierte Papier *Munken Premium Cream* liefert Arctic Paper Munkedals AB, Schweden.

Copyright © 2014 Kösel-Verlag, München,
in der Verlagsgruppe Random House GmbH
Umschlag: Weiss Werkstatt, München
Umschlagmotiv: plainpicture/Lubitz + Dorner
Lektorat: Imke Oldenburg, Bremen
Druck und Bindung: GGP Media GmbH, Pößneck
Printed in Germany
ISBN 978-3-466-30974-0

Weitere Informationen zu diesem Buch und unserem gesamten lieferbaren Programm finden Sie unter www.koesel.de

INHALT

TEIL 1

Verändern im Alltag –
Einführung und Grundlagen

Wenn Sie neugierig sind und erfahren wollen, was Veränderungs- und Trennungskompetenz in allen Lebenslagen ganz konkret bedeuten könnten, dann möchte ich Ihnen zunächst statt eines Vorworts eine ganz persönliche Geschichte erzählen:

Die Geschichte von Lisbeth

Die Geschichte über das Ende des »Mythos vom ewigen Schaffen« handelt von meiner schwäbischen Großtante Lisbeth. Ich selbst habe sie in ihren letzten Lebensjahren noch als eine meist gut aufgelegte, immer freundliche und gelassene, den Menschen zugewandte ältere Dame kennengelernt, die wusste, dass sie »ihre Zeit« gehabt hatte und die nun längst zufrieden auf die Bilanz ihrer Lebens zurückblicken konnte.

Von dieser Tante Lisbeth wurde allerdings in der Familie erzählt, dass sie als junge Frau und Mutter mitunter zu sehr energischen Handlungen neigte. So konnte sie sich über eine liegen gelassene Socke oder herumliegende Spielsachen ihrer Kinder überaus heftig aufregen. Nicht selten pfefferte sie diese Gegenstände in die Zimmer der Übeltäter und warf sie ihnen manchmal sogar an den Kopf. Tante Lisbeth wohnte mit ihrer Familie in einem Haus mit großem Garten. Es wird erzählt, dass sie im Frühjahr, nach den ersten Sonnentagen, nicht zur Ruhe kam, ehe sie voller Ärger und mit Wut im Bauch allen Löwenzahn aus ihrem Garten nicht nur den Kopf ab-, sondern auch die Wurzeln ausgerissen hatte. Vor allem Läuse auf den rankenden Bohnenpflanzen konnten sie so in Rage versetzen, dass sie diese über Stunden einzeln mit spitzen Fingern von den Blättern las und die Nachbarskinder anstellte, dasselbe zu tun und ihnen pro Laus je einen Pfennig dafür bezahlte. Eines Tages ging sie morgens, es hatte die Tage zuvor viel geregnet, durch ihren sonnenbeschienenen Gemüsegarten und stellte erstaunt und verärgert fest, dass über Nacht ein Heer von Schnecken ihre Salatköpfe verunstaltet und halb aufgefressen hatte. Anstatt die Schnecken mit List und Tücke wegzulocken, schlug sie vor lauter Wut auf die Tiere und damit auch auf die Salatköpfe ein, bis die einen tot und die anderen vollkommen zerfleddert waren.

In der darauf folgenden Nacht hatte Tante Lisbeth einen Traum. Sie nannte ihn später ihren »Sisyphos-Traum« oder auch ihr »Paulus-Erlebnis«. Sie träumte, dass sie in einem riesigen Garten voller Salatköpfe dicke Schnecken auflesen und in einen großen Bottich werfen musste. Kaum hatte sie einen Topf voll, gab es bereits auf einem anderen Feld noch größere, schleimigere Schnecken. Schweißgebadet und von den unendlich nachwachsenden Schnecken überwältigt, wachte sie aus ihrem Alptraum auf.

Nachdem sie sich etwas erholt und ihrem geduldigen Mann beim Frühstück den schrecklichen Traum erzählt hatte, soll sie plötzlich tief Luft geholt haben, um dann den bedeutungsvollen Satz auszusprechen, der fortan in unserer Familie bei großen und kleinen Missgeschicken als »Tante Lisbeths Trost« zitiert wurde: »Bevor i mi uffreg, isch mirs grad egal.« (Bevor ich mich aufrege, ist es mir egal.)

Niemand, auch ich nicht, hat Tante Lisbeth danach je wieder außergewöhnlich wütend oder gereizt erlebt. Sie schien über Nacht einen Zustand großer Gelassenheit erreicht und in Kauf genommen zu haben, dass sie nach entsprechend feuchter Witterung ihren Salat eben mit den Schnecken teilen oder beim Gemüseladen Ersatz kaufen musste.

Auf diese Weise wurde sie 87 Jahre alt und dient mir seither als mein ureigenes Vorbild schwäbischer Gelassenheit, die sich allerdings bei Schwaben, wie man weiß, manchmal erst in höherem Alter einstellt.

Nicht jedem gelingt es, sich so sehr zu verändern wie meine Großtante und nicht immer verändern wir uns ganz unwillkürlich im Traum. Zwar steht schon in der Bibel geschrieben, dass es »der Herr den Seinen im Schlaf gibt«, doch habe ich die Erfahrung gemacht – und Sie werden diese wahrscheinlich mit mir teilen –, dass man trotz aller wohlwollender Kräfte aus dem Unbewussten bei einem solchen Prozess mit dem eigenen kreativen Selbst gründlich nachhelfen muss.

Um eben diese willentliche kreative Mitwirkung an einem zufriedenstellenden eigenen Leben geht es in den folgenden Kapiteln. Ich möchte Ihnen zeigen, dass Veränderungs- und Trennungskompetenz eine Mischung von intuitivem und früh erworbenem Wissen sind und Sie werden erfahren, wie Sie diese Bereitschaft, das uns begegnende Glück und die sich bietenden Chancen des Lebens ergreifen, nutzen und diese mit Klugheit, Willen und Wissen in die Bahnen Ihrer zukünftigen Bedürfnisse lenken können.

Einladung zur Veränderungskompetenz

»Das müsste man mal verändern!« – solche Kommentare begegnen Ihnen im Alltag sicher auch häufig; entweder kommentieren Sie Ihr eigenes Verhalten, oder Ihr Gesprächspartner äußert sich über Sie. Dann geht es meist um etwas, was uns schwerfällt oder was uns schon lange an uns selbst oder an anderen stört. Man befindet sich vielleicht mit sich und anderen im Konsens darüber, dass etwas anders werden soll, aber es bleibt dann doch so stehen. Und ehe man sich versieht, sind wieder ein paar Monate vergangen und beim nächsten Treffen erinnert man sich vielleicht gegenseitig daran: »Wolltest du nicht eigentlich nach Berlin umgezogen sein?« oder: »Hast du damals die Stelle angenommen?« Und dann erzählt man sich selbst und den anderen von den vielen Gründen, die einen davon abgehalten haben, und auch von den Schwierigkeiten oder der mangelnden Zeit, die dem Vorhaben im Wege standen, kann man berichten. Es geht ja irgendwie weiter.

Vielleicht kennen Sie den Satz aus dem »Rheinischen Grundgesetz«: »Es ist noch immer gut gegangen.« Aber manchmal mischt sich auch ein bisschen Verzagtheit in diese Sicht. Oft höre ich zu Beginn einer psychologischen Beratung oder eines Coachings den Wunsch des Klienten an sich selbst: »Ich müsste mal lernen, daran was zu verändern.« Doch hinter all der Not, die Menschen in die Beratung führt, steckt häufig auch ein verschmitztes halbherziges Hoffen, dass es vielleicht doch »auch so« gehen könnte. Denn Veränderungen bringen unvermeidlich auch ungeliebte Auswirkungen mit sich, so die zugrunde liegende Befürchtung. Jedoch vergessen wir dabei manchmal, dass es natürlich auch Konsequenzen hat, wenn wir keine Veränderungen vornehmen.

Am liebsten hätten wir ja oft beides, den alten Zustand und

das Neue, und weil das nicht geht, bleiben wir in Ambivalenzen hängen. Das ist grundsätzlich nichts Schlimmes, sondern zeigt, dass wir Wahlmöglichkeiten haben. Oft verursachen beide oder mehrere Wahlmöglichkeiten gleich viel Unbehagen, so dass man nicht glauben will, dass eine Veränderung vielleicht auch eine Verbesserung bringt. Wenn wir Glück haben, zwingt uns ein äußerer Anlass zu einer Veränderung: Unser Chef geht in den Ruhestand und es kommt eine neue Leitung, die ihre neue Assistenz mitbringt, sodass wir in eine andere Abteilung wechseln müssen. Wir stellen dabei fest, dass wir uns dort doch viel wohler fühlen als gedacht. Oder Ihre Firma zieht in eine weiter entfernt liegende Stadt und Sie haben plötzlich einen viel längeren Weg zu überwinden. Ihnen wird klar, dass die Anstrengung sich gar nicht lohnt und Sie eine ähnliche Stelle auch im näheren Umkreis finden könnten, diesmal vielleicht sogar eine, die etwas interessanter ist.

Natürlich kann der äußere Anlass auch ein anderer sein: Erinnern Sie sich an den französischen Spielfilm »Chocolat«? Die Hauptfigur, eine Zuckerbäckerin, wurde immer bei Nordwind von einer Unruhe ergriffen, die sie dazu veranlasste, an ihrem jeweiligen Wohnort alle Zelte abzubrechen und mit ihrer Tochter in einen anderen Landstrich weiterzuziehen, um dort erneut eine Confiserie zu eröffnen. Die arme Tochter wäre immer gerne geblieben und fürchtete den Wechsel der Windrichtung, der in dem Film gleichbedeutend mit der Trennung von allem Gewohnten war.

Vermeiden wir also deswegen Veränderungen, weil wir fürchten, dass es Trennungen mit sich bringen könnte, wenn wir gewohnte Muster durch neue Muster ersetzen, und dass wir dann weniger handlungsfähig als vorher wären? Oder scheuen wir deshalb diese kleinen und doch auch notwendigen Veränderungen, weil wir in unserem Alltag laufend notgedrungen viel zu viel verändern müssen?

Roy Baumeister schreibt in seinem Buch *Die Macht der Disziplin,*[1] dass das Vorhandensein zu vieler Wahlmöglichkeiten und die Notwendigkeit, sich immer wieder auf Neues einlassen zu müssen, bei zu wenig Zeit zu einer sogenannten »Ego-Erschöpfung« führe, so dass der Mensch nicht mehr handeln wolle und könne. Er beschreibt, dass wir derart häufig auf so vieles reagieren müssten, dass wir oft froh seien, wenn wir unsere Ruhe hätten, aber dann Entscheidendes für uns nicht mehr wahrnehmen können oder keine Kraft mehr dazu haben.

In diesem Buch möchte ich Ihnen ein Modell zeigen, wie Sie erfolgreich mit alltäglichen Veränderungen umgehen können. Ich möchte Sie einladen zu dem Experiment, jede Veränderung, ob es sich um einen kleinen Schritt oder um größere Umbrüche handelt, als einen Prozess zu verstehen, der in einer gleichbleibenden Grunddynamik verläuft: dem 4-Schritte-Modell der Veränderung.

In der Regel denkt man über Veränderungen nicht sehr viel nach, sondern nimmt sie einfach in Angriff oder klagt über die Schwierigkeiten, die man damit hat. Im ersten Teil des Buches möchte ich Ihnen zunächst zeigen, welche Annahmen über Veränderungen in unseren Verhaltens- und Denkmustern verborgen sind, die uns fast von vornherein in der Handlung blockieren. In meiner beratenden und psychotherapeutischen Praxis habe ich beobachtet, dass Menschen, die etwas verändern wollen, oft befürchten, nicht mehr geliebt zu werden oder aber verlassen zu werden, wenn sie etwas verändern wollen. Verändern ist dann ganz schnell mit Trennungsangst verbunden. Wenn die Trennungsangst uns im Griff hat, kann das wie eine Trance wirken und jeden Veränderungsschritt von Anfang an behindern. (Über Trennungs- und Verlustangst können Sie an anderer Stelle mehr lesen.)[2]

Von der Vergangenheit bis in die Gegenwart hinein beschäftigen sich viele Theorien mit der Rolle, die Veränderung im menschlichen Leben spielt. Sie kommen zu unterschiedlichen, mitunter auch widersprüchlichen Ergebnissen. Während die eine Seite behauptet, alles läge in unserer Hand, wenn wir nur wirklich wollten, behaupten andere, alles sei determiniert und menschliches Verhalten, einmal in unseren Netzwerken gefestigt, sei unveränderbar. Ungeachtet dieser vielfältigen kognitiven, hirnphysiologischen und spirituellen Annahmen haben wir aber alle unser tägliches Veränderungspäckchen zu bewältigen, und manchmal gelingt uns das, allen Voraussagen zum Trotz, doch sehr gut.

Im zweiten Teil meines Buches möchte ich Ihnen zeigen, welche der psychologischen und psychotherapeutischen Konzepte sich im Hinblick auf das Thema Verändern in meiner Beratung als nützlich erwiesen haben. Dabei handelt es sich um Ansätze, die in unser psychologisches Alltagswissen eingegangen sind und unsere Veränderungspraxis bereichern. Hier stelle ich Ihnen das Konzept der Ich-Anteile, die sogenannte Teile-Theorie vor, die Sie in Ihrem täglichen Umgang mit sich selbst vermutlich bereits praktizieren. Das Kapitel »Zwei Seelen (und mehr) wohnen, ach! in meiner Brust« soll Ihnen zeigen, über welche Ressourcen Sie im Hinblick auf Veränderungswissen schon jetzt verfügen. Die Konzepte des inneren Teams oder der inneren Familie können eine Unterstützung für Sie sein; Sie können diese Sicht der Dinge in Ihrem Alltag anwenden und überprüfen.

Im »Volksmund« hört man oft Äußerungen, die nicht gelungene Veränderungsprozesse so kommentieren: »Wenn man es nur wirklich will, dann schafft man es auch!« Oder man begegnet wenig hilfreichen Bemerkungen wie dieser: »Wenn du es nicht machst, dann willst du es gar nicht wirklich!« Solche Kommentare sind nicht konstruktiv und können manchmal kränkend und sogar entmutigend wirken.

Mit dem Wollen alleine ist es beim Verändern nicht getan, auch wenn Sie, wie Sie im 4-Schritte-Modell sehen werden, eine gewisse Portion davon benötigen. Ich erinnere mich in diesem Zusammenhang an eine Karikatur, die mich sehr zum Schmunzeln brachte: Eine kleine Schnecke steht vor einer in einiger Höhe aufgelegten Hochsprunglatte und schaut sehnsüchtig nach oben. Eine andere Schnecke will sie anspornen und sagt:»Man muss es nur wollen!«

Wenn ich jedoch weder über die Mittel noch über die seelische Ausrüstung zum Erreichen meines Zieles verfüge, hilft auch der beste Wille nichts. So ist zum Beispiel Prüfungsangst eine angemessene Reaktion darauf, wenn ich mich nicht gründlich vorbereitet habe. Und der Versuch, das zu verändern, hätte wenig Sinn: Gegen diese Art von Prüfungsangst hilft nur der Wille zum Lernen.

Wenn Sie sich ausführlicher über das Thema Wollen und Hirnforschung informieren möchten, finden Sie im Kapitel »Wer etwas mehr Theorie mag« einen Exkurs zur Hirnforschung und Willenstheorie. Hier zeige ich Ihnen an den Ergebnissen der Osnabrücker Forschungsgruppe für Gedächtnisforschung, was die neuere Hirnforschung zum Thema Veränderung in unserem Kontext zu sagen hat.

Die Hirnforschung hat in den letzten Jahren entscheidende Beiträge zum Verständnis von Verhaltensmustern, Veränderungsverhalten und Willen geleistet. Ausgerüstet mit diesem Wissen können Sie entscheiden, wie viel Wille und wie viel Biologie Sie für Ihre eigenen kleinen Vorhaben benötigen.

Im dritten Teil des Buches stelle ich Ihnen das 4-Schritte-Modell des Veränderns vor, das Sie handlungsorientiert durch die verschiedenen Phasen eines Veränderungsprozesses begleiten kann, sei er klein oder groß oder von kürzerer oder längerer Dauer. Ich möchte Sie damit einladen, sich bewusst in Veränderungsprozesse zu begeben, unabhängig davon, ob es sich um selbstgewollte, von außen an Sie herangetragene oder auch durch das Leben erzwungene Veränderungen handelt.

Als Anregung zum Weiterlesen finden Sie ein Verzeichnis von empfehlenswerter Lektüre zu unterschiedlichen Aspekten des Themas »Verändern« am Ende des Buches.

Wenn Sie aber direkt mit dem 4-Schritte-Modell des Veränderns beginnen und aktiv werden wollen, so überblättern Sie diese Exkurse und machen sich einfach auf den Weg zu Ihrem eigenen Veränderungsvorhaben.

Die eine oder andere Phase dieses Prozesses kann etwas länger oder kürzer dauern, je nachdem, wie weit Sie in Ihrem Veränderungsdenken vorangeschritten sind: ob Sie noch ganz für sich nachdenken, ob Sie bereits mit Ihren wichtigsten Vertrauten über Ihre Absichten sprechen oder ob Sie gar schon im Handlungsprozess angekommen sind. Sie finden in jedem Kapitel zu jedem Schritt Beispielgeschichten, die illustrieren, wie unterschiedlich Menschen eine Veränderung angehen oder welche Auswirkungen es haben kann, wenn man den einen oder anderen Veränderungsschritt auslässt. Ich erzähle Ihnen überwiegend von Begebenheiten, die ein gelungenes Ende finden, weil ich Sie dazu ermuntern möchte, Ihre eigenen Ressourcen zur Veränderung mutig zu aktivieren und neue Muster auszuprobieren. Erfahrungen mit Verharren und nicht geglückten Veränderungen haben Sie wahrscheinlich selbst genügend gesammelt, wir wollen Ihr unwillkürliches Wissen nicht weiter mit solchen Geschichten traktieren.

Vielleicht möchten Sie auch die eine oder andere praktische Übung zur Wahrnehmung Ihres eigenen Umgangs mit Veränderungskompetenz ausprobieren, die ich zu den verschiedenen Phasen vorschlage. Diese Übungen können Sie dabei unterstützen, weitere Facetten Ihrer Veränderungskompetenz zu erproben. Vielleicht finden Sie auch in der einen oder anderen Beispielgeschichte Ähnlichkeiten mit Ihrer eigenen Situation und können diese als Anregung nehmen, Ihren eigenen Prozess in Gang zu bringen oder Ähnliches anzupacken.

Vielleicht wissen Sie noch nicht genau, ob es jetzt der richtige Zeitpunkt für Sie ist, sich an neue Dinge zu wagen, oder ob es besser ist herauszufinden, welche Themen für Sie geeignet sind. Möglicherweise beschäftigen Sie sich schon längere Zeit damit, Ihre Veränderungskompetenzen oder Trennungskompetenzen zu verbessern, und ahnen, dass jetzt der richtige Moment ist, um Nägel mit Köpfen zu machen.

Früher oder später werden Sie merken, dass der Stress, der mit einem Veränderungsprozess einhergeht, geringer ist, als der Stress, alles beizubehalten wie es ist. Sie können daher schon jetzt damit beginnen, die erforderliche Energie zu entwickeln, um die gewünschte Veränderung in die Tat umzusetzen.

Vielleicht wollen Sie in diesem Buch auch mehr über die verschiedenen Möglichkeiten erfahren, wie man Veränderungen erfolgreich durchführen kann, damit Ihr Leben zunehmend die von Ihnen gewünschte Qualität erhält. Oder Sie möchten mehr über Veränderungskompetenz lesen, damit Sie auch andere zu erforderlichen Schritten motivieren können – vielleicht möchten Sie Ihren Partner zum Tango-Tanzen überreden oder ihn dazu bewegen mit Ihnen auszuwandern.

Bei Ihrer Beschäftigung mit diesem Buch ist es gar nicht so wichtig, dass Sie meine Vorschläge und die von anderen zu diesen Themen allzu ernst nehmen. Wichtig ist, dass Sie bei der Lektüre und in Ihrem Veränderungsprozess Ihre eigenen Ideen und Gefühle entdecken und spüren. Dabei ist es nicht von Bedeutung, an welcher Stelle in Ihrem Leben Sie mit dem Verändern beginnen. Hauptsache, Sie beginnen es irgendwann! Und es ist auch nicht wichtig, dass Sie alle Aspekte berücksichtigen, über die Sie hier lesen können, vielmehr sind nur die für Sie wichtigen Gesichtspunkte entscheidend. Während der Lektüre entstehen vielleicht Bilder vor Ihren Augen, von denen Sie sagen: »Das sagt mir was«; möglicherweise werden Sie denken: »Das hätte ich schon früher gut gebrauchen können!« Aber wie schon ein Sprichwort sagt: »Aller Anfang ist schwer.« Jede Information zu diesem Thema kann dazu führen, dass Sie mehr ausprobieren wollen, dass Sie motivierter werden und eine zunehmende Klarheit über Ihre Entscheidungen und Ihr eigenes Handeln bekommen.

Einige von Ihnen werden das Buch von vorne bis hinten lesen, um sich einen Überblick zu verschaffen, während andere sich nur das herausgreifen, was sie selbst zunächst interessiert. Und Sie werden vielleicht manche der kleinen Übungen machen, die ich Ihnen vorschlage, oder sich lieber anderen Kapiteln und Geschichten zuwenden. Einige werden das Gelesene nur mit Distanz verfolgen und andere das Interesse haben, das Gelesene bei sich selbst auszuprobieren.

Fünf Minuten reichen aus, um einen ersten Schritt zu machen, eine halbe Stunde reicht aus, um sich einen Eindruck zu verschaffen, ob man sich genauer mit dem Thema Veränderungskompetenz beschäftigen will, und in vier Wochen kann man sich zum Veränderungsexperten für das eine oder andere eigene Ziel entwickeln.

Es ist völlig in Ordnung, Verändern in einem geschützten Feld zu erproben und zunächst mit kleinen Dingen zu beginnen. Übung macht den Meister! Und es ist ebenfalls völlig in Ordnung, das Buch vorwärts zu lesen und rückwärts zu blättern und festzustellen, dass Sie manches, was Sie hier erfahren, nicht gleich ganz verstehen oder anwenden können.

Finden Sie in jedem Fall Ihren eigenen Stil und gehen Sie danach vor. Etwa so, wie die Menüfolge in verschiedenen Ländern unterschiedlich ist: Der deutsche Esser beginnt mit der Suppe, der Chinese beendet das Essen mit der Suppe. Ein Buch zu lesen und danach seinen Vorschlägen zu folgen, ist wie eine Landkarte zurate zu ziehen und dann die Strecke zu befahren. Manche aber ziehen es vor, sich völlig auf das Navi zu verlassen und verschaffen sich keinen Überblick über den kompletten Reiseverlauf. (Wohin das führen kann, erfahren Sie in einer Geschichte im Kapitel über Schritt 4: »Auch ein Navi braucht Veränderungskompetenz«.)

Eines werden Sie bei der Beschäftigung mit diesem Thema bestimmt erleben: Je mehr Sie sich damit beschäftigen, desto mehr werden Ihnen kleine Dinge auffallen, die mit Veränderung zu tun haben.

Es ist nicht von Bedeutung, wenn Sie noch nicht wissen, wann oder wie Sie das Veränderungshandeln in die Praxis umsetzen wollen, und es spielt auch keine Rolle, ob Sie nicht alle oder sogar keine einzige der vorgeschlagenen Übungen gemacht haben und stattdessen die Inhalte des Buches auf Ihre eigene Weise bearbeiten. Manchmal ist es so, dass anfängliches Zögern sich zur kritischen Auseinandersetzung und später in ein besseres Verstehen und schließlich manchmal sogar zu einer Handlung oder Überzeugung verwandelt.

Jede neue Erfahrung kann dazu führen, dass ein über längere Zeit erlebter Mangel überwunden werden kann und Sie auf diesem Gebiet sogar Expertin oder Meister werden; Lernen findet dann nicht nur auf kognitive Weise, sondern auch auf unbewusster Ebene statt. Und während Sie noch überlegen, ob die Zeitinvestition lohnt, werden Sie im Alltag bereits bemerken, wie Sie manche der hier vorgeschlagenen Veränderungsprozesse schon problemlos anwenden.

»Am Baum der guten Vorsätze gibt es
viele Blüten, aber wenig Früchte.«
KONFUZIUS

Ändern scheint häufig nicht leicht – Annahmen und irrige Annahmen über das Verändern

Sie kennen das sicherlich: man nimmt sich immer wieder einmal vor, etwas zu verändern, sei es an seinem eigenen Verhalten oder in seinem Umfeld. Manche Menschen nennen das »gute Vorsätze fassen«. Häufig aber – und meist zum eigenen Bedauern – wird das beabsichtigte Vorhaben aus vielerlei guten und manchmal auch vorgeschobenen Gründen dann doch nicht in die Tat umgesetzt.

Man wollte den Keller endlich aufräumen, man hatte sich vorgenommen, die Steuererklärung jeden Monat pünktlich abzugeben, man wollte auch mehr Sport treiben, regelmäßig mehr schlafen oder sogar mit dem Rauchen aufhören, den Schokoladenkonsum einschränken oder weniger Zeit am PC verbringen und mit den Freunden, dem Partner oder den Kindern mehr unternehmen, man wollte nicht mehr so schnell Auto fahren, nicht ständig auf dem Handy erreichbar sein oder sein Konsumverhalten insgesamt überdenken. Aber seltsamerweise kommt dann regelmäßig immer wieder etwas Wichtiges dazwischen, und wir schieben die nützlichen, manchmal auch lästigen selbst gestellten Aufgaben auf.

Dieses Phänomen scheint so auffällig zu sein und Menschen so häufig zu belasten, dass in den letzten Jahren dafür sogar ein psychologischer Fachbegriff kreiert wurde: »Prokrastination«. Mittlerweile betrachtet man dieses seltsame Geschehen des Aufschiebens sogar als eine psychische Störung. Eine Freundin von mir beschreibt ihr Leiden so: »Ich habe ein ›desperate time management‹ und immer so viel auf dem Plan, dass ich nie dazu komme, alles zu erledigen, und bin dann regelmäßig überall zu spät dran. Das ist furchtbar.« Man hat den Eindruck, immer mehr Menschen sind davon betroffen.

Besonders häufig werden gut gemeinte Veränderungspläne zum Jahreswechsel gefasst. Der Beginn eines neuen Jahres scheint uns Menschen geradezu zu beflügeln, auch bei uns selbst etwas Neues zu beginnen. Dass solche Neujahrsvorsätze aber dann doch meistens nicht ausgeführt und weiter aufgeschoben werden, liegt mitunter daran, dass wir uns zu einem von außen gegebenen Zeitpunkt zwar über unsere eigene Bedürfnislage, aber noch nicht über die notwendigen Voraussetzungen für die angestrebten Veränderungsprozesse im Klaren sind, weil wir unsere eigenen Möglichkeiten für die Planung und vor allem das erforderliche Handeln für diese Veränderung noch nicht ausreichend auf seine Durchführbarkeit überprüft haben.

Wenn Sie einmal ehrlich zu sich sind, werden Sie feststellen, dass wir meist von uns selbst erwarten, dass eine einmal gefasste Absicht allein schon durch den Entschluss dazu in Windeseile das gewünschte Ergebnis hervorrufen müsste. Mit diesem unlösbaren Anspruch an uns selbst erzeugen wir eine Stresssituation, um das sowieso nicht so einfach zu Bewältigende auch noch unter bedrängenden Bedingungen zu erledigen. So träumen Sie vielleicht von einer Radikallösung des »Ex und Hopp« beim Entrümpeln Ihrer Wohnung und lassen dabei aus den Augen, welche Ihrer Mechanismen oder Verhaltensmuster die gewünschte Veränderung behindern oder was sie vielleicht fördern könnte, und auf welche Weise diese von Ihnen angemessen durchgeführt werden könnte. Vielleicht sind Sie ja eher ein Bewahrer und Sammler und müssten länger überlegen. Häufig werten wir uns dann auch noch selbst ab, wenn wir das Vorhaben nicht schnell genug umgesetzt haben oder es nicht von Erfolg gekrönt wird. Typisch sind Formulierungen wie diese »Das schaffe ich sowieso nicht« – keine Motivation, die anspornt! Und so kapitulieren wir oft, bevor wir richtig angefangen haben.

Die folgende kleine Geschichte vom »Wettlauf der Frösche« ist ein Beispiel dafür. Ähnliches können Sie sicher bei sich selbst beobachten: Wenn Sie eine Sache zuversichtlich gestimmt anpacken, gelingt sie Ihnen oft leichter, als wenn Sie schon von vornherein an dem Gelingen Ihrer Bemühungen zweifeln.

Die Geschichte von den Fröschen: »Motivation ist alles!«
Eines Tages hatten die in einem See lebenden Frösche entschieden, auf dem Land einen Wettkampf auszutragen. Als Ziel wurde der höchste Punkt eines hohen Aussichtsturmes festgesetzt, den die Frösche von unten erklimmen sollten. Viele Zuschauerfrösche hatten sich am Tag des Ereignisses an dem Turm eingefunden, um dem Wettbewerb beizuwohnen und die Wettkämpfer anzufeuern. Aber, um ehrlich zu sein, glaubte keiner der anwesenden Zuschauer, dass nur ein einziger Teilnehmer dieses Ziel erreichen würde. Und überzeugt von ihrer eigenen negativen Ansicht feuerten sie die Kletterer nicht etwa an, sondern riefen:»Oh je, schaut nur, die Armen, sie werden es nie schaffen! Der Turm ist einfach zu hoch!« Und der Ausruf »Das schafft ihr nie!« war sehr oft zu hören. Bei den Wettkämpfern schien es schnell wirklich so, als sollte das Publikum recht behalten. Nach und nach gaben immer mehr Frösche auf und setzten den Wettkampf nicht fort. Dennoch riefen die Zuschauer den übrig gebliebenen tapferen

Streitern weiter zu: »Die schaffen das ja nie!« Schließlich war
es soweit, dass alle Frösche das Klettern einstellten – bis auf
einen einzigen, der völlig unerschütterlich weiter den hohen
Turm hinauf hüpfte und, zum Erstaunen aller, tatsächlich das
Ziel erreichte. Das überraschte die Zuschauerfrösche doch
sehr und sie wollten vom Sieger erfahren, wie ihm das möglich gewesen war. Als sie ihn nach der Siegerehrung befrag-
ten, wie er es geschafft habe, den Wettlauf zu gewinnen, ant-
wortete er ihnen nicht und sie bemerkten, dass dieser Frosch
taub war![3]

Dass es, begleitet von Zweifeln, Abwertung und negativen
Kommentaren, deutlich schwieriger ist, sein Ziel zu erreichen,
haben Sie in Ihrem Alltag sicher auch schon festgestellt. Um
sich positiv selbst zu motivieren, müssen Sie allerdings nicht
unbedingt darauf warten, bis Sie taub werden, damit Sie diese
inneren und äußeren Entmutigungen nicht mehr hören, sondern es genügt zu lernen, auf welche Weise Sie sich selbst in
einem Veränderungsprozess positiv verstärken können. Tun
Sie es aber den Fröschen gleich und entmutigen Sie sich bei einem Veränderungsvorhaben im Innern schon im Voraus, dann
wird Ihr aktives und zielorientiertes Handlungsgedächtnis blockiert und Sie können Ihre Energie nicht mehr einsetzen, sondern werden überflutet von Problembewusstsein und Hem-
mungen. Die Hirnforschung liefert deutliche Belege für diesen
Zusammenhang. Wenn Sie Genaueres darüber erfahren möchten, finden Sie sowohl im Kapitel »Wer etwas mehr Theorie
mag« einige Gedanken aus der Hirnforschung und auch in den
Hinweisen zum Weiterlesen vertiefende Ausführungen und
Antworten.

In diesem Buch möchte ich Sie zu einem lebendigen Lö-
sungsweg zu Veränderungsprozessen einladen und Ihnen dazu
zunächst vorschlagen, dem von Ihnen sicherlich häufig erleb-

ten Aufschieben Ihrer Vorsätze mehr Nachsicht entgegenzubringen. Betrachten Sie Ihr Verzögern oder das schlechte Gewissen, das sich bei selbst verordneten Veränderungsaufträgen einstellt, wenn man »es wieder einmal nicht gemacht hat«, aus einem freundlichen Blickwinkel: Könnten Sie Ihr Zögern auch als Hinweis darauf deuten, dass Sie Ihre Zeit nach Ihrem eigenen Willen einteilen möchten und sich Ihre eigene Geschwindigkeit erlauben, wenn es darum geht, Ihre Alltagspflichten zu erledigen?

Dann ist zwar vielleicht der Keller nicht aufgeräumt, was manchmal ein schlechtes Gewissen verursacht, aber stattdessen hat die spontan organisierte Radtour mit den Freunden sehr viel Freude und Energie gebracht. Aufschieben scheint manchmal die einzige Möglichkeit zu sein, wie unser unwillkürliches Wissen für eine Pause sorgen kann, um den vielen »Du musst, Du müsstest noch, Du solltest noch mal schnell« ein Schnippchen zu schlagen. Das Aufschieben wäre dann sogar eine Kompetenz, die es Ihnen ermöglicht, besser für sich selbst zu sorgen.

Das heißt jetzt aber nicht, dass ich Sie alle dazu einladen möchte, zu Faulenzern oder Messies zu werden oder dass Sie sich mit den aufgeschobenen Aufgaben so sehr ins Hintertreffen bringen sollten, dass irgendwann der Gerichtsvollzieher vor Ihrer Tür steht. Natürlich besteht beim Aufschieben auch die Gefahr, dass man zu lange zögert und damit einen notwendigen Veränderungsprozess boykottiert.

Mit dem Gegenteil davon verhält es sich aber ähnlich: Wenn ich alles zu schnell verändern möchte und alles auf einmal erledigen will und nicht beachte, dass manches auch etwas Zeit braucht, kann es geschehen, dass ich zu schnell ermüde oder mitten im Prozess bemerke, dass die Aufgabe zu groß angelegt ist und deshalb entmutigt aufgebe. Dann gilt es, sich daran zu erinnern, dass jedes Ziel in einzelne Schritte zerlegt werden

kann. Und auch, dass jede beherzte Tat von Restriktionen und
Einschränkungen begleitet sein kann, mit denen umzugehen
man lernen kann. Getreu dem Motto: »Eins nach dem anderen«, wie es Beppo, der Straßenkehrer, im Roman »Momo« seiner kleinen Freundin erklärt, die wegen einer großen, fast nicht
zu bewältigenden Aufgabe verzweifelt war. Er beschreibt ihr,
wie man eine endlos lange Straße kehren kann:

Beppo der Straßenkehrer
»Es ist so: Manchmal hat man eine sehr lange Straße vor sich.
Man denkt, sie ist so schrecklich lang; das kann man niemals
schaffen. Und dann fängt man an, sich zu eilen und man eilt
sich immer mehr. Jedes Mal, wenn man aufblickt, sieht man,
dass es gar nicht weniger wird, was noch vor einem liegt. Und
man strengt sich noch mehr an, man kriegt es mit der Angst
und zum Schluss ist man ganz außer Puste und kann nicht
mehr. Und die Straße liegt immer noch vor einem. So darf
man es nicht machen«.
Beppo dachte einige Zeit nach. Dann sprach er weiter: »Man
darf nie an die ganze Straße auf einmal denken, verstehst du?
Man muss nur an den nächsten Schritt denken, an den nächsten Atemzug, an den nächsten Besenstrich. Und immer wieder nur an den nächsten.«
Wieder hielt er inne und überlegte, ehe er hinzufügte: »Dann
macht es Freude; das ist wichtig, dann macht man seine Sache gut.
Auf einmal merkt man, dass man Schritt für Schritt die ganze
Straße gemacht hat. Man hat gar nicht gemerkt wie, man ist
nicht außer Puste. Das ist wichtig.«[4]

Sicherlich hat jeder seine Tricks und Tipps, wie man der inneren Verführung des Aufschiebens entkommen und seine Vorhaben effektiver umsetzen kann. Aber mit ein paar Tipps und

Ratschlägen allein, wie man es anders machen könnte, ist es meist nicht getan.

Davon später mehr. Ich möchte Sie gewinnen, mit mir Verändern als einen Prozess zu betrachten, den man bewusst beginnt und der in verschiedenen Phasen verläuft, seien diese länger oder kürzer. Manche Phasen brauchen wenig Zeit, andere dauern länger, je nachdem, was Sie verändern möchten und wie entschieden Sie voranschreiten wollen. Verändern hat mit Wahlmöglichkeiten, mit Ihren Fähigkeiten und Ressourcen, mit Gefühlen und Erleben, mit Suchprozessen und vor allem mit Zukunftsvisionen zu tun. Verändern ist ein Prozess, der im Kleinen wie im Großen mutiges Zupacken und manchmal auch Trennen braucht!

Das »Polynesische Segeln«

Die Metapher des »Polynesischen Segelns« habe ich in einem Fortbildungsseminar kennengelernt,[5] sie beruht auf diesem Hintergrund:

Früher einmal, als die Mitglieder eines Volksstammes auf einer Inselgruppe der Philippinen bemerken mussten, dass es nicht sinnvoll war, weiterhin zu versuchen auf ihrer alten Insel zu überleben, entschieden sich die Insulaner zum Aufbruch, um neuen Lebensraum zu finden. Sie bestiegen ihre Boote und machten sich vertrauensvoll und damals natürlich ohne GPS auf den Weg. Für uns heute ein kaum vorstellbares Unterfangen! Um ihre gewohnte Sicherheit verlassen zu können und die abenteuerliche Veränderungsleistung dieser Suche auf gut Glück zu erbringen, war es notwendig, eine zielgerichtete innere Einstellung und Haltung zu entwickeln, dass man ein solches Ziel erreichen würde, auch wenn rund um die heimatliche Insel herum nichts anderes als Meer und Horizont zu sehen war. Die Annahme des Anführers: »Bestimmt ist da hinter dem

Horizont eine Insel«, war eine dieser möglichen wie auch irrwitzigen Haltungen, die alle Insulaner überzeugte. So machte man sich auf den Weg in die angedeutete Richtung und ruderte los.

Dieser Satz – »Bestimmt ist da hinter dem Horizont eine Insel« – und das darin mitschwingende, noch in der Zukunft verborgene Ziel, von dem niemand mit Sicherheit sagen konnte, ob man es erreichen würde, weckte aber eine ganz andere Dynamik. Die Gruppe geriet in eine Suchbewegung auf eine neue Heimat zu und entwickelte immer weitere Suchprozesse, die wahrscheinlich irgendwann zur Entdeckung einer neuen Insel führen würden. Der Fokus dieser zielorientierten Überzeugung liegt auf dem Vertrauen in eine Möglichkeit: »Wir können jetzt beginnen, eine Insel zu suchen und werden diese finden.« Wenn nach langem und oftmals auch erfolglosem Rudern dann in einer ganz anderen als der ursprünglich angesteuerten Richtung am Horizont Land in Sicht kommt, kann man in der Gruppe schnell die Übereinkunft treffen, die einmal geplante Richtung zu ändern und auf dieses Land zuzusteuern.

So ähnlich könnte man sich auch das »Navigieren« zu unseren Veränderungsvorhaben in Veränderungsprozessen vorstellen, zu denen ich Sie in diesem Buch ermuntern möchte. Zum Beispiel beschreibt diese Metapher die Dynamik der Schritte 1 und 2 im 4-Schritte-Prozess: »Ich weiß und spüre, dass ich etwas verändern müsste, aber ich weiß noch nicht genau was und schon gar nicht wie. Ich mache diese auftauchenden Gefühle noch mit mir selbst aus, navigiere quasi in meinen Möglichkeiten hin und her, bis ich mich schließlich mit schon klareren, am Horizont auftauchenden Ideen an meine Umgebung wende, um durch ihre Rückmeldung weiterzukommen.«

Ganz ähnlich beschreibt es auch der Hirnforscher Gerald Hüther, wenn er sagt, dass die Gemeinschaft mit anderen es ermöglicht, Suchprozesse zu vollziehen und neue Lösungen zu entdecken.[6] Entsprechende Abläufe sind auch in den Wirtschaftswissenschaften bekannt; hier bezeichnet man diese Methode als »Effectuation« und meint damit eine Entscheidungslogik, die zur Beschreibung von Suchprozessen verwendet wird, bei denen noch keine Sicherheit gegeben ist, dass ein angestrebtes Ziel wirklich erreicht werden kann. Der Suchprozess selbst stellt das eigentliche Ziel dar, mit dem man zu Ergebnissen kommen kann.[7] Aus dem Buddhismus ist uns diese Methode schon lange in dem bekannten Satz geläufig: »Der Weg ist das Ziel«.

So ähnlich verhält es sich auch mit den 4 Schritten der Veränderung, die ich Ihnen in diesem Buch vorstelle.

Vor dem Beginn von großen wie kleinen Veränderungen treten manchmal Gefühle von Kraftlosigkeit und Ohnmacht auf, sei es im Kontakt mit sich selbst oder mit anderen, mit den Freunden, in der Familie oder im Beruf. Sie kennen das: Plötzlich fühlt man sich bei der Bearbeitung einer Aufgabe oder in einer Veränderungssituation dumm, klein oder überfordert, und kann sich kaum erklären, weshalb. In einer solchen Lage ist es nützlich, das angestrebte Ziel in Augenschein zu nehmen und zu überprüfen, ob Sie sich möglicherweise zu viel vorgenommen oder die Messlatte zu hoch angesetzt haben. Kann es sein, dass Sie einen unmöglichen Auftrag verfolgen und deshalb so verzagt sind?

In diesem Zusammenhang ist es auch hilfreich, der Frage nachzugehen, welche Einschränkungen (hier Restriktionen genannt) in Ihrem Umfeld oder bei Ihnen selbst zu diesem Ohnmachtserleben führen. Versuchen Sie dies noch genauer zu ergründen und herauszufinden, was Sie selbst in dem jeweiligen Augenblick dazu beitragen, dass dieses Ohnmachtsgefühl auftritt und was dann der optimale Umgang mit diesem Ohnmachtsgefühl wäre. Da könnte man sich zum Beispiel selbst von dieser Aufgabe freistellen oder den Ort kurz verlassen, um etwas Abstand zu gewinnen. Wenn ein solches Ohnmachtserleben nicht durch mangelndes Engagement und fehlende Vorbereitung verursacht ist, wie im obigen Beispiel der Prüfungsvorbereitung, wenn es also nicht einem ganz konkreten Versäumnis Ihrerseits zuzuordnen ist, liegt die Ursache oft in der Vorstellung eines zu perfektionistischen Ziels, des sogenannten »Sehnsuchtsziels«.[8]

Zurück zu den Polynesiern: Wenn wir mit ihnen in einem Boot säßen und sie auf ihrer Suche begleiteten, würde das bedeuten: wir halten auf das offene Meer zu und steuern die Richtung an, in der wir neues Land vermuten und wohin wir wollen. Vielleicht werden wir verzagen und Ohnmachtsgefühle erleben, weil über lange Zeit nichts anderes auftauchen will als Wasser und Meer. Kommt aber nach einer Weile in einer ganz anderen als der angenommenen Richtung am Horizont Land in Sicht, so geben die Polynesier die einmal anvisierte Richtung auf und steuern auf die Möglichkeit zu, die den sicheren Erfolg von »Land finden« verspricht, auch wenn diese Richtung nicht in der gewünschten Himmelsrichtung liegt.

Diese Strategie können wir bei uns selbst gegen auftauchende Ohnmachtsgefühle in Veränderungsprozessen oder bei Trennungen anwenden. Mit der Metapher des »Polynesischen Segelns« wird die Möglichkeit beschrieben, die »zweitbeste Lösung« anzustreben, wenn das ursprüngliche »Sehnsuchtsziel« nicht erreicht werden kann oder es sich als unerfüllbar erweist.

Das heißt jetzt aber nicht, dass Sie Ihr eigentliches Ziel aufgeben müssen. Sie können ruhig weiter davon träumen. Aber es scheint klug, sich in der Zwischenzeit wie die Polynesier zunächst einer zweitbesten Lösung zu nähern: »Jetzt halten wir mal am Horizont auf das Land bei Sonnenaufgang zu, um wieder zu Kräften zu kommen, zu jagen und vielleicht eine neue Heimat zu finden. Wir können ja ein anderes Mal wieder aufbrechen und dann anderes Land in Richtung Sonnenuntergang finden.« Ein europäisches Sprichwort sagt es drastischer: »Lieber den Spatz in der Hand als die Taube auf dem Dach.«

In unseren alltäglichen Lebensbereichen könnten wir von der lösungsorientierten Haltung der Polynesier lernen: Manches Missverständnis, das wir im Kontakt mit unserem Umfeld erleiden, ist von irrigen Annahmen geprägt, die wir im Laufe der Zeit über unser eigenes Verhalten und das Verhalten von anderen entwickeln. Wenn wir darauf bestehen, hindern uns diese Annahmen häufig daran, zufrieden zu sein oder mit den anderen entspannter zu leben.

Mit »falschen Annahmen« meine ich innere Lebensregeln, Überzeugungen und Verhaltensmuster wie zum Beispiel »Ich bin verantwortlich dafür, dass hier alles rund läuft«. Sei es, im Büro für Ordnung zu sorgen oder die Tassen in die Spülmaschine einzuräumen, sei es, daran zu denken, das Papier im Kopierer nachzufüllen oder die Druckerpatronen zu wechseln, sei es, an die Geburtstage von Kollegen und Kolleginnen zu denken und immer beim Vorgesetzten die Kastanien aus dem Feuer zu holen, obwohl das ja auch mal ein anderer machen könnte. Der innere Unmut über diese Ihre eigenen Regeln und Gewohnheiten kann sogar dazu führen, dass Sie am liebsten kündigen würden oder sogar Streit vom Zaun brechen möchten, um sich von Ihrem Ärger zu entlasten.

Ein solches Muster kann sich dann auch nahtlos im Privatleben fortsetzen. Wenn Sie nicht alleine wohnen, fragen Sie sich vielleicht missmutig, warum immer nur Ihnen auffällt, dass etwas im Kühlschrank fehlt und Sie es dann neu besorgen oder dass nur Sie sehen, wenn die Wäsche eines Mitbewohners noch in der Waschmaschine liegt?

Sind Sie mit solchen Fragen innerlich häufig beschäftigt und nehmen Sie im inneren Dialog häufiger einen beklagenden Anteil wahr? Wenn Ihre Unzufriedenheit darüber wächst, dann wäre es Zeit für eine kleine Veränderung, Zeit, um sich auf den Weg zu machen und mal etwas anderes zu versuchen!

Zunächst gilt es, darauf aufmerksam zu werden, was hier gerade los ist: Fühlen Sie sich im Opfermodus? Wie sind Sie da hineingeraten oder wer hat Ihnen die Aufträge erteilt, für etwas zu sorgen, was Sie jetzt gerade so sehr stört?

Hier melden sich Gewohnheiten und Verhaltensmuster in Ihrem Umgang mit der Lösung von Aufgaben, die wie automatisiert erscheinen und die Sie einfach oft nicht mehr hinterfragen. Wer hat sich denn nicht schon gewünscht, dass man uns unsere Sehnsüchte von den Augen ablesen würde! Steht dahinter nicht der Wunsch, das Gegenüber könnte die Sehnsucht erkennen und sie erfüllen, ohne dass man sich dazu äußern muss?

Betrachten Sie es einmal so: Aufkommenden Unwillen und Unzufriedenheit könnte man als eine Fähigkeit Ihres unwillkürlichen Wissens sehen, sogar als eine Ressource, die uns darauf hinweist, dass Handlungsbedarf besteht und dass wir selbst aktiv werden könnten, wenn uns eine Situation belastet und nicht mehr gefällt, statt uns wie gewohnt schmollend in die Ecke zurückzuziehen oder wütend zu werden, weil man sich nicht gesehen oder ungerecht behandelt fühlt. Suchen Sie in solchen Momenten den zuständigen Ansprechpartner. Finden Sie heraus, was Sie daran hindert nachzufragen, und tun Sie es dann.

Dann geschieht es oft wie von Zauberhand und Sie können etwas Verblüffendes beobachten:

Eigene Veränderungskompetenz kann zu verändertem Verhalten der Anderen führen. Die Hundegeschichte in Schritt 1 erzählt etwas darüber.

Bevor Sie das folgende Kapitel lesen, nehmen Sie sich Zeit, kurz zu rekapitulieren, welche Veränderungskompetenz Sie schon haben und notieren Sie sich diese (im untenstehenden freien Feld). Sie werden bemerken, dass Sie schon über entscheidendes Handwerkszeug verfügen, um manche Herausforderung zur Veränderung mutig aufzugreifen.

»Dazu könnte ich Ihnen eine Geschichte erzählen« – Warum Geschichten beim Verändern helfen

Beim Lesen dieses Buches werden Sie immer wieder auf Geschichten treffen, in denen ich Ihnen erzähle, wie Menschen auf verschiedene Weise Veränderungsprozesse vollziehen, wie jemand seine Schwierigkeiten durch kleine oder große Veränderungen bewältigt oder wie mancher vielleicht in solchen Schwierigkeiten auch stecken bleiben kann. Manchmal werde ich Ihnen solche Veränderungsprozesse auch anhand von Metaphern oder Bildern beschreiben.

In den Geschichten strömt vielerlei zusammen: Selbsterlebtes, aber auch Facetten aus dem Leben von Menschen, denen ich in meiner Beratungsarbeit oder in meinem Alltagsleben begegnet bin oder von denen man mir erzählt hat. Aus vielerlei Einzelteilen und den unterschiedlichsten Erlebnissen verschiedener Personen habe ich einzelne Beispielgeschichten gewoben, die Ihnen über das Buch hinweg vertraut werden und die bei den jeweiligen Veränderungsschritten im 4-Schritte-Modell illustrieren, was für eine Phase jeweils spezifisch ist und wohin ein solcher Schritt führen kann.

Die moderne Hirnforschung sagt, dass wir uns Zusammenhänge in Bildern und Metaphern besser einprägen können und dass sich ein Geschehen oder Erleben in Form von Geschichten und Bildern besser in der Erinnerung verankern kann, weil unsere Sinne dabei angesprochen werden. So kann eine Geschichte beim Lesen oder Zuhören in Ihnen zum Beispiel Zustimmung auslösen oder sogar Selbsterkenntnis anregen: »Ja, das leuchtet mir ein, genauso hätte ich es gemacht.« Die Begebenheit kann Sie auch zum Widerspruch herausfordern oder zu Abgrenzung führen: »Nein, das geht ja so gar nicht!« Sie kann dazu anregen, für sich selbst eigene, ganz andere Lösungsmöglichkeiten für ähnliche Situationen zu finden oder sich durch die Lösung in einer Geschichte oder durch ein Bild zu einem entscheidenden Handeln motivieren zu lassen. Ein Slogan des Buchhandels drückte es einmal so aus: »Geschichten sind Erfahrungen, die man kaufen kann«.

In allen Kulturen wurde und wird immer auch deshalb erzählt, um Menschen durch die Schilderung von fremden Erfahrungen andere Handlungsmuster näherzubringen und damit ihre Wahlmöglichkeiten zu erweitern. So versuchen zum Beispiel Schöpfungsgeschichten aller Religionen, die Frage nach dem Woher der Welt zu beantworten. Die Gleichnisse des Neuen Testaments erzählen von neuen Denkweisen im menschlichen Zusammenleben, der jüdische Rabbiner lockt mit seinen Parabeln und Geschichten menschliche Einsichten bei den ihm Anvertrauten hervor und leitet die Ratsuchenden entweder zu mehr Bescheidenheit im Umgang miteinander an oder trägt zur Heilung ihrer seelischen Nöte bei. Und Sie kennen sicher die Märchensammlung der Geschichten aus Tausendundeiner Nacht, wo Prinzessin Scheherezade ihr Leben rettet, indem sie dem lüsternen Sultan, der ihr nach dem Leben trachtet, Nacht für Nacht bis zum Morgengrauen Geschichten erzählte. Der Sultan war so gespannt auf die Fortsetzungen, dass er sich an die Prinzessin gewöhnte, sich schließlich in sie verliebte und sie heiratete, sodass ihr Leben verschont blieb.

Nicht jede Geschichte rettet nun gleich Leben, aber vielleicht kann eine Geschichte Ihnen eine Anregung für eine neue Wendung in Ihrem Alltag geben. Milton Erickson hat sich in Form der Hypnotherapie auf eine ganz besondere Weise die Kraft und die heilenden Fähigkeiten von Geschichten in der psychotherapeutischen Arbeit zunutze gemacht und gezeigt, wie man selbst erfundene und erlebte wirksame Heilgeschich-

ten für seine Klienten erzählen kann, damit diese sie als Beispiel sehen oder als Projektionen dafür nutzen können, wie
man mit seinen Fragestellungen und Problemen umgehen und
sie lösen kann. Er stellte fest, dass Heilungsgeschichten im Unbewussten fortwirken, auch wenn man auf seine eigenen Gefühle noch nicht wirklich zu achten gelernt hat oder noch nicht
gewohnt ist, beim Handeln genauer auf diese Gefühle zu hören. Unter anderem drückte Milton Erickson es so aus: »Die
Kraft, etwas zu ändern, schlummert in Ihnen.« So nahm er an,
dass positive Erwartungen das Unterbewusstsein dabei unterstützen können, schöpferische Kräfte zu entwickeln, und för-
derte dies durch das Erzählen solcher Geschichten.[9] Viel später hat ihm die Hirnforschung recht gegeben.

Die Nachfolger der Hypnotherapie von Milton Erickson in
Deutschland übernahmen diese Methode des therapeutischen
Geschichtenerzählens erfolgreich in ihre Arbeit. Besonders der
Psycho- und Hypnotherapeut Bernhard Trenkle hat eine Samm-
lung von wirksamen Geschichten zusammengetragen und ein
Paradigma entwickelt, wie eigene Geschichten zu Heilungsge-
schichten werden können.[10]

Nicht nur die Hypnotherapie nutzt Geschichten als hilfrei-
ches Werkzeug bei Schwierigkeiten mit Veränderungen oder
bei Widerständen dagegen, sondern auch Gestalttherapeuten
wie der argentinische Jorge Bucay oder auch die Positive Psychologie setzen sie ein, um die kreative Kraft der Seele für Veränderungen, Trennungen und Neuanfang zu wecken oder sie
wieder zu beleben.

Eine Geschichte kann auf den Zuhörer wirken wie eine Fantasiereise oder wie eine Trance, besonders in beratenden oder
therapeutischen Kontexten. Doch sogar wenn man einfach nur
beieinander sitzt und eine Geschichte erzählt wird, kann sie
ihre indirekte symbolische Wirkung entfalten und Veränderungen einleiten.

Vielleicht möchten Sie einmal darauf achten, wie die folgende kleine Fallvignette auf Sie wirkt und welche eigenen Gedanken sie bei Ihnen hervorruft, wenn ich Ihnen jetzt von einer jungen Frau erzähle, die ursprünglich wegen Flugangst zu mir zur Beratung kam.

Die Geschichte von Anja: Anja macht jetzt, was sie will

Anja erlebte ihre Flugangst als schwere Beeinträchtigung und Belastung in ihrem Alltag, weil sie beruflich weite Strecken überwinden und deshalb häufig im Flugzeug unterwegs sein musste. Oft nahm sie sogar zusätzliche Urlaubstage, um innerhalb Europas bei einem Arbeitsauftrag rechtzeitig mit dem Zug anreisen zu können, wenn die Angst sie packte. Manchmal gab Anja sich auch einen Ruck, überwand sich zum Fliegen und überstand schweißgebadet die Reise. Manchmal checkte sie ein, musste aber feststellen, dass sie so von Panik überflutet wurde, dass sie ihren Flug nicht antreten konnte und ihr Gepäck wieder ausgeladen werden musste. Schließlich entschied sie sich, eine Beratung aufzusuchen.

Die Beratungsarbeit zu dieser Flugangst führte aber zu ganz anderen Schwerpunkten in ihrem Leben. Anja schilderte im Gespräch, dass sie oft Schwierigkeiten damit hätte, etwas zu tun, was jemand anders ihr aufgetragen hatte und dass sie sich häufig schnell unterlegen fühle. Sie entdeckte in ihrer Erinnerung ein inneres kleines Mädchen, dem man immer strenge Vorschriften gemacht hatte, was es zu tun habe und was es lassen müsse; ein Mädchen, das geglaubt hatte, es müsse seine eigenen Ideen unterdrücken, weil es sich nur durch Wohlverhalten und Anpassung die Zuneigung von Anderen sichern konnte. Sie stellte verwundert fest, dass sie manchmal immer noch so handelte, als ob sie das kleine Mädchen sei, das sich anpassen muss, obwohl sie inzwischen zu einer erfolgreichen Managerin geworden war und wichtige Entscheidungen treffen konnte. In dieser Beratung lernte sie sehr schnell, ihr gesamtes Arbeitsumfeld aus dem Blickwinkel der erwachsenen Frau zu betrachten, die sie inzwischen geworden ist. Diese Erfahrung trug dazu bei, dass sich auch bald vieles andere in ihrem Alltag veränderte: viele Freundschaften erschienen ihr plötzlich zu oberflächlich und sie begann, sich nach ihren eigenen Interessen zu fragen, anstatt sich so sehr abzumühen, um mit den anderen und deren Ansprüchen mithalten zu können. Während ihrer Auseinandersetzung mit diesem Phänomen der Abgrenzung und mit dem neuen Blickwinkel einer kompetenten Frau rückte in der Beratungsarbeit die Flugangst ganz in den Hintergrund, bis Anja eines Tages aufgeregt zu einer Sitzung erschien und berichtete, sie habe einen neuen fantastischen Arbeitsvertrag unterschrieben, bei dem sie nun europaweit tätig und viel unterwegs sein würde. Wir müssten unsere Termine deshalb neu besprechen. Sie habe in diesem Zusammenhang letzte Woche auch schon zwei sehr interessante Reisen unternommen. Als ich sie fragte, wie es dabei mit dem Fliegen gegangen sei, sah sie mich groß an: »Mit dem Fliegen? Wo ist das Problem?« Plötzlich musste sie lachen. Sie hatte mit dieser neuen Aufgabe ihre Angst ganz vergessen, seit sie nicht mehr darauf achtete, wie ein kleines Mädchen nur das zu tun, was man von ihr erwartete, selbst wenn es ihr gegen den Strich ging, sondern sie hatte damit begonnen, sich mit ihren Aufgaben in der Rolle als erwachsener Frau zu identifizieren. Es wird Sie nicht verwundern, dass wir die Beratung bald beenden konnten.

Das Symptom ihrer Flugangst war der jungen Managerin Anja gar nicht mehr bewusst, seit sie sich mit ihrem Willen zur Veränderung ihres Arbeitsplatzes und damit auch ihrer Beziehungen beschäftigt hatte und seit sie dem Ich-Anteil der erwachsenen kompetenten Frau in sich mehr Raum gab. Sie musste sich nicht mehr wie ein kleines Mädchen gegen die Vorgaben der anderen wehren und dabei wertvolle Energie verlieren.

Anjas Geschichte kann Ihnen zeigen, dass ein beeinträchtigendes Symptom oft noch auf etwas ganz anderes hinweist als auf das offensichtliche Geschehen und dass ein Symptom häufig wie von allein zu verschwinden beginnt, wenn ein anderes zugrunde liegendes Problem gelöst ist.

Die hypnotherapeutische Annahme, dass der Empfänger die Bedeutung der Botschaft bestimmt, gibt Ihnen als Leser oder Zuhörer im Umgang mit Geschichten verschiedene Wahlmöglichkeiten. So kann eine Geschichte dann für Sie von Bedeutung sein, wenn Sie sich mit einer Einzelheit oder dem Ablauf identifizieren wollen oder wenn Sie sich von den Aktionen der Figuren angesprochen oder verstanden fühlen. Es kann auch sein, dass eine Geschichte für Sie fremd erscheint, dann können Sie sie als Information lesen, an die Sie sich vielleicht später erinnern und die Ihnen einen unbekannten Blickwinkel öffnet, oder vielleicht möchten Sie einfach nur weiterblättern.

Ich möchte Ihnen in diesem Buch in erster Linie Geschichten des Gelingens vorstellen, damit Ihr Absichtsgedächtnis stimuliert wird und Sie sich leichter im Veränderungsmodus auf Ihr Ziel zubewegen können. Am Ende jeder Phase im 4-Schritte-Modell können Sie lesen, dass es noch genügend Stolpersteine gibt, die ein Gelingen Ihres Änderungsvorhabens behindern oder zum Scheitern bringen können und was dagegen nützlich sein kann.

Verändern ist überall: Felder des Veränderns in den Beziehungen des Alltags

Veränderung ist ein Prozess, der alles Leben begleitet und eine der Hauptquellen für Lebendigkeit darstellt. Veränderung und Veränderungsgedanken gibt es immer und überall und sie beziehen sich auf alle Lebensbereiche:

- auf die Beziehung zu Personen, die uns in unserem sozialen Umfeld umgeben,
- auf konkrete Dinge und Gedanken, die uns betreffen,
- auf den jeweiligen Lebensmittelpunkt,
- aber auch auf den Menschen in Beziehung zu sich selbst.

Betrachten Sie in diesem Kapitel mit mir fünf wichtige Bereiche, mit denen Sie tagtäglich in Berührung sind und in denen Sie schon viele Erfahrungen von gelungenen oder auch weniger geglückten Veränderungsprozessen gesammelt haben. Ich meine hier nicht nur die großen Umbrüche oder Konflikte, sondern auch die vielen kleinen Dinge, die man schon immer in seinen Beziehungen zu anderen Menschen oder zu sich selbst auf den Weg gebracht hat, und die man schon immer einmal anders machen oder anders erleben wollte.

Sie wissen aus den Humanwissenschaften, dass unser Verhältnis zu uns selbst beeinflusst ist von Erfahrungen, die wir als Kind in unserem frühen sozialen Umfeld gemacht haben und von der Erziehung, die man uns hat angedeihen lassen. Es ist geprägt von zahlreichen inneren und äußeren Regeln und Überzeugungen, die wir von Eltern, Lehrern und anderen wichtigen Bezugspersonen gehört, manchmal kritisch überprüft oder einfach als gegeben übernommen und die wir ganz selbstverständlich in unser gewohnheitsmäßiges Handlungsrepertoire integriert haben. Aus diesen gelernten Verhaltensnormen und inneren Überzeugungen haben wir Muster gebildet, die im Lauf unserer Entwicklung zu einem festen Bestandteil unseres Ichs geworden sind.

Ausgestattet mit diesen früh eingeübten Mustern im Umgang mit uns selbst, im Umgang mit unseren Wünschen, mit unseren Ängsten oder mit anderen Gefühlen, bewältigen wir in der Regel unseren Alltag recht gut. Das klappt so lange, bis wir vielleicht plötzlich feststellen müssen, dass wir in manchen Situationen mit den gewohnten Lösungsmustern nicht mehr weiterkommen oder sie uns sogar immer wieder in frustrierende Konflikte, Enttäuschungen oder Blockaden verstricken.

Manche Menschen wenden diesen Frust und Ärger gegen sich selbst und mäkeln an sich herum. Sie kritisieren sich selbst aus einer ebenfalls selbstverständlich gewordenen Gewohnheit. Andere wiederum würden am liebsten pauschal alle ihre Mitmenschen verändern und suchen die Schuld für Misserfolge außerhalb ihrer eigenen Grenzen beim Gegenüber. Beides hat in der Regel wenig Aussicht auf befriedigende Gefühle.

Manchmal erfassen uns auch unerfüllbare Wünsche und Sehnsüchte nach einem »Wunder«, die sich in inneren Dialogen äußern wie: »Das muss alles grundsätzlich und schnell anders werden.« Oder: »Wenn sich der Andere nur ändern würde, dann wäre alles gut.« Kurzum: »Wenn ich nur Locken hätte, statt glatter Haare, hätte ich mehr Erfolg bei Frauen (oder Männern).«

Ich skizziere Ihnen im Folgenden fünf wichtige Bereiche in unseren Alltagsbeziehungen, weil ich Sie dafür gewinnen möchte, anstehende Veränderungen auf Ihrer inneren Beziehungslandkarte zu planen und dann zu entscheiden, welche der jeweiligen »Regionen« Sie genauer erkunden möchten, um sie mit dem 4-Schritte-Modell der Veränderung anzupacken, das Ihnen im dritten Teil dieses Buches begegnen wird.

1. Etwas an mir selbst braucht frischen Wind

Veränderungen an sich selbst können einfach und unspektakulär daherkommen und geschehen häufig ganz unbeabsichtigt: Man ändert zum Beispiel mit der neuen Frühjahrsmode seinen gewohnten Stil und beginnt, sich plötzlich anders zu bewegen, weil die neuen Schuhe so hoch, der Rock so eng ist oder der neue Anzug so fantastisch sitzt. Plötzlich stellt man fest, dass die eigene Außenwirkung sich verändert haben muss und man mehr Aufmerksamkeit auf sich zieht.

Manchmal nehmen wir solche äußeren Veränderungen auch bewusst an uns vor, als Folge einer inneren Unzufriedenheit mit etwas anderem. Wir kritteln beispielsweise ständig an uns herum und versuchen, dem kritischen Blick in den Spiegel oder merklich sich ausbreitender schlechter Laune durch eine äußere Veränderung zu entkommen. Sie kennen das: Dann ist manchmal ein Friseurbesuch nötig und genügt sogar, um uns wieder Schwung zu geben. Häufiger aber wird aus einem misslungenen Shoppingnachmittag, der diese unangenehme Laune vertreiben sollte, nur noch das Tüpfelchen auf dem i, das zu noch mehr schlechter Stimmung und noch mehr Erschöpfung führt. Sie stellen fest: »Ich brauche etwas wirklich anderes, aber was?« Und vielleicht fragen Sie sich dann weiter: »Wenn ich mich so häufig erschöpft fühle, was fehlt mir eigentlich?« Oder: »Was ist mir zu viel? Wie kann ich wieder Zugang zu meinen Ressourcen finden? Wie kann ich neue Strategien entwickeln, um meine Kräfte besser einzuteilen?«

2. Veränderungen in den Beziehungen zum Partner und zu unserem sozialen Umfeld

Sie wissen, dass alle Menschen und alle Lebewesen sich stetig verändern, heranwachsen, reifen, sich entfalten, erblühen oder welken und vergehen, damit sage ich Ihnen sicher nichts

Neues. Reifungs- und Alterungsprozesse bringen immer wieder Veränderungen mit sich. Aber warum ist Verändern oft so schwierig?

Verändern heißt auch immer ein wenig Trennen und Loslassen! Das fällt uns in der Regel nicht so leicht und statt des Veränderungswillens kann uns dann schnell die Trennungsangst in den Griff kriegen und jeden Gedanken an eine Veränderung erfolgreich blockieren.

Aus dem Umgang mit Ihren Mitmenschen kennen Sie dieses Phänomen bestimmt: Unsere Beziehungen sind oft belastet von unausgesprochenen Erwartungen, die man an den anderen hat und die man so gerne erfüllt bekommen würde, ohne sie aussprechen zu müssen. Die meisten Menschen aber können nicht Hellsehen und so entstehen unweigerlich immer wieder neue Konflikte oder Frustrationen, wenn diese Erwartungen nicht erfüllt werden. Um solche Hindernisse im Miteinander zu überwinden, bieten sich im Bereich der Beziehungen viele Möglichkeiten zu kleinen Veränderungen: Sie könnten zum Beispiel beginnen, sich über Ihre unausgesprochenen Erwartungen, die Sie an andere haben, bewusster zu werden und sich über Ihre eigenen Verhaltensmuster im Kontakt mit anderen Gedanken zu machen, vielleicht auch anerkennen, dass solche Verhaltensweisen in einer Beziehung für einen gewissen Zeitraum durchaus sinnvoll sind. Vielleicht können Sie überprüfen, ob Ihre Verhaltensmuster im Hier und Jetzt noch zu der jeweiligen Situation passen.

Sie können Ihr soziales Umfeld auch harmonischer gestalten, indem Sie sich fragen, auf welche Art und Weise Sie eine Liebesbeziehung leben möchten, wenn Sie mit Ihrem jetzigen Leben unzufrieden sind. Möchten Sie zum Beispiel wirklich Ihr Single-Dasein aufgeben, Teil eines Paares werden und die dafür notwendigen Einstellungs- und Verhaltensänderungen aufbringen? Das könnte bedeuten, dass Sie sich in Ihrem Umfeld aktiv outen und als jemand identifizieren, der auf der Suche nach einem Partner ist oder sogar eine Familie gründen will.

Oder streben Sie eher das Gegenteil an? Besteht Ihr Wunsch darin, sich aus einer Beziehung zu lösen oder sich zu trennen und als »Stadtindianer« wieder ein unbeschwertes Junggesellenleben zu führen und dafür sichere Bindungen und Kontakte aufzugeben?

Möchten Sie als Sohn oder als Tochter weiterhin die Vorteile im elterlichen Zuhause genießen, um dort eine Grundversorgung und Entlastung im Alltag zu haben anstatt auszuziehen? Sind Sie bereit, dafür in Kauf zu nehmen, den Tochter- oder Sohnstatus mit den entsprechenden Konsequenzen im Erwachsenenalter endlos fortzusetzen? Oder möchten Sie doch lieber Ihre eigenen Wege gehen und dafür einige, zunächst auch unangenehme Veränderungen auf sich nehmen, wie zum Beispiel die Organisation eines eigenen Haushalts und finanzielle Selbstversorgung? (Siehe die Geschichte von Sophie in Schritt 2.)

Sie bemerken es vielleicht an unseren Fragen: Das Leben in unserem sozialen Lebensumfeld braucht auch ab und zu ein Update. Jeder von uns ist Teil von Familienstrukturen. Außerdem pflegen wir Freundschaften und gehören zu engen oder weiteren Bekanntenkreisen. Manche dieser Freundschaften begleiten uns schon von Kindesbeinen an. Freundschaften machen Höhen und Tiefen durch und werden durch kleine oder größere Veränderungen lebendig gehalten. Andere Familien – sowie weitere soziale Beziehungen wiederum erlahmen an zu gleichförmig gewordenen Ritualen oder an den zu unterschiedlich gewordenen Lebensentwürfen, über die man irgendwann nicht mehr sprechen kann und mag, selbst wenn man solche Beziehungen oft noch lange über ihr Verfallsdatum hinaus mühsam aufrechterhält. Denken Sie zum Beispiel an über Jahre hinweg stattfindende Klassentreffen, die zwar einerseits

manchmal belebend »wie ein Bad in der Jugend« wirken können, aber andererseits auch Gefahr laufen, zu leeren Ritualen
zu verkommen. Nach einem solchen Treffen kehrt man manchmal mit einem etwas schalen Gefühl nach Hause zurück und
beschreibt die Begegnung mit den ehemaligen Weggefährten
vielleicht resigniert so: »Ach, wir werden alle älter.« Der nächsten Einladung folgt man nur noch zögerlich oder überhaupt
nicht mehr.

Veränderungen im Bereich unseres sozialen Umfelds vorzunehmen heißt aber nicht immer nur, sich mit dem Vorhandenen und Althergebrachten auseinanderzusetzen, es kann auch
bedeuten, dass Sie neugierig Ihre Fühler nach neuen Kontakten ausstrecken. Unter anderem können Sie heute durch das
Internet Menschen finden, die Ihre Interessen teilen (siehe Geschichte von Klara in Schritt 2). Sie können aber auch eine
Veränderung vornehmen, indem Sie eine Ihrer bisherigen Beziehungen sang- und klanglos beenden und einem Trennungs-
stil des Flüchtens oder Vermeidens von Abschied folgen. Wie
auch immer Sie vorgehen mögen: Im Verlauf des Lebens taucht
unweigerlich immer wieder die Frage auf, wie Sie Veränderungen in Ihren Alltagsbeziehungen zufriedenstellend angehen
und bewältigen können.

▶ EXKURS **Veränderungen in Freundschaften**
Oft werde ich gefragt, ob oder wie man denn Freundschaften
oder Bekanntschaften verändern oder sich davon sogar auch
trennen könnte, ohne dabei immer Beziehungskrisen und Ka-
tastrophen heraufzubeschwören. Vielleicht empfinden Sie im
Hinblick auf diese Fragestellung die folgenden Überlegungen
als hilfreich, die sich damit beschäftigen, dass Veränderungen
in Freundschaften auch vom Zeitverlauf des Lebens geprägt
und nicht nur von persönlichen Gegebenheiten beeinflusst
werden.

In unserem sozialen Leben gehen wir mit ganz unterschiedlichen Freundschaftsbeziehungen um. Manche Freundschaft ist mit einem ganz bestimmten Lebensabschnitt verbunden, einige überdauern Jahre und viele unserer eigenen Veränderungen, andere Freundschaften halten ein ganzes Leben. Manche sind eng und innig, andere sind eher flüchtig, und es gibt auch die Freundin oder den Freund, mit dem man – selbst wenn man sich ein Jahr lang nicht getroffen hat – an der gleichen Stelle wieder anknüpfen kann, an der man damals auseinandergegangen ist. Ich wünsche Ihnen, dass Sie eine solche Freundschaft selbst erleben dürfen. Freunde weiten unseren Horizont.

Das größte Missverständnis, das Freundschaften manchmal so kompliziert erscheinen lässt, ist der Irrglaube, dass es mit ihnen immer so weitergehen müsste, wie sie einmal begonnen haben, oder dass eine Freundschaft ewig halten müsste. Diese Erwartung führt zu Enttäuschungen, die man oft sehr persönlich nimmt, die aber, wie dieser kleine Exkurs zeigen will, in der Natur der Sache liegen: den sich im Laufe des Lebens verändernden sozialen Bedingungen.

Lassen Sie uns also einmal durch den Garten der Freundschaften spazieren und dabei betrachten, wie wir in den verschiedenen Lebensaltern mit jeweils anderen Absichten und Beweggründen unsere Freunde aussuchen und wie diese Absichten und deren Veränderungen über die Zeit hin eine Freundschaft und auch deren Dauer prägen können:

- In der Kindheit suchen wir uns die ersten Freunde zum Spielen, zum Zeitvertreib und zum Entdecken der Welt außerhalb des Elternhauses.
- In der Schule kommt in der Regel der Banknachbar als neuer Verbündeter in dem noch unbekannten Sozialgefüge hinzu oder es wird ein anderer Mitschüler zum Freund, der bestimmte Interessen mit uns teilt oder etwas verkörpert,

was wir bewundern. Der Schulfreund bleibt nicht selten die gesamte Schulzeit mit uns verbunden und mit ihm durchleben wir unsere Jugendzeit. Nur manchmal trennen Freunde sich, weil sie sich nicht mehr verstehen, andere Vorlieben entwickeln oder neue Wege gehen. Und oft begleitet die Schulfreundin uns durch unser weiteres Leben, mal näher, mal ferner.

- In der Pubertät werden Freundschaften wichtig als Unterstützung beim Erwachsenwerden, dem Einüben der neuen Rollen als junger Mann oder junge Frau und bei der Abgrenzung von den Eltern, der zentralen Aufgabe dieser Lebensphase. Der Freund bzw. die Freundin werden in dieser Zeit zu emotionalen Ersatzeltern, was man besonders deutlich an den intensiven »Mädelsfreundschaften« in diesem Alter sehen kann.

- In Ausbildung und Studium knüpfen sich Freundschaften durch ähnliche berufliche Interessen und Hobbys, die gemeinsam verbrachte Zeit und Unternehmungen mit den Freunden reduzieren sich aber dann zugunsten der Partnersuche und der Berufswahl. Die gemeinsame Zeit nimmt ab, man trifft sich eher, wenn der Partner gerade keine Zeit hat für den anderen.

- Bekommt man Kinder, wird man neue Freundschaften mit anderen Vätern und Müttern schließen. Mit etwas Glück gewinnt man andere Elternpaare zu Freunden und auch die jeweiligen Kinder vertragen sich miteinander und beginnen neue Freundschaften.

- Wenn die Kinder aus dem Haus sind oder wenn das Berufsleben zu Ende geht, nehmen viele Menschen wieder Kontakt mit den Schulfreunden auf, zunächst vielleicht nur, um zu sehen, wie es dem alten Kumpel geht und was aus den anderen geworden ist. Klassentreffen sind ein beliebter Anlass zur Wiederanknüpfung von alten Freundschaften. Manchmal stellt man verwundert fest, wie ähnlich das Leben des anderen verlaufen ist und wie leicht es ist, einen jahrelang ruhenden Kontakt und eine Freundschaft auf dem Hintergrund der gemeinsam verbrachten Jugend wiederzubeleben oder neu zu beginnen. Das Internet trägt in erheblichem Umfang zu dieser Kultur bei; inzwischen gibt es spezifische Portale, die dabei behilflich sind, ehemalige Klassenkameraden ausfindig zu machen.

Solche unterschiedlichen Entwicklungen im Alltag bergen Konfliktpotenzial für eine bestehende Freundschaft. Wenn der Freund bzw. die Freundin sozial anders eingebunden ist und eine andere Entwicklung durchlebt hat als Sie, wenn er zum Beispiel immer noch Student ist, während Sie schon in anstrengende Karrierevorbereitungen verwickelt sind oder eine Familiengründung planen. Oder wenn die einst mütterliche ältere Freundin bereits mit Großmutteraufgaben beschäftigt ist, während Sie selbst noch mitten in einem erfolgreichen Berufsleben stehen, verändern sich die gemeinsamen Themen oder die jeweiligen Bedürfnisse. Sich dies bewusst zu machen und die Veränderung nicht nur persönlich zu nehmen, ist die entscheidende Freundschaftsaufgabe an einer solchen Schnittstelle. Diese Unterschiede können durchaus eine Bereicherung sein, manchmal führen sie vorübergehend zu einer Auszeit aus der Freundschaft und man vertröstet sich auf spätere Zeiten, manchmal werden sie zur schmerzlichen oder sogar gekränkten Beendigung der Freundschaft führen, weil man sich nicht mehr verstanden fühlt und eine Veränderung der äußeren Umstände nur auf sich selbst bezieht. Ein würdigender Blick auf die neue Lage des anderen könnte in solchen Situationen manchen Kummer vermeiden helfen.

Freundschaft ist eine frei gewählte Bindung, die ihren Nährstoff unter anderem aus

- gemeinsamen Interessen,
- der Spiegelung meiner eigenen Werte und Identifikationen im anderen,
- der gegenseitigen Sympathien schöpft oder
- manchmal aus einer Zweckgemeinschaft zum Erreichen eines neuen Ziels entsteht. Wenn das Ziel erreicht ist, verbringt man vielleicht aus Gewohnheit weiterhin Zeit miteinander, häufig ist dann aber auch die Freundschaft beendet. Das darf sein.

Machen Sie sich bewusst: Freundschaften verändern sich in den verschiedenen Lebensabschnitten, insbesondere, wenn ein Partner hinzukommt. Im günstigsten Fall verwandeln Freundschaften sich, indem der Freund eine neue Rolle im Paarleben bekommt: Die beste Freundin wird zum Beispiel Trauzeugin oder vielleicht Seelsorgerin in Krisenzeiten, bei der Geburt des ersten Kindes wird der Freund Patenonkel und hat auf diese Weise weiterhin Kontakt mit der Familie. Manchen gelingt diese Veränderung, sodass die Freundschaft andauert und um ein neues soziales Feld bereichert wird.

Und natürlich gibt es sie auch, diese wunderbaren Freundschaften, die ein ganzes Leben halten, durch dick und dünn, die in Krisen Halt geben, in denen man sich auseinandersetzen kann und wieder zusammenfindet. Und in denen man immer wieder mutig bereit ist zu Veränderungen. ◄

3. Beweg dich: Veränderungen im Arbeitsleben

In der Regel verbringen wir mehr als die Hälfte unseres wachen Alltags in unserem Berufsleben, wo wir den vielen unterschiedlichen Beziehungen zu anderen, aber auch zu uns selbst gerecht werden müssen. Die Festlegung auf einen Beruf und auf die damit verbundenen sozialen Strukturen durch eine einmal getroffene Berufswahl ist schon lange nicht mehr dauerhaft gesichert und verlässlich. Die Veränderungen von Arbeitsbedingungen fordern immer schneller Flexibilität und Orientierung auf neue Ziele hin. Die veränderte Arbeitswelt verlangt ständig neue Einstellungen und Fertigkeiten von uns, oft sogar weiträumige Mobilität, die uns manchmal zusätzlich aus unseren gewohnten sozialen Bindungen herausreißt.

Ein Beispiel illustriert exemplarisch eine Facette der Veränderungen, die der schnelle Wandel der Arbeitswelt mit sich bringt:

Eine Großtante von mir, eine inzwischen 91-jährige Dame, früher Autorin und Journalistin, erzählte mir amüsiert, welche Veränderungen sie in den langen Jahren ihrer beruflichen Karriere allein schon im Hinblick auf ihre wichtigsten Arbeitsmaterialien, die Schreibgeräte und damit verbunden, den sozialen Beziehungen erlebt hat. So hatte sie als junge Frau eine besonders geschätzte Kompetenz des schnellen Stenographierens mit weichem Bleistift auf Papier entwickelt. Nachdem sie zu etwas Ansehen und dadurch auch zu Geld gekommen war, verfasste sie ihre wichtigen Notizen mit einem edlen Kugelschreibermodell. Später kam die legendäre Reiseschreibmaschine der erfolgreichen Autorin. Noch jahrelang hat sie sich deren Farbbänder antiquarisch beschaffen lassen, weil sie es mit dem Älterwerden doch als zu schwierig angesehen hatte, den Umgang mit den elektronischen Medien zu erlernen. Inzwischen hat sie sich jedoch die für die Verwendung des PCs erforderlichen Kenntnisse angeeignet, weil sie sonst auf den Kontakt mit der ihr so wichtigen politischen und jugendlichen Welt verzichten müsste. Der Kontakt zum direkten Du, Auge in Auge, oder das Anfassen von Papier fehlt ihr aber dabei. Deshalb freut sie sich heute, neben den geschätzten Mails aus aller Welt, immer noch über einen mit Tinte geschriebenen Gruß.

Im Berufsalltag wird man ständig mit Veränderungsaufgaben oder mit von außen angeordneten Umstrukturierungen konfrontiert, aber auch mit Veränderungen, die aus sich neu entwickelnden eigenen Interessen und Aufgaben entstehen.

Wenn Sie zum Beispiel einen neuen Arbeitsplatz finden möchten, könnten Sie dies mit einer einfachen Veränderung Ihrer morgendlichen Frühstücksrituale beginnen, indem Sie nicht nur den Sportteil der Zeitung lesen, sondern auch die Stellenanzeigen studieren und unverbindliche Gedankenspiele machen, welche neuen Positionen Sie gern einmal einnehmen würden.

Sie könnten sich am gegenwärtigen Arbeitsplatz Zwischenzeugnisse einholen, um Ihren Marktwert für einen »Change« besser einschätzen zu können. Sie könnten bei Ihrem Vorgesetzten andeuten, dass Sie ein Jobangebot bekommen haben, um ihn dadurch zu einer Rückmeldung zu veranlassen, die Sie darüber informieren kann, ob und wie sehr Sie geschätzt werden. Wenn Sie dagegen bei einer Beförderung oder bei einer Neustrukturierung übergangen worden sind, könnten Sie dies, statt in Ärger oder Kränkung zu verharren, auch als Hinweis nutzen und darüber nachdenken, was Sie versäumt haben könnten oder ob an dieser Arbeitsstelle überhaupt noch der geeignete Platz für Sie ist.

Eine hilfreiche Veränderung am Arbeitsplatz kann auch eine Auszeit, etwa ein Sabbat-Jahr (siehe die Geschichte von Michaela ab Schritt 2), sein. Während dieser Zeit können Sie sich Ihrer eigenen Motivation oder Fähigkeiten wieder bewusst werden. Eine ähnliche Funktion kann auch ein Praktikum in einem Beruf haben, den Sie vielleicht gerne einmal ausprobieren würden.

4. Veränderungen von uns umgebenden Dingen und Gewohnheiten

Sie erleben es täglich: Alle Facetten unseres täglichen Lebens scheinen immer umfangreicher und komplexer zu werden, nicht zuletzt auch auf der materiellen Ebene. Fast jeder stellt irgendwann fest, dass er sich der Dinge, die sich im Laufe der Zeit ansammeln, kaum mehr entledigen kann. Hinsichtlich Konsumgütern oder Statussymbolen wie Handys und Software, Autos, Ausrüstung für verschiedene Sportarten oder Kleidung suggeriert uns die Werbung ständigen Veränderungsbedarf. Solche zunächst harmlos erscheinenden Gegenstände beeinflussen aber unsere Beziehung zu uns selbst und unser Selbstbild, weil wir uns zunehmend mit diesen Gütern identifizieren. Denken Sie nur an die Bedeutung, die das Tragen besonderer Marken oder die Tatsache, dass man User eines bestimmten Computersystems ist, im sozialen Umfeld auslöst. Andere Dinge wiederum belasten uns im wahrsten Sinne des Wortes, ohne dass wir sie loswerden können.

Haben Sie nicht auch schon oft die trickreichsten Entsorgungsstrategien ausprobiert und dennoch wollte das Chaos auf dem Schreibtisch nicht weniger werden? Oder der Computer müsste regelmäßig aufgeräumt werden, weil sich die E-Mails ansammeln und die Festplatte überfüllt ist? Wir alle entwickeln mehr oder weniger bewusst unser eigenes System und verschiedene Muster, wie wir Gegenstände – seien es CDs, Bücher, Stifte, Kleider, die Eierbechersammlung, Papiere oder Lebensmittel – ansammeln, ordnen, umschichten, zwischenentsorgen oder das Trennen davon ganz einfach vergessen und verdrängen und uns hilflos dem Chaos ergeben.

Manchmal gelingt es auch, eine mehr oder minder erfolgreiche Strategie zu entwickeln, wie man sich von Gegenständen trennen könnte, die bereits längere Zeit ein unbenutztes Dasein fristen und Sie vorwurfsvoll zu Veränderungen aufzurufen scheinen wie: »Wirf mich weg! Brauchst du mich wirklich noch? Dann hast du mehr Platz.« Oder gar das Gegenteil: »Du kannst mich doch bestimmt noch brauchen!« Sicher könnte mancher von Ihnen so einige Geschichten über das Gerümpel des Alltags schreiben, wie sie in jedem Frühjahr, fast wie eine Fortsetzungsgeschichte, als Interviews oder als Ratgeber in allen Medien erscheinen.

Gewohnheiten sind wie erlernte Instinkte des Menschen. Mit ihrer Hilfe vereinfachen wir uns den Alltag. Was wir ursprünglich oft mühsam erlernen mussten, wird nach und nach zum gewohnheitsmäßigen Handeln oder zu Routinen, die unsere besondere Aufmerksamkeit nicht mehr brauchen. Eine zunächst bewusste Handlung wird durch mehrmaliges Wiederholen automatisiert und dann zu einer unbewussten spontanen Reaktion.

So hatte ich zum Beispiel seit meiner Studentenzeit die Gewohnheit, bei meinen häufigen Besuchen in Frankreich einen Vorrat der besonderen französischen Schreibblöcke zu erwerben. Wie automatisch durchforstete ich in verschiedenen Städten Papierwarengeschäfte und trug die herrliche Beute an Schreibpapier glücklich nach Hause, bis mich mein Mann eines Tages verschmitzt fragte, ob er mir vielleicht noch ein Regal für die gelben Blöcke anbauen solle. Meine Notizen und Texte schrieb ich schon längst auf meinem Laptop und konnte die angehäuften Schätze gar nicht mehr verbrauchen. Die Gewohnheit des Einkaufens aber hatte ich beibehalten. Die Bemerkung meines Mannes muss ich mir bei Frankreichbesuchen bewusst ins Gedächtnis rufen, um meine Einkaufsgewohnheit zu ändern. Zwar stöbere ich immer noch gerne in französischen Papeterien, verlasse sie inzwischen aber meist ohne die gewohnten gelben Schreibblöcke.

Sie kennen sicher bei sich selbst Veränderungen von Gewohnheiten, seien sie von außen gefordert oder von Ihnen selbst veranlasst, und Sie wissen, dass Sie sich dazu immer wieder der Veränderungshandlung bewusst werden müssen: Die alte Gewohnheit taucht oft noch unwillkürlich schneller und spontan auf.

Vielleicht haben Sie es auch schon erlebt, wie oft es noch im linken Bein zuckt, bis Sie es entspannt ruhen lassen und die Vorzüge des neuen Getriebes genießen können, wenn Sie von einem mit Kupplung betriebenen Auto auf einen Wagen mit Automatikgetriebe umsteigen. Oder auch, wenn Sie bisher Skifahrer gewesen sind und nun Snowboard fahren lernen, wie oft die gewohnte Haltung, um Ihr Gleichgewicht auf Skiern zu halten, Sie unsanft mit dem Boden und dem Schnee in Berührung bringt. Möglicherweise haben Sie sich auch nach einem Umzug in ein anderes Wohnviertel Ihrer Stadt auf dem Weg nach Hause auf dem gewohnten früheren Heimweg wiedergefunden, den Sie unbewusst eingeschlagen haben, anstatt in die neue Richtung zu fahren.

Viele Gewohnheiten werden in einer solchen neuen Situation wieder zu bewussten Entscheidungen, wie zum Beispiel bei einem Umzug die Suche nach einem Supermarkt in dem neuen Stadtteil, wo Sie erneut Einkaufsgewohnheiten entwickeln, oder wenn Sie Ihr Stammlokal wechseln, in dem Sie häufig mit Freunden zusammensaßen. Vielleicht fahren Sie ab und zu noch in das inzwischen weiter entlegene Ex-Viertel, und irgendwann werden Sie einen neuen Platz finden. Mancher kann seine Treue zur alten Gewohnheit, die einen manchmal auch blind für neues Erleben macht, nicht aufgeben. Wie eine Freundin von mir, die noch jahrelang ihre Schuhe zu ihrem alten Schuhmacher in den früheren, weit entlegenen Stadtteil brachte, bis dort die Parkmöglichkeiten einer Verkehrsberuhigung zum Opfer fielen. Und als es allzu unbequem wurde, dorthin zu kommen, stellte sie überrascht fest, dass nahe bei

ihrer neuen Wohnung ein alteingesessener Schuster seine
Werkstatt hatte, zu dem ihre Nachbarinnen ihre Schuhe brach-
ten und schließlich auch sie.

Viele solcher kleinen Gewohnheiten werden einem erst bewusst, wenn ein äußeres Ereignis eintritt:

- wenn Sie eine Verletzung am rechten Arm haben und die
  Alltagsverrichtungen nun mit links machen müssen (oder
  bei Linkshändern umgekehrt),
- wenn Sie nach dem Auszug Ihrer erwachsenen Kinder feststellen, dass Sie immer noch soviel einkaufen, als müssten
  Sie für alle Bedürfnisse die richtigen Vorräte zu Hause haben,
- wenn Sie mit dem Rauchen aufhören und bemerken, dass
  die gemeinsame Gewohnheit des Rauchens in der Arbeits-
  pause auch mit sozialen Bindungen verknüpft war und diese
  Beziehungen nun anders gepflegt werden müssen.

Umgekehrt kann eine gemeinsame Gewohnheit Freundschaften erleichtern und erspart es Ihnen, frustriert den Terminka-
lender zu wälzen, bis beide Parteien einmal Zeit füreinander
hätten. So hat beispielsweise meine Entscheidung, zusammen
mit einer Freundin einen Sambakurs zu belegen, seit nunmehr
drei Jahren dazu beigetragen, dass ich sie regelmäßig dort
treffe und wir uns kurz über unser Leben und unsere Unternehmungen austauschen und uns viel leichter verabreden können als früher. Die Gewohnheiten regelmäßiger Spieleabende
oder gemeinsamer Sporturlaube haben eine ähnliche Funktion.

Gewohnheiten können aber auch hartnäckig und schwer
veränderbar sein, besonders in Arbeitsstrukturen. Die Indust-
rie gibt aus diesem Grund für Forschungen zu Veränderungen
am Arbeitsplatz enorme Summen aus.

In meiner Funktion als Coach von Führungskräften habe ich
von Managern oft die Klage gehört, dass nichts schwerer zu

verändern sei als die eingeschliffenen Gewohnheiten ihrer Mitarbeiter oder eines gesamten Teams. Es kostete mich einige Anstrengungen, die Führungskräfte in der Beratung davon zu überzeugen, dass die bekannte Veränderungsträgheit nicht in erster Linie oder nicht nur an der Bequemlichkeit unkündbarer Mitarbeiter liegt, sondern oft auch an einem Betriebsklima, das die Selbstverantwortung, die Veränderungsbereitschaft und den Mut zu eigenen Entscheidungen der Mitarbeiter zu wenig fördert und belohnt. Eingeschliffene Gewohnheiten zu verändern setzt hier unter anderem voraus, dass in der Wahrnehmung der beteiligten Mitarbeiter der individuelle Gewinn einer solchen Veränderung für ihn höher als der (vorübergehende) Verlust an Sicherheit oder Bequemlichkeit ist.

So verwaltete zum Beispiel Sandra als Angestellte in ihrer Firma seit Jahren den Postausgang und die Telefonzentrale manuell, und dies äußerst schnell und gewissenhaft. Gegen eine Umstellung des Versands auf ein Online-Verfahren wehrte sie sich lange, bis sie durch eine von der Geschäftsführung verordnete Fortbildung ihre Angst davor verlor, die neuen Gewohnheiten einüben konnte und dabei entdeckte, dass sie mit der dadurch erreichten Zeitersparnis auch neue Freiräume gewinnen konnte, um vernachlässigte Schwerpunkte ihrer Arbeit weiter zu bearbeiten und sich insgesamt nicht mehr so unter Druck zu fühlen. Eine solche Wendung hätte sie nie erwartet.

5. Unvermeidliche Veränderungen und Trennungen

Im Leben gibt es Veränderungen und Trennungen, die vermeidbar sind. Sie sind weitgehend unserer eigenen Willensentscheidung zugänglich. Wir können uns selbst oder etwas in unserem Umfeld verändern oder wir können eine solche Veränderung unterlassen und die jeweiligen Konsequenzen und Auswirkungen hinnehmen.

Es gibt aber auch unvermeidbare Veränderungen und Trennungen. Das bekannteste Beispiel dafür ist der Tod. Man sagt von ihm: »Er ist der Preis des Lebens«. Wir können vergeblich versuchen, ihn hinauszuzögern, wir können uns vor ihm fürchten oder aber ihn einfach als Tatsache, die untrennbar mit dem Leben verbunden ist, hinnehmen. Die Angst vor dem Sterben wird umso geringer werden, je intensiver wir gelebt und je erfüllter wir unser Leben gestaltet haben. Ein Gefühl von »Ewigkeit« können wir jeweils nur in einem intensiven Moment unseres Lebens erleben. Wir haben lediglich die Wahl, wie wir mit der unvermeidbaren Trennung durch den Tod umgehen und möglichst viele dieser intensiven, zeitlos erscheinenden großen Momente des Lebens zulassen und sie intensiv in vollen Zügen genießen.

Es gibt aber auch unvermeidliche Veränderungen, die weniger drastisch in unser Leben eingreifen. Denken Sie zum Beispiel an Ihr zehn Jahre altes Fahrrad oder an das 15 Jahre alte Auto, von denen Sie sich aus Sentimentalität lange nicht trennen wollten, auch wenn es immer mehr Mühe machte, die Fahrzeuge instand zu halten. Irgendwann ist dann doch der Moment gekommen, an dem Sie das Auto zum Schrottplatz, das Fahrrad zum Sperrmüll bringen müssen. Vielleicht haben Sie Glück und bekommen für Ihr altes Auto sogar noch eine »Abwrackprämie«. Kein übler Trost im Kontext einer unvermeidlichen Veränderung!

Die Loslösung und Trennung der Eltern von ihren erwachsen werdenden Kindern oder das beginnende neue Paarleben nach dem Auszug der Kinder ist ebenso eine in der Natur der Sache liegende unvermeidbare Veränderung einer Rollenvorgabe und Identifikation. Wir tun uns selbst und den Kindern nichts Gutes, wenn eine Veränderung der Familienstruktur zu lange hinausgezögert wird, auch wenn sie schmerzhaft erscheint. Diese Veränderung ist jedoch eine unverzichtbare Voraussetzung für Wachstum. Es ist sowohl eine Pflichtaufgabe der erwachsenen Kinder, sich in gewissem Sinn von den Eltern zu trennen, als auch eine Aufgabe der Eltern, ihre Kinder in einem stufenweisen Prozess in die Selbstverantwortung zu entlassen und die bis dahin gelebten Rollenmuster aktiv zu verändern. Nur dann können sich beide Generationen ohne Groll nach wenigen Jahren wieder als autonome und erwachsene »Freunde« oder als über viele Jahre lang eng verbundene Mitglieder einer kleineren oder größeren Gemeinschaft erleben und miteinander auf neue Weise kommunizieren.

Eine andere unvermeidliche Rollenveränderung ereilt am Ende des Berufslebens jeden. »In den Ruhestand gehen« bedeutet für viele Menschen nach wie vor »in die Rente gehen müssen«. Dabei ist es für die meisten nicht das eigentliche Problem, dass sie weniger arbeiten müssen und den Tag ruhiger angehen können. Vielmehr empfinden viele »Neu-Rentner« es als schwierig, dass die Veränderung zu einem von außen festgelegten Zeitpunkt, in der Regel mit 63 bis 67 Jahren oder noch früher, verordnet wird. Die Botschaft, die ankommt, wird als »Du bist zu alt, um noch gebraucht zu werden« entschlüsselt, die Trennung von vertrauten Arbeitskollegen und dem täglichen Arbeits- und Lebensrhythmus verläuft schmerzhaft. Bei dieser von außen festgelegten Regel des Beendens der beruflichen Tätigkeit und der damit verbundenen Veränderung des gewohnten Lebensablaufs ist es entscheidend, das unvermeidliche Ausscheiden im Voraus rechtzeitig zu planen, zum Beispiel durch den zunehmenden Aufbau alternativer Tätigkeiten in der Freizeit oder durch eine Teilzeitarbeit.

Eine unerwartete Kündigung oder Freistellung vom Arbeitsplatz kann ähnliche Folgen haben und verlangt Veränderungen.

Aber auch das einfache trockene Akzeptieren einer von außen auferlegten neuen Situation, die Sie meist nicht wesentlich beeinflussen können, kann ein wichtiger Veränderungsschritt sein. Vor vielen Jahren habe ich den Satz des Philosophen Immanuel Kant gelesen, der sagt: »Freiheit ist, wenn ich das, was ich muss, willentlich bejahe«. Die nüchterne Botschaft dieses Satzes meint, dass die Freiheit unseres menschlichen Willens schlicht und einfach begrenzt ist, auch wenn manche anderes behaupten. Geraten wir in einer Situation nach ausreichender Prüfung der Möglichkeiten an eine solche Grenze unseres Willens und der Machbarkeit, ist es manchmal das Hilfreichste, diese Grenze einfach hinzunehmen. Erleichternd an diesem Gedanken Kants wirkt, dass es jenseits der gegebenen Grenze und des »Gezwungenseins« immer auch eine Möglichkeit zur Freiheit gibt, nämlich, dass ich das jetzt Notwendige zum Inhalt meines eigenen Wollens machen kann. Das bedeutet, willentlich und bewusst zu akzeptieren, was sein muss und was getan werden muss. Damit erspare ich mir, gegen Windmühlen und Zwänge anzukämpfen, dabei unnötige Energie und Lebenszeit zu verbrauchen, kann wieder die Oberhand über die Situation und mein Selbstbewusstsein gewinnen und neue Strategien für die veränderte Situation entwickeln.

Auf den folgenden Seiten soll es jetzt aber nicht weiter um die unvermeidlichen Fakten und Veränderungen im Leben gehen, die nicht in unserer Macht und Willensfreiheit stehen, vielmehr wird die Aufmerksamkeit sich auf solche Veränderungen und Trennungen richten, die im Bereich unserer eigenen Entscheidungen und unserer Wahlmöglichkeiten liegen. Diese fallen uns schon deshalb schwer genug, weil wir mit der frei getroffenen Entscheidung auch selbst die Verantwortung für die Auswirkungen übernehmen müssen!

Wie kann es uns gelingen, Anzeichen für anstehende Veränderungen wahrzunehmen, Kriterien für eine Entscheidung zur

Veränderung zu finden, um sie selbstverantwortlich durchführen und rückblickend dazu stehen zu können? Vielleicht geht es so wie in Cäsars bekanntem Ausspruch: »Veni, vidi, vici!« – Ich kam, ich sah, ich siegte.

Manche von Ihnen werden jetzt vielleicht gleich weiterblättern wollen zu den einzelnen Geschichten über Veränderungen und es damit auf sich beruhen lassen. Andere werden dem Buch weiter folgen mögen und dabei vielleicht entdecken, dass die verständliche Sehnsucht nach Veränderung nicht aufgegeben werden muss, nur weil wir nicht hexen können, sondern dass Sie selbst manche Ihrer Veränderungswünsche tatkräftig in einem 4-Schritte-Modell umsetzen können. Und Sie können erfahren, welche Gefahren und Frustrationen lauern, wenn Sie einen notwendigen Veränderungsprozess nicht zu Ende führen oder unaufmerksam abbremsen.

Dass Sie aber jederzeit auch bewusst im Prozess innehalten und aussteigen, wenn es für Sie selbst genug ist oder wenn Sie sich noch ein bisschen mehr Zeit lassen wollen, gehört auch zur Veränderungskompetenz. Solange Sie mit den Auswirkungen zurechtkommen oder sie in Kauf nehmen, ist das in Ordnung. Verändern geht ja nicht um jeden Preis!

TEIL 2

Einige Überlegungen aus Psychologie, Psychotherapie und Hirnforschung zur Veränderungskompetenz

»Zwei Seelen wohnen, ach! in meiner Brust« – Entdecken Sie Ihr »Inneres Team«

Ich möchte Sie gern mit einer kleinen Geschichte in das folgende Kapitel hineinführen, in dem es um »Ich-Anteile« und die verschiedenen »Seiten des Ichs« gehen soll, mit denen wir unser Leben im Alltag in verschiedenen Rollen und aus verschiedenen Perspektiven meist ganz unbewusst gestalten und in diesen einmal gewählten Rollen verharren, obwohl wir durch unsere Entwicklung bereits ganz andere Möglichkeiten ergreifen könnten. Wenn wir diese Möglichkeiten zunächst durch Probehandeln in der Fantasie durchspielen, erschließen sich uns nicht selten neue Anteile unseres Ichs.

Eine meiner Klientinnen litt sehr unter der Einschränkung, seit Jahren ihr Haus nur unter höchsten Anstrengungen und mit der mühsamen Kontrolle ihrer Ängste verlassen zu können. Meistens blieb sie deshalb notgedrungen daheim. Ihre sozialen Kontakte nahmen mehr und mehr ab. An manchen Tagen konnte sie sich nicht einmal dazu aufraffen, den Weg zu ihrem Arbeitsplatz anzutreten. Sie brauchte sehr viele Anläufe, um ihrer Angst davor Herr zu werden, einfach wegzugehen. Die Psychotherapie-Termine wahrzunehmen war schon ein Kraftakt für sie.
Neben all ihren Ritualen, die sie entwickelt hatte, um diese Einschränkung zu überwinden, überlegten wir gemeinsam, ob sie irgendeine bildliche Vorstellung von sich selbst hätte, die es ihr erleichtern könnte, aus dem Haus zu gehen. Das war ihr zunächst unmöglich. Von mir gefragt, ob sie sich vielleicht jemand anderen vorstellen könne, der diese Fähigkeit schon habe, strahlte sie: »Ja«, sagte sie, »ich sehe eine sehr vage Gestalt. Sie nimmt sich unternehmungslustig den Mantel vom

Haken, wirft ihn über, läuft mit wiegendem Schritt den Flur entlang, öffnet die Haustür und stürmt in den Frühlingstag hinaus.«

»Ja, wunderbar, und wie sieht dieser Mensch sonst noch aus?«

Die Klientin beschrieb den Mantel, die Schuhe, den forschen Schritt der Gestalt sehr detailliert, nur das Gesicht der Person sei nicht zu erkennen.

Sie hatte bereits ein inneres Bild davon, wie es sich anfühlen würde, die ersehnte Handlung durchzuführen, quasi ein Modell, dass sie sich nur noch selbst »überziehen« musste wie einen Mantel. Bei dem Gedanken, ihr Fantasiebild könnte etwas mit ihr selbst zu tun haben, erschrak meine Klientin zunächst. Sie sagte: »Jetzt bin ich ganz leer im Kopf und ganz erschöpft.« Eine Woche später berichtete sie, sie sei erst einmal für kurze Zeit zu Hause in Gedanken in diesen Fantasie-Mantel geschlüpft. Probehalber.

Die Fantasiereise zeigte, dass die Fähigkeit und die notwendigen Ressourcen zum Weggehen unbewusst bereits in ihr vorhanden und vorbereitet waren. Später konnte sie sich dann vorstellen, als sie selbst in die freie Fläche des Gesichts der Gestalt hineinzutauchen. Sie erlebte die imaginierte Situation als sehr aufregend, wenn auch zunächst nur als gedachte Möglichkeit.

Die Vorstellung des Selbst als verschiedene und miteinander abwechselnd kooperierende Ich-Anteile hat in den letzten Jahren in der Psychotherapie, der humanistischen Psychologie, der Hypnotherapie und Traumatherapie zunehmend an Bedeutung gewonnen. Sie eröffnet neue Herangehensweisen, wie man mit den widersprüchlichen Anteilen der Persönlichkeit besser umgehen und diese je nach Bedarf für lösungsorientierte eigene Prozesse einsetzen kann. Damit lade ich Sie ein,

Ihre Sichtweise Ihrer selbst für eine Weile zu verändern: Wenn wir wissen, »dass wir Viele sind«,[11] verfügen wir in vielen Lebenssituationen über wesentlich mehr Wahlmöglichkeiten, um zu zufriedenstellenden Ergebnissen zu kommen.

Sie haben es in Ihrem Alltag längst bemerkt und im Zusammenhang mit den neueren Persönlichkeitstheorien aus den Bereichen Coaching, Beratung und Psychotherapie kann man inzwischen häufig darüber lesen: Oft haben Menschen das Gefühl, als hätten sie verschiedene »Ich-Anteile« oder »Seiten« in sich, die plötzlich und unvermittelt im Vordergrund ihres Handelns auftauchen und es vorübergehend zu bestimmen scheinen. Man fühlt dann einerseits: »Ja, genau, so bin ich wirklich!«, während man seine Reaktionen zu anderen Zeiten in einem inneren Dialog kritisiert: »Was habe ich denn da gemacht, ich bin mir ja selbst ganz fremd! So kenne ich mich gar nicht!«

In dieser sich manchmal widersprüchlich anfühlenden Vielseitigkeit machen sich innere Ich-Anteile bemerkbar, die man sich wie ein inneres Team oder eine innere Familie vorstellen kann.[12] Deren Mitglieder greifen bei verschiedenen Themen unseres Alltagslebens unvermittelt beratend, gestaltend oder sogar blockierend ein, zu ganz verschiedenen Zeiten, oder sie drängen sich in unterschiedlichen Kontexten oft vollkommen überraschend in den Vordergrund unseres Fühlens, Handelns und Denkens.

Da hat man dann manchmal den Eindruck, dass diese Ich-Anteile gar nicht unserer gegenwärtigen Alltagswelt entstammen, sondern dass sie schon ganz lange in uns leben und sich häufig, sei es nützlich oder auch störend, mit inneren Kommentaren in unsere aktuellen Entscheidungen einmischen.

Es könnte sein, dass auch Sie solche Ich-Anteile wie eine innere Stimme oder als komplexeren Teil Ihres Ichs schon erlebt haben und erleben: Bekannt ist Ihnen sicher ein »innerer

Schweinehund«, der einen manchmal von guten Vorsätzen ablenkt. Oder Ihr »innerer Coach«, der Sie mitunter ermuntert, etwas zu verändern und Neues zu beginnen. Oder eine innere Stimme, die Sie mahnt, eine Entscheidung doch lieber noch längere Zeit zu bedenken.

Kennen Sie vielleicht einen »Zögerer« oder »den Unsicheren« in sich, der immer mehr Sicherheit als notwendig zu brauchen scheint, bis er endlich den ersten Schritt macht? Oder gibt es den »Angsthasen«, der Ihnen rät, sich doch besser erst einmal im Hintergrund zu halten und damit manchen notwendigen Änderungs- und Trennungsschritt verzögert? Vielleicht erleben Sie sogar den inneren Dialog zwischen einem inneren »Besserwisser« und dem »Zögerlichen«, der Ihnen ausmalt, was alles Schreckliches geschehen könnte, wenn Sie jetzt diesen Arbeitsplatz kündigen oder diese noch unbekannte Frau endlich beherzt ansprechen würden.

Vielleicht sind Sie auch dem inneren »Macher« schon mal begegnet, der einfach anfängt, der die Dinge nicht zu lange überlegt und sie kurzerhand kreativ löst, oder einer »Draufgängerin«, die oft allzu schnell eine Gelegenheit beim Schopf packt und dadurch immer wieder ruck, zuck ein hinderliches Chaos erzeugt. Manchmal meint man wie ein verängstigter kleiner Junge oder ein entmutigtes kleines Mädchen Gefühle in sich zu verspüren, die all unsere vertrauten erwachsenen Ich-Anteile und die dazugehörigen Pläne für einige Zeit außer Kraft setzen.

▶ EXKURS **Ein bisschen Theorie für diejenigen, die mehr über das Teile-Modell erfahren möchten**
Inzwischen gilt in immer mehr psychotherapeutischen Konzepten, insbesondere in den humanistischen Verfahren wie der Gestalttherapie und der Hypnotherapie, aber auch in der Theorie der Traumatherapie, als fester Bestandteil von Theorie

und Praxis, dass man sich das Ich nicht als eine im Wesentlichen einheitliche, immer gleich agierende Instanz vorstellt, sondern dass sich das Selbst aus vielen Einzel-Ich-Anteilen zusammensetzt.

So arbeitete die Praxis der Gestalttherapie schon seit den 70er-Jahren und bis heute mit den verschiedenen Anteilen des Ichs in Form des nach außen gebrachten inneren Dialogs, wobei diese Anteile als einzelne Rollen in einem vom Klienten ausgesprochenen Rollendialog miteinander agieren. Zur Verdeutlichung wird die Methode des »leeren Stuhls« angewandt: Jeder Ich-Anteil benutzt in diesem Dialog einen eigenen Stuhl, so dass man quasi eine Art Konferenz mit sich selbst führt. Der Klient identifiziert sich abwechselnd mit den verschiedenen Ich-Anteilen, um in dem Rollenspiel mit den inneren Ich-Anteilen neue Lösungen zu verhandeln.[13]

Diese Theorie und die praktische Anwendung des Dialogs der verschiedenen Ich-Anteile in der Beratungsarbeit wird untermauert durch die neueren neurowissenschaftlichen Forschungen, die zeigen, dass der Mensch nicht nur abstrakte Begriffe wie »glücklich« oder »aufregend« speichert, sondern sich ganz situativ an spezifische Erlebniseinheiten und Prozesse erinnert, wie etwa »Ich empfinde Glück, wenn ich am Sonntag früh alleine mit meinem Hund am Fluss spazieren gehe«. Das Glücksgefühl ist fest mit einem Bild von sich selbst in einem bestimmten Umfeld verbunden oder meist sogar mit einer ganzen Sequenz von Bildern in einer konkreten Situation, ganz ähnlich einer Internet-Recherche: Ich gebe einen Begriff ein und eine Auswahl von Texten, Bildern oder Videos wird angezeigt.

Der Begriff »Ich-Anteil« betont, dass die zu verschiedenen Gelegenheiten und in spezifischen Kontexten auftauchende Seite des Selbst nicht die Gesamtheit der Persönlichkeit repräsentiert, sondern dass diese Anteile nicht immer bewusst und ununterbrochen in uns wirken oder dem Bewusstsein zur Verfügung stehen. Ein Ich-Anteil bietet uns durch sein Auftauchen im Erleben in einem bestimmten Kontext eine Wahlmöglichkeit, um unsere in dieser Situation jeweils auftretenden Gefühle zu überprüfen und diese mehr oder weniger der Situation entsprechend zu steuern. Im »Seitenmodell« des hypnosystemischen Ansatzes von Gunther Schmidt, wie auch im Konzept der »Persönlichkeitsfunktion« in der Gestalttherapie beschäftigt man sich nicht nur mit Ich-Anteilen des »Hier und Jetzt«, sondern vor allem auch mit Ich-Anteilen, die sich in der Vergangenheit gebildet haben und weiterhin im Selbst verbleiben, die sich im gegenwärtigen Erleben mitunter störend in die täglichen Abläufe einmischen, wie zum Beispiel der Ich-Anteil des ängstlichen Kindes in der Geschichte von Emil in diesem Kapitel.

Die unterschiedlichen Ich-Anteile kann man sich ganz konkret in vielfältigen Organisationsformen vorstellen: Manche Autoren entwerfen das Bild eines quasi familiären Zusammenlebens der einzelnen Ich-Anteile und bezeichnen sie als die innere Familie, so wie Sie es selbst in Ihrer Familienstruktur erlebt, auf Ihre Weise verarbeitet und dann gespeichert haben. Andere nennen sie inneres Parlament oder inneres Team, in dem man sich in verschiedenen Aspekten in einem inneren Dialog auseinandersetzt und berät.[14] ◄

Da in den humanistischen Verfahren wie der Gestalttherapie oder der Hypnotherapie und in der Beratung das Augenmerk mehr auf die vorhandenen Ressourcen des Ichs gerichtet ist, auf die gewünschten Ziele und den Weg zu ihrer Realisierung, und weniger auf die gedankliche Durchdringung von Problemen im »Warum« und »Weshalb«, scheint mir für das Thema »Veränderungskompetenz« die Bezeichnung inneres Team oder innere Familie am hilfreichsten. Sie selbst haben in Familien gelebt und schon in Teams gearbeitet und kennen daher die vielfältigen Widerstände oder Anregungen, die man dort täglich erfahren kann. Sie wissen aus Familie und Teams, dass es einiger Geschicklichkeit bedarf, um in Auseinandersetzungen mit den unterschiedlichen Interessen immer wieder seinen eigenen Platz zu behaupten, sich abzugrenzen und seine Ziele weitmöglichst durchzusetzen. Im Unterschied zu einem realen äußeren Team im Alltag haben Sie aber im Kontakt mit Ihrem inneren Team die Chance, im inneren Abwägen immer wieder einen anderen Blickwinkel zum Geschehen einzunehmen oder eine Anforderung aus verschiedenen Richtungen zu betrachten und zu prüfen.

Wenn Sie diesen Team-Gedanken anregend finden, folgen Sie mir vielleicht bei der folgenden kleinen Übung. Vergegenwärtigen Sie sich jetzt für einen Moment Ihre verschiedenen Seiten, die an der Bewältigung einer konkreten Aufgabe Ihres Alltags beteiligt sind, beispielsweise bei einem Konfliktgespräch am Arbeitsplatz oder in Ihrer Beziehung.

■ ■ ■ ÜBUNG Entdecken Sie Ihr inneres Team!

Wenn Sie gerade einen Moment Zeit für eine Entspannungsübung haben, suchen Sie sich einen ruhigen Platz und lehnen Sie sich mit einigen tiefen Atemzügen entspannt zurück. Spüren Sie die Unterstützung der Lehne im Rücken und den Boden unter Ihren Füßen. Vielleicht möchten Sie die Augen schließen und sich einfach neugierig auf das einlassen, was gerade geschehen mag.
Dann versuchen Sie, sich Ihr Gegenüber, mit dem Sie diese als schwierig eingeschätzte Aussprache führen wollen oder müssen, möglichst bildlich vorzustellen. Denken Sie dabei an die zu lösende Aufgabe oder den Konflikt.

Möglicherweise werden jetzt Gefühle in Ihnen auftauchen. Versuchen Sie, diese in Worte zu fassen. Das könnte etwa so klingen: »Am liebsten würde ich davonlaufen, doch ich habe Angst davor«, »Mir werden die Worte fehlen«, »Ich kann mich nicht durchsetzen, ich werde sicher den Kürzeren ziehen«. All das sind aber meist wenig hilfreiche Sätze, die Sie glauben machen, dass Sie in dieser Situation ganz ohnmächtig sind.

Vielleicht fällt Ihnen diese Übung leichter, wenn Sie die verschiedenen Seiten, die sich in Ihnen zu Wort melden, kurz aufschreiben, wie zum Beispiel: »Eine Seite von mir ist wütend«, »Eine Seite von mir ist unordentlich und verlegt immer alles«, anstatt wie gewohnt entmutigende Pauschalaussagen über sich zu treffen wie: »Ich kann einfach keine Ordnung halten«. Solche Aussagen würdigen Ihre anderen Ich-Anteile nicht, die sehr wohl gut organisieren können, wie zum Beispiel ein Fest planen oder eine ordentliche Struktur am Arbeitsplatz gewährleisten.

Wenn es Ihnen besser gelingt, solche inneren Zusammenhänge in Grafiken auszudrücken, erstellen Sie eine Mind-Map Ihrer verschiedenen Ich-Anteile, z. B. eine große Ellipse, von der ungefähr sechs Kreise ausgehen, in die Sie die Namen der Ich-Anteile eintragen.

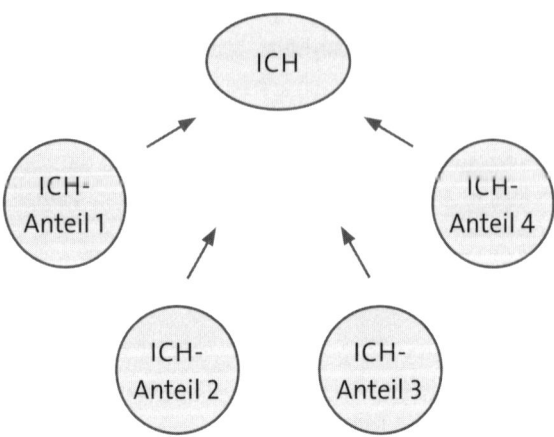

Wenn Sie Freude am Zeichnen haben, skizzieren Sie Ihre verschiedenen Ich-Anteile auf einem Blatt, als eine Art »Teile-Landkarte«. Auf dieser Zeichnung könnten dann sowohl der genießende Ich-Anteil oder der »Nörgler« oder die Teile, die Sie bei Aktionen unterstützen oder behindern, jeweils nach ihrer Bedeutung angeordnet werden.

Es genügt zunächst, dem Gefühl eines Ich-Anteils Raum zu geben. Lassen Sie sich nicht daran hindern, Figuren beim Zeichnen entstehen zu lassen, sie zu übertreiben, auszuschmücken oder die Gefühle in farbigen Symbolen darzustellen.

Versuchen Sie es einfach mit der Ausdrucksmöglichkeit, die Ihnen am meisten liegt. ▪ ▪ ▪

In diesem Buch möchte ich mit Ihnen die Ressourcen und Schätze wieder in Ihr Bewusstsein heben, die Sie bereits in sich tragen und die, in einem Veränderungsprozess beherzt eingesetzt, Ihnen nützlich sein können.

Sicherlich werden Sie bei den Übungen in diesem Buch auch Anteile entdecken, die zunächst schmerzlich oder blockierend erscheinen können. Sollten Sie dabei ein vernachlässigtes Kind entdecken, das eigentlich den Schutz von guten Eltern gebraucht hätte, diesen aber nicht gefunden hat, oder ein ängstliches Kind, das sich nicht traut, nach draußen zu gehen, dann kann es sinnvoll sein, mit jemandem darüber zu sprechen oder gegebenenfalls auch eine Beratung aufzusuchen, damit Sie lernen, diesen Ich-Anteil zu stärken und zu beachten, um seine wertvollen Hinweise zu verstehen.

Manchmal kann es dann hilfreich sein, vor wichtigen Entscheidungen seine inneren Teammitglieder in sich zu versammeln, ihre Namen zu Papier zu bringen und im inneren Dialog mit ihnen abzustimmen, was der nächste Schritt sein soll oder wobei Sie von anderen Unterstützung und Hilfe brauchen

könnten. (Im Kapitel »Das 4-Schritte-Modell zur Veränderungskompetenz« finden Sie Anregungen für einen solchen inneren Dialog und für die Fortsetzung eines begonnenen Veränderungsprozesses.)

Bei der Betrachtung Ihres inneren Teams werden Sie entdecken, dass viele Ich-Anteile Sie dabei unterstützen, Ihren Alltag zu bewältigen, wie zum Beispiel der oft als so unangenehm
empfundene »innere Kritiker«, der manchmal einfach nur vor-
ausschauend versuchen möchte, uns vor Misserfolgen zu bewahren, der dann aber leider mit seinen kritischen Anmerkun-
gen manchmal übers Ziel hinausschießt, sodass wir in ihm
tadelnde Stimmen aus unserer Vergangenheit zu hören meinen. Oder es gibt wütende Ich-Anteile, die uns zwar helfen,
uns gegen andere zu verteidigen, deren Heftigkeit uns aber
manchmal selbst erschreckt. Vielleicht meldet sich auch der
»Kümmerer« zu Wort, der jederzeit anderen hilfreich zur Seite
springt, wenn jemand Sie um Unterstützung bittet, der aber
die eigene bedürftige Seite vernachlässigt, die auch Ihre Fürsorge bräuchte. Es gibt vieles zu entdecken in Ihrer inneren
Welt, was bereits da ist!

Die Annahme, man müsse jetzt alle Ich-Anteile und Seiten,
die man als störend erlebt, möglichst schnell aus dem Selbst
verbannen, ist ein Irrglaube. Das klappt nicht, wie Sie bei vielen Veränderungsversuchen sicher schon festgestellt haben.
Ganz im Gegenteil: Ich möchte Sie vielmehr einladen, bewusster zu entdecken, was auch diese Ich-Anteile für Ihre Entwicklung oder Ihren Schutz früher schon alles geleistet haben und
heute in Ihrem Leben leisten. Sie können sie mit diesem neuen
Blick vielleicht stärker wertschätzen und sich dann neu entscheiden, ob der eine oder andere Ich-Anteil in Ihrem gegenwärtigen Leben weiterhin die gewohnte Rolle spielen soll, oder
ob es sich nicht eher um ein eingeschliffenes ungünstiges Verhaltensmuster handelt, das Sie zukünftig nicht mehr automa-

tisch ausführen müssen, sondern in kleinen Schritten verändern können.

An anderer Stelle habe ich bereits die besonderen Aktivitäten der Ich-Anteile des »Besserwissers« oder des »Nörglers« im inneren Dialog beschrieben, der oft wie eine innere Selbstabwertungs-CD automatisch abläuft, was den meisten von Ihnen sicher bekannt erscheint.[15] Diese innere Abwertungs-CD springt häufig gerade dann wie von selbst an, wenn sich Ihr neugieriger oder entscheidungsfreudiger Ich-Anteil auf den Weg zu einer Veränderung machen möchte.

Stellen Sie sich diesen besserwisserischen Ich-Anteil ruhig einmal bildlich vor: vielleicht als eine kritische Person aus einem früheren Lebensabschnitt oder aus einem Kinderbuch oder als ganz etwas anderes: wie ein Fabelwesen oder was Ihnen sonst dazu gerade in den Sinn kommt.

Eine Frau, mit der ich in einer Beratung arbeitete, nannte den Ich-Anteil, der sie immer wieder gerade dann störte, wenn sie begann, an irgendetwas Freude zu haben, »das Fräulein Rottenmeier«. Einigen von Ihnen ist diese sicher bekannt als die unangenehm tadelnde Gouvernante aus dem Buch »Heidi« von Johanna Spyri, die über Generationen fast in jedem Bücherschrank, später dann in einer Fernsehserie lebendig war und weiterhin ist. Fräulein Rottenmeier ist streng, macht der kleinen Heidi mit ihren predigenden Vorschriften das Leben zur Hölle und hat immer wirkungsvoll entwertende Sätze parat wie: »Du wirst sehen, das geht mit Sicherheit schief!« »Wieso sollte es dir gerade heute gelingen? Du hast dich noch nicht genug angestrengt!« oder »Du bist doch viel zu unerfahren (oder dumm, oder ungeschickt)!« und was Ihnen sonst noch alles an abwertenden, entmutigenden Sätzen einfallen mag, die Sie früher so ähnlich oft gehört haben und sich inzwischen selbst innerlich sagen. Wenn eine solche Selbstabwertungs-CD bei Ihnen häufiger anspringt oder wenn Sie eine

Seite von Ihnen im inneren Dialog mit abwertenden Bemerkungen malträtiert, so kann man davon ausgehen, dass in Ihrem frühen Erfahrungsschatz noch manch entmutigendes Erlebnis vergraben ist, das sich im Jetzt automatisch Gehör verschafft.

Als Kind konnte man sich dagegen ja kaum wehren, man musste solche Sätze von Kritikern und Spielverderbern einfach schlucken, und so wurden sie zur inneren »Wahrheit«. Wird dieser frühere kindliche Ich-Anteil im Hier und Jetzt aktiv, so ist man in schwierigen Situationen auch heute noch oft geneigt, auf die tadelnden inneren Anteile zu hören und seine neuen Absichten wieder aufzugeben.

Aber wie wäre es, wenn Sie diese unangenehmen »Gewissheiten« heute einmal nur als eine von vielen Möglichkeiten ansähen, wie Sie mit einer Situation umgehen könnten? Und wie wäre es, sich zu erlauben, etwas Positives von sich selbst anzunehmen, und sich daran zu erinnern, dass Sie in Ihrem Leben häufig auch Erfahrungen von gutem Gelingen gemacht haben?

Und vielleicht könnten Sie sich statt der tadelnden Stimme der Selbstabwertungs-CD ein gelungenes Ereignis vor Augen führen und dadurch einen inneren Ich-Anteil aktivieren, der Ihre Erfolge würdigt und Sie bei Ihrem Vorhaben unterstützen kann, zum Beispiel:

- Mein Projektentwurf ist von meinen Kollegen ohne jede Kritik aufgenommen worden, der muss gut sein!
- Ich habe eine Berufsausbildung (oder ein Studium) erfolgreich abgeschlossen, dann werde ich auch dieses Projekt bewältigen.
- Es ist mir gelungen, eine interessante Reise mit allem, was dazugehört, gut zu planen und durchzuführen.
- Und nicht zuletzt: Ich bewältige in meinen Alltagsbeziehungen viele einfache und komplexe Beziehungsaufgaben, habe gute Freunde und werde gerne als Gast eingeladen.

Was Hänschen nicht gelernt hat, kann Hans immer noch lernen – Jüngere Ich-Anteile können von den anderen lernen

Die einzelnen Ich-Anteile oder »Seiten« stellen nicht nur Identifikationen mit früher aufgenommenen Introjekten dar oder sind nicht nur Identifikationen mit einzelnen in unserer Erziehung übermittelten Werten (in den psychodynamischen Therapien spricht man oft vom »Über-Ich«), sondern die »frohe Botschaft« der Teile-Theorie ist auch, dass der Mensch in seiner psychischen Entwicklung nicht insgesamt, sondern nur in einzelnen Aspekten seines Ichs stagnieren kann, während andere weiter funktionieren, oder dass in einzelnen aktuellen Situationen alte Muster oder Erfahrungen so wiederbelebt werden, als geschähe es im Hier und Jetzt.

Der Vorteil des Konzepts der Ich-Anteile besteht darin, dass dieses Modell es möglich macht, uns auf einzelne »Module« unseres Selbst zu konzentrieren und Ihnen damit quasi eine Nachentwicklung in einem begrenzten Rahmen ermöglicht. Zum Beispiel können Sie dann feststellen: »Eine Seite von mir zögert noch, aber eine andere ist schon auf dem Weg.« Und Sie können überprüfen, ob das eine Seite von Ihnen ist, die zu einer in der Gegenwart notwendigen Entscheidung beitragen kann oder ob sie einen jüngeren Ich-Anteil von Ihnen wachruft, der noch zu ängstlich ist und selbst noch Unterstützung braucht.

Aber verstehen Sie mich nicht falsch: Sich einem Ich-Anteil stärker zuzuwenden heißt nicht, wie bei einem Baukastensystem einfach einen defekten oder fehlenden Teil zu ersetzen. Auch ein ängstlicher Ich-Anteil ist in vielerlei Hinsicht äußerst kompetent und oft nur in einem Aspekt blockiert, weil es zur Zeit seiner Entstehung in einem bestimmten Lebensbereich keinen Anlass zum Handeln gab oder viel zu gefährlich war, dort Veränderungs- oder Trennungskompetenz zu entwickeln.

Solche blockierten Ich-Anteile kann man sich wie jüngere Anteile des Ichs vorstellen, die sich – sei es aus Gründen seelischer Erschütterungen, Krisenerlebnissen oder einfach aus mangelnder Anforderung oder einem fehlenden unterstützenden Milieu – nicht weiter entfaltet haben. Sie tauchen dann oft störend und behindernd in einem gegenwärtigen Kontext auf, der diesen früheren Krisensituationen ähnelt, und wir handeln in der neuen Situation nach den alten Mustern. Man hat dann oft das Gefühl: »Ich verstehe gar nicht, was jetzt mit mir los ist. Plötzlich fühle ich mich so klein und ängstlich.« Es fühlt sich an, als bräuchte man Unterstützung von einem anderen Erwachsenen. Meist sucht man dann einen vertrauten Freund auf oder wendet sich an eine Beratung. Oft ist ein solcher helfender Erwachsener aber auch schon in Ihrem inneren Team als Ich-Anteil vorhanden, sodass man lernen kann, sich von sich selbst Unterstützung zukommen zu lassen.

Lassen Sie mich diese Prozesse mittels einer kleinen Geschichte aus der Zeit »nach der Wende« anhand der Erlebnisse mit einer Klientin illustrieren, die in den 1990er-Jahren in den Westen kam.

Sonjas Geschichte vom Kaufen

Bekanntlich stand in der ehemaligen DDR nur eine begrenzte Zahl von Gütern ständig zum Verkauf zur Verfügung. Der Großteil der Waren war nur über einen bestimmten Zeitraum erhältlich und wurde streng zugeteilt. Jegliche Neigung zum Konsumrausch war dadurch gedämpft, insbesondere auch deshalb, weil man geduldig in einer langen Warteschlange stehen musste, wenn es etwas Besonderes zum Einkaufen gab. Sah man irgendwo eine Warteschlange, so war es sinnvoll, schnell dazuzustoßen und sich einzureihen, weil man hier mit Sicherheit etwas bekommen würde, was man brauchen konnte.

Diese Kompetenz des Anstehens und des Aufspürens von Gütern hatte meine Klientin in ihren Jahren in einer ostdeutschen Stadt gut ausgebildet. Aber etwas aus einem größeren Angebot auszuwählen, wie zum Beispiel bei Kleidern, war für sie sehr schwierig. Sonja kam zu mir in die Beratung, weil ihr nicht erklärbar war, wie sie, inzwischen einige Jahre im Westen, immer wieder in einen regelrechten Konsumrausch für einzelne Gegenstände verfallen konnte, die sie wider jede Vernunft und Notwendigkeit in großen Mengen beschaffte, oft auf »Vorrat« und fürsorglich auch gleich für Freunde, was ihre Familie und auch sie selbst zunehmend in Besorgnis versetzte, zumal ihre Schränke überquollen. Seien es Handtaschen, Dosen mit den verschiedensten Sorten von Thunfisch und anderen Leckereien, Dekorationen für jeden Anlass, Geschenke auf Vorrat für ihre Lieben für Namenstage, Prüfungen und so weiter. Sie fragte sich schließlich, ob sie vielleicht kaufsüchtig sein könnte.

Mit Hilfe des Veränderungsmodells und der Teile-Arbeit konnten wir schnell herausfinden, dass ein jüngerer Ich-Anteil von Sonja während ihrer Teeniezeit in der ehemaligen DDR nicht die Kompetenz entwickeln konnte, unter einer Vielzahl von Angeboten auszuwählen, da eine Auswahl gar nicht zur Verfügung stand. Ihr bisheriger Ich-Anteil des Einkaufens, Organisierens und Beschaffens war daher darin geübt, die knappen Güter möglichst sofort und in der größten verfügbaren Menge zu erstehen, für jegliche Situation, in der man selbst oder andere die Waren brauchen könnten. Sonjas wenig geübter »Ich-Anteil des Auswählens« musste durch Imitationslernen und dann durch die Entwicklung eines eigenen Geschmacks und Willens erst einmal dazu angeleitet werden, auch komplexere Auswahlprozesse zu bewältigen.

Wie Kinder durch Vorbilder oder Idole lernen, so lernte dieser jüngere Ich-Anteil von Sonja zunächst auf eine sehr elementare Weise und brachte mich damit oft zum Staunen:

> Trug ich zum Beispiel ein besonderes Halstuch in einer besonderen Farbe, so war es nicht ungewöhnlich, dass Sonja wenig später mit einem ganz ähnlichen, wenn nicht sogar gleichen Halstuch zur Beratung erschien. Ähnliches zeigte sich in anderen Bereichen: Lag ein besonderes Journal im Wartezimmer aus, so konnte man fast davon ausgehen, dass sie wenig später erzählte, sie habe eine interessante Zeitschrift abonniert, die sie mir nun sehr empfehle. Oder sie trug einen Ring, dessen Stein von gleicher Farbe und fast ähnlicher Form war, wie der Stein an einem Ring, den ich erst seit kurzem trug. Diese ihr unbewusste Orientierung an ihrem Umfeld registrierte nicht nur ich, sondern auch im Kreis der Kolleginnen tuschelte man manchmal schon darüber. Fand Sonja an etwas Gefallen, war sie schnell in der Lage, es in der Stadt oder bei Besuchen in anderen Städten aufzuspüren und für sich zu entdecken. Aber der ihre Suche anregende Impuls, den sie von außen bekommen hatte, war ihr nicht bewusst. Auf dem Weg dahin hatte sie bereits vergessen, dass sie einem Vorbild nacheiferte, und so verstand sie sich selbst als »Trendsetter«. Als ich sie einmal daraufhin ansprach, schaute sie mich verwundert an.

Hinter ihrer für ihre »Wessi«-Freundinnen unverständlichen Verhaltensweise, die manche besorgt als Kaufsucht bezeichneten, entdeckten wir aber keine pathologischen Muster, sondern den kompetenten früheren Ich-Anteil der Organisatorin in einer Mangelsituation, der sich aus Treue zur Vergangenheit und zu Sonjas Heimat nicht einem »westlichen Kaufverhalten« angepasst hat, sondern der bei jeglichem Kontakt mit verlockenden Warenangeboten ungehemmt sofort das Ruder übernahm.

Das Ziel dieser Beratung, die auf dem Teile-Modell aufbaute, bestand darin, dass der aus Sonjas Jugend stammende Ich-Anteil lernen wollte und musste, wie man einen eigenen Geschmack entwickelt; gleichzeitig sollte es diesem Ich-Anteil auch gelingen, die Gegebenheiten der neuen Umwelt mehr und mehr zu assimilieren.

Die Weiterentwicklung solcher jüngeren Ich-Anteile im jetzigen Alltag ist möglich, wenn sich ein erwachsener Ich-Anteil des Selbst quasi um diese jüngeren Anteile kümmern kann und deren Aktionen würdigt und wertschätzt. Mit Verboten oder Vorhaltungen sich selbst gegenüber erreicht man bei den Aktivitäten eines solchen jüngeren Ich-Anteils so wenig, als wenn Sie sich mit einem Pubertierenden darüber streiten würden, was er gefälligst tun sollte und was er gar nicht machen darf. Er wird eher trotzig reagieren als Ihnen zuzuhören. Man kann ihm vielleicht mit rationalen Vorschlägen beikommen, die ein erwachsener Ich-Anteil anbietet, oder sich dieser überlegt, mit welchen Belohnungen oder Tauschangeboten er den jüngeren Ich-Anteil zu einem anderen Verhalten bewegen könnte.

Hilfreich ist dabei vielleicht auch dieser Satz, den man inzwischen öfter hört: »Man kann etwas tun (oder kaufen oder sich ändern oder etwas aufhören), muss es aber nicht.«

Sonjas Herumstromern in Geschäften auf der Suche nach Dingen, die sie sich wünschte oder glaubte haben zu müssen, lässt sich auch als ein Bemühen verstehen, mit ihrem früheren Ich-Anteil aus DDR-Zeiten in Verbindung zu bleiben, denn dieser hatte in Notsituationen die Kompetenz, das für sie Wichtige zu finden und auch ihre Freunde und Familie durch ihre umsichtige Vorratshaltung daran teilhaben zu lassen. Eine sehr anrührende innere Arbeit mit diesem Ich-Anteil ließ Sonja allmählich bewusst erkennen, dass ihr früherer Ich-Anteil ständig Mangel erlebt hatte.

Sie konnte in der Beratung überlegen und nachspüren, was

es denn sein könnte, was sie wirklich braucht und wirklich möchte, und dabei erkennen, dass es eben nicht nur um diese vierzig Tischdecken, die fünfzig Handtaschen, die vierzig Pullover, die Geschirrsammlungen oder den Schrank voller Dekorationsmaterialien für alle Lebenslagen geht.

Auch hier lernte Sonja, wie sie den früheren jüngeren Ich-Anteil durch die Erfahrung ihrer erwachsenen Seite unterstützen konnte, dass sie inzwischen in einer neuen Umwelt Wahlmöglichkeiten hat, und sie konnte diese Erkenntnis mit dem Ankersatz vernetzen: »Man kann (noch ein weiteres Teil) kaufen, muss es aber nicht.« Die Möglichkeit allein zwingt nicht zum Handeln. Denn inzwischen lebt Sonja in einer Welt des üppigen, mehr als ausreichenden Warenangebots.

Viele von uns sind immer wieder einmal mit einem jüngeren Ich-Anteil von dort und damals im Hier und Jetzt unterwegs, mit einem Anteil, der in ungewöhnlichen Situationen in unserem inneren Team auftaucht und von unseren erwachseneren Ich-Anteilen unterstützt werden kann.

Dazu möchte ich Ihnen noch eine andere Geschichte von dem Ich-Anteil eines Klienten erzählen, der keine ausreichenden Kompetenzen entwickeln konnte, um von einem Leben als Kind in einem Dorf in das Leben eines Musikers in einer Großstadt zu wechseln.

Die Geschichte von Tobias: Vom Dorfmusiker zum Stadtmusiker

Ich lernte einen jungen Mann kennen, der in einem sehr kleinen Ort in Österreich in einer wohlbehüteten Musikerfamilie aufgewachsen war. Durch frühkindliche Förderung und das Vorbild der Eltern und Geschwister, durch Disziplin und Unterstützung seiner vorhandenen Begabung entwickelte Tobias sich konsequent, und es wurde ihm schon früh eine große Karriere als Musiker vorausgesagt. Auf ein »Leben im Orchester« wurde er von Eltern und Lehrern mehr und mehr vorbereitet, aber nicht auf ein normales Stadtleben in einer Großstadt, wohin er zur Ausbildung an einer berühmten Musikhochschule umziehen sollte. Als Musikersohn war er es gewohnt, dass man ihm die täglichen Schwierigkeiten von Wohnungs- und Nahrungsbeschaffung, von sozialen Kontakten fürsorglich abgenommen hatte. Er musste ja üben. Aber als er dann, inzwischen herangewachsen, allein in diese Großstadt übersiedeln sollte, stellte sich heraus, dass Tobias weitgehend unfähig war, dort soziale Beziehungen aufzubauen und sein Privatleben zu organisieren. Ohne von außen überwachter Disziplin gelang es ihm nicht einmal mehr, sich selbständig seiner »Musikerarbeit« zuzuwenden, und er verbrachte Kekse essend bald seine gesamte Freizeit vor dem PC.

Der die Unterstützung der Eltern gewohnte Ich-Anteil des kindlichen Musikersohnes hatte in Gestalt von Trotz komplett die Regie über seinen Alltag übernommen. Die Seite eines erwachsenen Musikers war zwar entwickelt, nicht aber ein selbstfürsorglicher Ich-Anteil (Üben, Schlafen, Essen), dessen Aufgaben seine Familie für ihn während der Zeit im Heimatdorf übernommen hatte.

In der Beratung entwickelte mein Klient, allerdings zunächst mit großem Widerstand, diese Anteile nach. Hilfreich war dabei für ihn, dass der erwachsene Pianist-Anteil, der sich wunderbar im Orchester einzufügen gelernt hatte, sich schließlich auch des Ich-Anteils des widerständigen Sohns bewusst wurde, auf dessen Bedürfnisse achten lernte und so neue Formen der Balance zwischen Berufs- und Alltagsleben entwickeln konnte.

Wenn ich in Beratungskontexten mit Menschen arbeite, die zum Beispiel große Befürchtungen vor einem Veränderungs-

oder Trennungsschritt haben, sei es im Beruf oder in ihrem privaten Leben, so empfehle ich ihnen häufig zunächst, nur einen kleinen Perspektivwechsel vorzunehmen. Wenn z. B. jemand sagt: »Ich habe Angst, mit meinem Chef über eine Gehaltserhöhung zu sprechen«, oder »Ich habe Angst, der Chefin deutlich zu machen, dass ich für meine verantwortungsvollen Aufgaben mehr Zeit und Anerkennung brauche«, so schlage ich meinem Klienten im Sinn des oben genannten Teile-Modells vor, er möge seinen Satz verändern in: »Ein Teil von mir (oder eine Seite von mir) hat Angst, um diese Anerkennung zu verhandeln. Eine andere Seite weiß, dass ich kompetent bin und eine solche Anerkennung fordern kann.«[16] Ich frage den Ratsuchenden dann, wie sich ein solcher Satz für ihn selbst anhört und wie sich eine solche Änderung seiner Perspektive anfühlt. Oft bekomme ich zur Antwort, dass in ihm ein Gefühl von mehr Sicherheit, mehr Kompetenz und Autonomie auftaucht und das oft einen Energieschub auslöst.

Mit diesem gefühlsmäßigen Erleben, das sich schnell im Hier und Jetzt entfaltet, kann neu entschieden werden, mit welchen Anteilen seines inneren Teams der Klient zielführend weiter kooperieren kann und möchte, um am Arbeitsplatz oder in seinen Beziehungen mehr Anerkennung oder Handlungsspielräume zu erlangen.

Vielleicht stellen Sie beim Lesen dieser Beispielgeschichten fest, dass auch Ihr eigenes inneres Team bereits über viele kompetente »Mitarbeiter« und Mitstreiter verfügt, die Sie bislang vielleicht noch nicht genügend beachten.

Sind Sie inzwischen neugierig geworden, weiter mit Ihren inneren Ressourcen zu experimentieren? Dann lade ich Sie zu einer Imaginationsübung ein, bei der Sie ganz ähnlich vorgehen können wie im obigen Beispiel. Vielleicht haben Sie Lust, ein Experiment mit Ihrer Veränderungskompetenz durchzuführen und einen Ihrer inneren Anteile oder Teammitglieder näher kennenzulernen.

Wenn Sie aber eher an den Kapiteln über das Phasenmodell oder den Beispielgeschichten interessiert sind, so überschlagen Sie die Übung und kommen gegebenenfalls später noch einmal darauf zurück.

■ ■ ■ ÜBUNG **Imagination über Ich-Anteile, die einen wertschätzenden Umgang mit sich selbst ermöglicht**

Suchen Sie sich einen ruhigen Ort, um sich für einen Moment zu entspannen und stellen Sie für diese Zeit auch Ihr Telefon aus. Beschäftigen Sie sich dann einige Minuten intensiv mit den folgenden Fragen:

- Gibt es eine Seite in Ihnen, die Sie bei einem in naher Zukunft gewünschten Vorhaben darin unterstützen kann, mit sich selbst wertschätzender umzugehen?
- Welche Gefühle und Gedanken würden Sie haben, wenn diese Seite in Ihrem inneren Team viel zu sagen hätte? Oder sogar den Vorsitz führte?
- Wie würden Sie diesen Ich-Anteil nennen? Welches Bild würden Sie für ihn finden?
- Wie würden Sie in dieser Angelegenheit am liebsten handeln, wenn diese Seite aktiv würde und freie Hand hätte?
- Was würden Sie empfinden, wenn dieser Ich-Anteil auch Ihre »Fehler« wertschätzend betrachtete?
- Und was empfinden Sie für diesen Ich-Anteil, während Sie dies tun?
- Was würde passieren, wenn Sie dann nicht mehr so verurteilend über sich denken und sprechen würden? Mit Ihnen selbst, mit Ihren Beziehungen?
- Gibt es etwas, was diese Seite von Ihnen selbst oder von Ihren

anderen inneren Teammitgliedern bräuchte, damit Sie sich wohlwollend und wertschätzend unterstützt fühlen?

▪ Vielleicht haben Sie Lust, diesem wertschätzenden Ich-Anteil in Ihrem Alltag eine Woche lang mehr Raum zu geben und zu notieren, welche Erfahrungen Sie damit gemacht haben.

▪ Beobachten Sie Ihre Umwelt: Wie reagiert Ihr Umfeld darauf? Was ändert sich in Ihrer Beziehung oder in der Familie? Am Arbeitsplatz? Und wie reagieren Ihre Katze oder der Hund? ▪ ▪ ▪

Ich möchte Sie an dieser Stelle gern noch einmal dazu einladen, das Buch nach Ihren Bedürfnissen zu durchstöbern und sich auch hier immer wieder in Ihren verschiedenen Ich-Anteilen davon angesprochen zu fühlen.

Auch wenn man sich bei einer Entscheidung für eine Veränderung noch unsicher fühlen mag:

Etwas zu wählen oder sich für etwas zu entscheiden heißt ja noch lange nicht, dass man sofort Nägel mit Köpfen machen oder dass man eine Absicht umgehend in die Tat umsetzen müsste: »Man kann etwas ändern, muss aber nicht!«

Den Zeitpunkt einer Entscheidung und den Zeitpunkt, an dem man handeln will, kann man voneinander trennen: Nehmen Sie sich Zeit! Entwickeln Sie in der Vorstellung schon einmal Gedanken an das Neue!

Aber schieben Sie es eben auch nicht zu lange auf: Denken Sie dabei auch an den bekannten Spruch eines Politikers, der hier gut motivieren kann: »Wer zu spät kommt, den bestraft das Leben!«[17]

Und zum Ende des Kapitels möchte ich Ihnen noch eine andere Geschichte erzählen, die zeigt, wie man mit der Unterstützung eines jüngeren Ich-Anteils und seiner Kompetenzen eine Lösung für ein »Problem« in der Gegenwart finden kann.

Die Geschichte von Emil: Emil lernt, wie man sich eine Frau aussucht

Vor einigen Jahren unterrichtete ich eine Gruppe von mehr als fünfzig angehenden Therapeutinnen und einigen Therapeuten in einem dreitägigen Weiterbildungs-Seminar zum Thema »Willens- und Entscheidungsprozesse«. Ein Mann aus der Gruppe bat mich um Beratung in einer ganz persönlichen Angelegenheit. Er erzählte – obwohl inzwischen fast vierzig Jahre alt – dass er geradezu unfähig sei, eine Entscheidung selbst zu treffen. Er überlasse dies, wenn es unvermeidlich sei, in der Regel immer anderen. Besonders hinderlich sei diese Entscheidungsunfähigkeit in der Beziehung zu Frauen. Außer kurzen Affären habe er noch keine Frau für eine längere Beziehung finden können, weil er einfach nicht entscheiden könne, welche die richtige für ihn sei. Er sitze dann so lange »wie der Esel zwischen zwei Heuhaufen«, bis mindestens eine von den beiden Erwählten weg ist. Dann trauere er ihr hinterher, mit dem inneren Klagesatz: »Ach, hätte ich doch ...«, so ähnlich wie die Prinzessin im Märchen »König Drosselbart«. Er wolle dies jetzt hier in dieser Gruppe näher klären.

Ich bat ihn aufzustehen und sich vorzustellen, er sei ein fünfjähriger Junge in einem großen Süßwarenladen und habe die Erlaubnis, alle »Süßigkeiten« so lange mit seinen Sinnen (Augen, Ohren und Tastsinn) zu testen und zu probieren, bis er herausgefunden habe, was ihm besonders schmecken könnte. Emil stand angesichts dieses Vorschlags zunächst wie versteinert und sprachlos da. Er blickte in die Runde der anwesenden Personen – überwiegend Frauen –, von denen er eine auswählen sollte, unterstützt durch die Vorstellung, er suche wie ein Kind in einem Süßwarenladen nach dem Verlockendsten für sich. (Den Gedanken, das Experiment könnte etwa als politisch nicht korrekt bewertet werden, konnte ich schnell mit dem Argument zerstreuen, dass man wegen der therapeutischen Vieldeutigkeit in diesem symbolischen Spiel von der »political correctness« ausnahmsweise einmal absehen dürfe.)

Der Klient blieb lange Zeit stumm, so schweigsam wie ich und die anderen Anwesenden. Schließlich traute er sich, einige Blicke in die Runde zu riskieren, seine Augen zu gebrauchen und umherzugehen. Dann begann er seine anderen Sinne zu mobilisieren, indem er verschiedene Gruppenmitglieder aufforderte, etwas zu sagen, damit er ihre Stimmen hören könne, und schließlich fragte er eine Seminarteilnehmerin, die er spielerisch ausgewählt hatte, ob er ihre Hand anfassen dürfe. Er hatte in dieser Sequenz und in dem Rollenspiel verstanden, dass er jetzt als erwachsener Mann auf etwas Gewünschtes Schritt für Schritt zugehen kann und auswählen darf und dass er seiner Wahrnehmung dabei mit Achtsamkeit begegnen sollte. Er schien sehr gerührt, seine Sinne wiederentdeckt zu haben und diese aktiv als Mittel zum Auswählen und zur eigenen Entscheidung gebrauchen zu können und nicht mehr mit dem Ich-Anteil des kleinen Jungen an Entscheidungsprozesse heranzugehen, der von inneren Verboten wie »Das ist nichts für dich!« in seinem Wünschen gehemmt wird.

Bleibt meinem Klienten nur noch, dieses Experiment in sein Alltagsleben zu übertragen und sich dort mit allen Sinnen mit seinen kompetenten Ich-Anteilen auf die Suche zu machen. Oder besser: Nicht auf die Suche, sondern auf den Weg des Findens!

▶ EXKURS Identifikation, Identität, Introjektion und Verändern

Der Begriff **Identifikation** kommt aus dem Lateinischen und bedeutet »identi facere«, also etwas oder sich selbst mit einer anderen Person oder einem Gegenstand gleichmachen. Das heißt zum Beispiel, dass man sich in eine Person einfühlt, sich mehr oder weniger bewusst an deren Stelle versetzt und ihre Gedanken, Gefühle und Verhaltensweisen übernimmt, was einerseits Einfühlung in fremdes Denken und Empfinden ermöglicht, aber durch fehlende Abgrenzung auch Abstand von den eigenen Bedürfnissen, Vorstellungen, Verhaltensweisen zur Folge haben kann.

Identität meint das jeweilige Erleben von sich selbst. Die Identität setzt sich aus einer Kombination ganz unterschiedlicher Eigenschaften zusammen, die den Einzelnen als einzigartige Persönlichkeit ausmachen, durch die er sich seiner selbst bewusst wird und sich durch die Rückmeldungen von anderen zu diesen Eigenschaften auch von außen wahrnehmen lernt.

Introjektion bezeichnet den Vorgang, in dem der Mensch nicht nur Nahrungsmittel aufnimmt, um satt zu werden und zu wachsen, sondern auch Wissen und Erfahrungen zur Entwicklung seines Selbst bzw. seiner Persönlichkeit. Aber nicht alles, was man in seiner Umwelt an Nahrung oder Erfahrungen vorfindet, ist nährend, wohlschmeckend oder bereichert einen mit Lebenserfahrung und bei der Persönlichkeitsbildung. Mit dieser Tatsache kann man unterschiedlich umgehen: So kann man sich zum Beispiel die Erfahrungen oder Eigenschaften anderer Personen oder Objekte teilweise oder ganz einverleiben, wie ein Kind, das noch keine Zähne hat und alles einfach unzerkleinert schluckt, was es an Nahrung und Erfahrung angeboten bekommt. Ist das zur Aufnahme Angebotene nahrhaft und wohltuend für Körper und Seele, wird das Kind dieses annehmen, »verdauen« und daran wachsen. Handelt es sich aber um für sein Wachstum ungeeignete Nahrung oder Erfahrungen, so werden sein Körper bzw. sein Selbst und seine Persönlichkeit durch diese Aufnahme insgesamt belastet oder gestört.[18]

Bei dem universellen Mechanismus der Introjektion nimmt der Mensch also real etwas Konkretes oder etwas gleichsam

Imaginiertes »zu sich«. Er verleibt es sich in seine überdauernde Persönlichkeit ein. Ob dies für seinen Körper und seine Psyche nahrhaft und heilsam ist, hängt davon ab, ob der Mensch in der Lage ist, ungeeignete Nahrung oder geistige und emotionale Angebote aus seiner Umwelt als »geeignet oder nicht geeignet« für sich selbst zu bewerten und sie gegebenenfalls auch abzulehnen. Genau wie bei der Nahrungsaufnahme muss der Mensch auch geistige und seelische Angebote schrittweise zerlegen, zerkauen und assimilieren, das heißt, innerlich verarbeiten und verdauen.

Sie können sich diesen Vorgang so vorstellen, wie man zum Beispiel einen größeren Bissen Apfel zunächst mit den Zähnen zerkleinern und später durch die weiteren Verdauungsprozesse zerlegen muss, damit der Apfel als Nahrung vom Körper aufgenommen werden kann. So müssen auch geistige und emotionale Angebote aus der Umwelt durch den kritischen Verstand und die gefühlsmäßige Intuition differenziert und schrittweise verarbeitet werden, um entweder zurückgewiesen oder in unser Selbstbild aufgenommen zu werden. Konkrete Nahrung wird, wenn sie ausreichend zerkaut und richtig verdaut ist, schließlich von selbst aufgenommen und assimiliert, um zu einem unbewussten Bestandteil unseres Organismus zu werden. Auch Erfahrungen werden so in ihre Bestandteile zerlegt und können Teil unseres Selbst werden.

Was jedoch schwer im Magen liegt oder auf unserer Seele lastet, kann man abstrakt in diesem Sinn als ein Introjekt bezeichnen. Am besten spuckt man es rechtzeitig aus, sagt »Nein« und weist das Angebot zurück. Häufig ist es aber so, dass wir – vor allen in jüngeren Jahren – bei dem Kontakt mit solchen unverdaulichen konkreten oder seelischen »Nahrungsangeboten« nicht in der Lage waren oder uns nicht gewagt haben, sie zurückzuweisen. Wir haben sie geschluckt und in uns behalten. Zum Problem wird ein solches Introjekt, wenn wir aufgrund von Gewohnheitsmustern vergessen haben, dass und in welcher Weise wir etwas Fremdes und für uns nicht Geeignetes unverdaut in uns behalten haben. Das kann uns dann manches Unbehagen verschaffen, uns müde machen. Ab und zu wird uns richtig schlecht. Wir verspüren im günstigsten Fall vielleicht noch das Gefühl, etwas ausspucken zu wollen, wissen und fühlen aber nicht genau, was und wie. Vor allem die seelischen Introjekte, die in unserem psychischen Haushalt und in unserem Selbstbild immer wieder ihr hinderliches Unwesen treiben, können zu wesentlichen Ursachen von Depression (»Ich darf mich nicht abgrenzen, mich nicht wehren«), Burnout (»Ich muss gut, perfekt sein, nur ich will und kann es schaffen«) und Narzissmus (»Ich kann der Welt da draußen nicht trauen, ich muss mich auf mich selber beziehen«) werden und zu vielen psychosomatischen Belastungen führen.

Ursache solcher eher unheilvollen Introjektionen ist meist eine nicht genügend ausgebildete oder in einem bestimmten Kontext nicht mögliche Abgrenzung, eine Differenzierung von eigenen Gedanken und Wünschen oder der fehlende Mut, »Nein« zu sagen: kurzum, eine nicht ausreichend entwickelte Trennungskompetenz.

Die Bearbeitung und Befreiung von solchen unbewusst gewordenen Introjekten, die sich zunehmend als verfestigte Symptome zu Wort melden, kann man durch bewusst gelenkte, absichtsvolle Achtsamkeit für die Signale der in uns schlummernden Introjekte (etwa chronische Müdigkeit, Erschöpfung, Frustration, Ärger auf sich selbst) beginnen. Dadurch ermöglichen wir, dass die ursprünglichen Situationen und Ereignisse, in denen das Introjekt sich gebildet hat, wieder in unserer Erinnerung auftauchen. Aber dieses Mal, im Hier und Jetzt, können wir es mit unserem erwachsenen Ich-Anteil anders verarbeiten oder ablehnen. Das Wiederauftauchen einer solchen Erinnerung an unverarbeiteten Erfahrungen (die Gestalttherapie nennt dies »unfertige Gestalten« oder »unfinished business«) geschieht spontan und von selbst, denn unsere Psyche ist ständig bemüht, uns an eine bessere Verarbeitung oder an eine früher vermiedene Abgrenzung zu erinnern, damit eine nicht beendete Aufgabe endlich erledigt werden kann. Dafür genügt es, »nur« unsere Gefühle, unsere Erfahrungen, unsere scheinbar negativen Eigenschaften wie Eifersucht, Selbstzweifel, Selbsthass als Hinweise und Symptome ernst zu nehmen und dieses Mal die dahinter liegenden Bedürfnisse nach Wertschätzung zur Geltung kommen zu lassen. Es ist möglich, dass dieser Prozess anfangs von Gefühlen wie Angst, Scham oder Schuld begleitet ist.

Schrecken Sie jedoch davor nicht zurück! Das sind lediglich Anzeichen einer zunehmenden Erregung, von elementaren Bedürfnissen und von Gefühlen, wenn auch noch in gebremster oder unterdrückter Form. Die Angst ruft dann: »Gebt mir Sicherheit!«, die Schuld: »Erlaubt mir, auch etwas für mich zu wollen!« und die Scham: »Erlaubt mir, so zu sein, wie ich bin, und gesteht mir zu, dass ich im Moment noch Teile von mir vor den Augen und den Urteilen Anderer schützen muss!«

Ändern gelingt, wenn wir uns erlauben, schrittweise im Prozess des ständigen Erlebens und Handelns unsere eigenen Bedürfnisse zu steuern und uns abzugrenzen oder das anzunehmen, was für uns angemessen ist und uns nährt. Das bedeutet »Nein« zu sagen zu dem, was nicht zu uns passt und »Ja« zu sagen zu dem, was uns nährt und uns reifen lässt und kann so die Voraussetzung für körperliche und seelische Gesundheit schaffen. ◄

► EXKURS **Wer etwas mehr Theorie mag: Einige Gedanken aus der Hirnforschung zu neurologisch-psychologischen Theorien des Veränderungshandelns**

Aus den vielfältigen empirischen Forschungen und neueren Theorieansätzen, die sich mit der Frage beschäftigen, wie intuitives und willentlich gesteuertes menschliches Verhalten funktioniert und welches die besonderen neurobiologischen und psychologischen Voraussetzungen sind, die bei dem komplizierten Wechselspiel der verschiedenen hormonellen, neuronalen, psychologischen wie auch äußeren Bedingungen und Prozesse bei bewusstem, willentlich gesteuerten Handeln eine Rolle spielen, möchte ich für unser Thema Veränderungs- und Trennungskompetenz ein Modell besonders hervorheben: Die durch empirische Forschung gut abgesicherte »PSI-Theorie« (Persönlichkeits-System-Interaktionen) einer Osnabrücker Forschungsgruppe unter der Leitung des Psychologen Julius Kuhl kann uns beim Verständnis unseres Veränderungshandelns und bei der Entwicklung von Veränderungskompetenz hilfreich unterstützen.[19] Nach dieser evidenzbasierten Theorie wird menschliches Handeln durch ein Wechselspiel von im Wesentlichen vier unterscheidbaren neuronalen Netzwerken im Gehirn des Menschen bestimmt. Wie diese vier verschiedenen Bereiche vernetzt, geschaltet bzw. miteinander synchronisiert sind, entscheidet für unseren Fall der Veränderung darüber, ob uns ein Veränderungsverhalten gelingt, bzw. unsere Veränderungsabsichten ihr Ziel auch erreichen. Ihr Zusammenspiel ist in besonderer Weise abhängig von unseren jeweiligen Stimmungen und Gefühlen. So hemmen zum Beispiel Stress oder traurige Stimmung ein ungestörtes Zusammenspiel, eine positive Stimmung erleichtert es. Deshalb bildet die Fähigkeit, Frustration schnell zu überwinden und positive Emotionen in Bezug auf die Verwirklichung der eigenen Ziele aufzubauen und mit der unmittelbaren Umgebung abzugleichen, eine wichtige Grundlage, um eine beabsichtigte Veränderung ausführen zu können und dadurch unsere »Veränderungskompetenz« für die Zukunft weiter auszubauen.

Ich möchte Ihnen die vier neuronalen Netzwerke, die gemäß der PSI-Theorie für unser Verhalten und vor allem für komplexere Veränderungen wichtig sind, näher vorstellen und dabei erläutern, wie unsere Gefühle und jeweiligen Stimmungen bei unserem Veränderungsverhalten in besonderer Weise mitwirken.

Netzwerk 1: Das Absichts- bzw. Intentionsgedächtnis
Die Forschungsgruppe zu neuronalen Prozessen des menschlichen Verhaltens um Professor Kuhl hat ein besonderes Netzwerk in unserem Gehirn nachgewiesen, das sie das Intentionsgedächtnis nennt. Dieses Gedächtnisnetzwerk wird sowohl in schwierigen, komplexeren Situationen wie auch zur Realisierung längerfristiger Ziele aktiviert. Es wird vor allem dann aktiv, wenn es unvorhergesehene Hindernisse oder Konflikte gibt und sorgt dafür, dass wir während der Klärung und bei der Überwindung der unterschiedlichsten Schwierigkeiten unsere ursprünglichen Absichten und Ziele nicht aus den Augen verlieren. Das Intentionsgedächtnis hält sozusagen im günstigsten Fall unser Impuls- und spontanes Handlungsnetzwerk so lange in Schach, bis der für uns voraussichtlich passende Zeitpunkt zum Handeln und eine bestmögliche Lösung zur Verwirklichung der ins Auge gefassten Ziele gefunden sind.

Für diese recht komplexe Aufgabe stehen dem intentionalen Netzwerk verschiedene mentale Teilfunktionen unseres analytischen Denkens und bewussten Planens zur Verfügung, vor allem auch ein wichtiger Gegenspieler, der die inzwischen aufgebaute Handlungsenergie bei Bedarf noch hemmen kann, zum Beispiel durch den neuronalen Zugang zu den Netzwerken und Regionen, die unser aktives Verhalten steuern. Ohne diese systemeigene, hilfreiche Hemmungs- und Bremsfunktion würden wir in schwierigen Situationen möglicherweise unbedacht vorschnell handeln und dabei das Ziel und den richtigen Zeitpunkt des Handelns verfehlen.

Dieses analysierende, bewusst denkende und die inneren und äußeren Umstände prüfende Netzwerk lokalisiert die Osnabrücker Forschungsgruppe in der linken Hemisphäre (dem sogenannten linken präfrontalen Kortex) unseres Gehirns, also direkt hinter unserer linken Stirnseite, dort, wo in unserem »Oberstübchen« geplant, nachgedacht, kurzum über »stop and go« entschieden wird.

Stellen Sie sich das so vor: Dieses neuronale Absichtsgedächtnis ist zum Beispiel bei einem Fahrschüler in seinen ersten Fahrstunden besonders aktiv, in einer Phase also, in der er vielleicht ein Fahrtziel hat, aber immer noch sehr bewusst nachdenken muss, wann und wie er Gas gibt und wann er bremst, um sein Ziel sicher zu erreichen. Es ist einleuchtend, dass dieses »Absichtsgedächtnis« bei großen Veränderungen in unserem privaten oder beruflichen Leben, in dem die eine oder andere Schwierigkeit auftaucht, eine ganz wichtige Rolle spielt. Ich zeige Ihnen weiter unten, auf welche Weise es sich mit weiteren neuronalen Netzwerken und Funktionen verbinden muss, damit daraus ein erfolgreiches Veränderungshandeln und langfristig eine mehr oder weniger eingespielte Veränderungs- und Trennungskompetenz werden kann.

Netzwerk 2: Das intuitive Verhaltenssteuerungssystem
Als zweites wichtiges neuronales Netzwerk wird das intuitive Verhaltenssteuerungssystem genannt. Dieses neuronale Netzwerk ist in der Regel bei der Ausführung gewohnheitsmäßiger automatisierter Handlungsabläufe aktiv. Denken Sie zum Beispiel an das zielgerichtete Greifen nach begehrenswerten Objekten in der frühen Kindheit, das einigermaßen koordinierte

und sichere Stehen und Gehen des Kleinkindes oder an das Zähneputzen, das Sie in Ihrem Erwachsenenleben morgens noch im Halbschlaf erledigen, bevor Sie wenig später routiniert und halbautomatisch mit dem Auto zur Arbeitsstelle fahren. Unser innerer Autopilot bringt uns am frühen Morgen meistens sicher und weitgehend unbewusst ans Ziel.

Diesem Netzwerk der intuitiven Verhaltenssteuerung steht ein eigenes Wahrnehmungssystem zur Verfügung, das uns deswegen weitgehend unbekannt bleibt, weil es völlig unabhängig und unbewusst funktioniert. Zu unserem Glück! Stellen Sie sich einmal vor, wir würden ständig alles, aber auch alles, um uns herum bewusst wahrnehmen! Sie wären von den vielen Informationen, die unsere Augen, Ohren, die anderen Sinne und dazu noch unsere Gedanken und körperlichen Informationen liefern, schnell völlig überfordert.

Im Alltag handeln wir in vielen Situationen intuitiv, spontan und aus eingespielter Gewohnheit heraus, ohne lange über unsere eigenen Handlungssequenzen nachzudenken. Dies ist möglich durch die direkte Verknüpfung von aufeinander eingespielten gewohnheitsmäßigen Wahrnehmungsvorgängen und Handlungsabläufen, die in der Regel bereits in der Kindheit eingeübt werden und die Grundlagen unseres alltäglichen Handelns bilden – vornehmlich des Handelns, bei dem keine besonderen Gefahren vermutet oder neue komplexere Herausforderungen an uns gestellt werden.

Diese intuitive Verhaltenssteuerung hängt insbesondere mit mentalen Prozessen zusammen, die in der rechten hinteren Hemisphäre des menschlichen Gehirns lokalisiert sind und von dort aus gesteuert werden. Sie stehen damit in enger Verbindung mit dem Areal des Gehirns, das für die Orientierung im Raum und für die Koordinierung von Handlungen im Raum zuständig ist. Es ist verantwortlich dafür, dass eine in der Regel zunächst noch abstrakt gedachte Absicht in eine konkrete

Handlung im Raum umgesetzt werden kann. Erhält dieses verhaltenssteuernde neuronale Areal keine wesentlich neuen, unbekannten oder als gefährlich eingestuften Signale oder Widerstände, so kann das intuitive, weitgehend unbewusst verlaufende Verhaltensprogramm sofort ausgeführt werden, ohne dass das oben genannte System der bewussten Handlungssteuerung, das Absichtsgedächtnis, einbezogen wird.

Dieses Verhaltenssteuerungssystem ist zwar für jede Verhaltensänderung unerlässlich, doch wenn ausschließlich dieses System aktiviert wird, so wird es sehr wahrscheinlich an den ersten inneren Ängsten oder an äußeren Schwierigkeiten scheitern. Für die komplexeren Verhaltensänderungen, mit denen wir uns hier beschäftigen, reicht dieses System allein aber nicht aus.

Netzwerk 3: Das Extensionsgedächtnis
Mit dem Begriff Extensionsgedächtnis wird ein komplexeres, ganzheitlich organisiertes Erfahrungssystem bezeichnet, welches uns den Überblick über alle uns verfügbaren Ressourcen, Lebenserfahrungen und Möglichkeiten verschaffen soll, die in einer gegebenen Situation relevant sein können. Das Extensionsgedächtnis verfügt über ein sehr ausgedehntes Netzwerk von Verhaltensoptionen und umfasst sowohl bereits selbst erlebte und gespeicherte Erfahrungen, als auch im Lauf des Lebens gebildete ethische Werte, vor allem aber verfügt es über eine breite Palette von Gefühlen. Es ist also ein Netzwerk, das ganz verschiedene Teilbereiche und neuronale Regionen in unserem Gehirn verbindet.

Das Extensionsgedächtnis tritt vor allem bei hochkomplexen Entscheidungen auf den Plan, die die Integration vieler Einzelaspekte aus unserer Umwelt, unseren eigenen Erfahrungen, vor allem aus unserer Gefühlswelt, und last, but not least auch unserer körperlichen Verfassung verbinden. Es operiert auf der höchsten Stufe menschlicher Intelligenz und hat sich in dieser besonderen Weise vor allem im Umgang und der Auseinandersetzung mit unserer sozialen Umwelt ausgebildet. Es ermöglicht uns, individuell und ganz persönlich auf unsere jeweiligen Mitmenschen einzugehen und hilft uns dabei, diese als jeweils ganze Person zu verstehen. Darüber hinaus unterstützt es uns darin, unsere Mitmenschen als komplexe Personen in ablaufenden Austauschprozessen mit uns selbst zu verstehen und sie nicht nur als Objekte oder Träger einzelner isolierter Funktionen zu behandeln.

Das Extensionsgedächtnis empfängt und verarbeitet seine vielfältigen Informationen am besten in einem Zustand wacher, entspannter Bewusstheit, der in der Psychotherapie seit Freud und insbesondere in der Gestalttherapie als frei schwebende Aufmerksamkeit bezeichnet wird. In diesem wachen und gleichzeitig entspannten Zustand gelingt es am besten, die unterschiedlichen Informationen unseres Körpers, unseres Gedächtnisses und unserer Umwelt miteinander in Verbindung zu bringen, unter Einbeziehung des breiten Spektrums unserer Gefühlswelt. Diese wache Entspanntheit erlaubt es, in uns schrittweise einen Prozess entstehen zu lassen, der schließlich unser zielgerichtetes Bewusstsein und unsere innere Handlungsbereitschaft mobilisiert.

Die Wissenschaftler der Osnabrücker Forschungsgruppe haben den Sitz des Extensionsgedächtnisses in einem vorderen Teil der rechten Hemisphäre unseres Gehirns lokalisiert.[20] Sie beschreiben diesen Teil als hochintelligentes System, das vor allem die Eigenschaft hat, unsere Gefühle in den gesamten Bewusstseins- und Handlungsprozess zu integrieren.

Besonders bedeutsam für unsere Überlegungen zur Entwicklung von Veränderungskompetenz ist, dass das Extentionsgedächtnis negative Gefühle, Frustrationen und Rückschläge nur dann verarbeiten kann, wenn man sich mit ausreichender Gewissheit vorstellen kann, dass das in der Zukunft liegende Ergebnis und die Auswirkungen der beabsichtigten Veränderung weitgehend positiv sein werden. Eine wesentliche Voraussetzung dafür, dass dieser Teil unseres Gehirns seine integrative Aufgabe erfüllen kann, ist es, dass unser Selbstbild und unsere Selbstwahrnehmung nicht nachhaltig erschüttert und negativ bestimmt sind, sondern ihre feste Basis in einem ausreichend positiven Erfahrungsschatz haben, den man für gewöhnlich »Grundvertrauen« nennt. Das bedeutet darüber hinaus, dass es nicht ausreicht, wenn man nach einem Rückschlag von Anderen rationale tröstliche Argumente zu hören bekommt oder man sich diese selber vor Augen führt. Vielmehr müssen die jeweils geplante oder sich vollziehende Veränderungshandlung und die dabei gemachten Erfahrungen uns auch gefühlsmäßig berühren! Sie aktivieren unsere Gefühlswelt, die unsere Gedanken, Erfahrungen und Hoffnungen in einen realisierbaren Zusammenhang bringen, damit dann jeweils angemessene und neue Handlungs- und Lösungsmöglichkeiten entdeckt oder erfunden werden können. Es sind vor allem unsere Gefühle (wie wir es aus der Gestalttherapie kennen), die uns über unser eigenes Verhältnis zu unserer unmittelbaren Umwelt informieren. So signalisiert zum Beispiel Angst, dass in der jeweiligen Situation eine unmittelbare Gefahr erlebt wird oder auch tatsächlich besteht. Freude signalisiert, dass in der direkten Gegenwart etwas Positives oder etwas angenehmes Unerwartetes passiert. Ohne die Mobilisierung von positiven Erinnerungen und die dadurch ausgelösten Gefühle wird das Extensionsgedächtnis blockiert. Dann wird ein Fehlersuch- und Gefahrenabwehrsystem aktiviert, das sich hemmend auf den gesamten Organismus auswirkt und Konsequenzen für unsere Veränderungskompetenz hat. Das bedeutet, dass wir Veränderungsaktionen ganz beruhigt sein lassen könnten, wenn wir »gefühlsmäßig schlecht drauf« sind, weil wir durch diese Stimmungslage die Funktionsfähigkeit unseres Extensionsgedächtnisses außer Betrieb gesetzt haben.

Netzwerk 4: Das Objektprüfsystem
Die Funktion des »Objekterkennungssystems« des vierten Netzwerks ist eine bewusste Wahrnehmung einzelner, isolierter Aspekte unserer Innen- bzw. Außenwelt. Die Aufgabe dieses Systems ist es, unsere Aufmerksamkeit und unsere Sinne besonders auf Neuartiges, Bedrohliches oder Fehlerhaftes zu lenken. Wie sein Name sagt, richtet sich die Aufmerksamkeit dieses Systems nicht auf die gesamte Komplexität einer bestimmten Sache, wie zum Beispiel deren verschiedene Eigenschaften, Geschichte, Gegenwart oder Zukunft, sondern sie richtet sich auf einzelne, besonders herausdestillierte Aspekte, die für eine genauere Betrachtung und zur Überprüfung einzelner Details weitgehend aus ihrem Zusammenhang herausgelöst werden. Besonders reale äußere oder innerlich erlebte Gefahren oder Ängste aktivieren dieses Objekterkennungssystem und erhöhen damit unsere Sensibilität für tatsächliche oder auch vorgestellte Gefahren, Abweichungen von Gewohntem und Vorhandenem wie auch für mögliche Fehler. Das Objekterkennungssystem macht auf Gefahren aufmerksam und führt, sofern man nicht längerfristig in diesem »Detektiv-System« verstrickt bleibt, dazu, dass man im Umgang mit diesen Gefahren und Situationen neue Erfahrungen machen und sie meistern kann. Dann wird aus der konfliktbewältigenden und angstüberwindenden Auseinandersetzung mit dem beachteten Detail eine neue, wichtige Erfahrung, die zur Erweiterung des eigenen Erfahrungshorizontes und damit zum persönlichen Wachstum beiträgt. Wichtig ist, diese unterschiedlichen Einzelerfahrungen (sogenannte Objekte) möglichst bald wieder mit dem Gesamtzusammenhang des Denkens, Fühlens und Verhaltens (dem Extensionsgedächtnis) zu verbinden.

Das Objekterkennungssystem und das Extensionsgedächtnis sind für die Entwicklung unserer Veränderungs- und Trennungskompetenz wichtige Gegenspieler (Antagonisten oder »Kollegen«). Die Funktion des Objekterkennungssystems ist es, einzelne Aspekte unseres Denkens und Fühlens und unserer äußeren Umgebung vorübergehend aus dem Zusammenhang zu lösen, um diese näher zu prüfen und zusätzliche Informationen darüber zu gewinnen, ob sie in unser Gesamtsystem integriert werden können. Es dient also der Erforschung des Details, eine Fähigkeit, die besonders bei einer bedächtigen, überprüfenden und Gefahren abwendenden Persönlichkeit im Vordergrund steht.

Die Mobilisierung des Extensionsgedächtnisses für einen gelungenen Veränderungsprozess durch gezielte Entspannungs- und Achtsamkeitsübungen kann die Veränderungskompetenz effektiv erweitern.

Das Intentionsgedächtnis (siehe Netzwerk 1) hingegen ist darauf spezialisiert, all die Einzelerfahrungen, die uns das Objekterkennungssystem liefert, wieder in das Gesamtsystem einzuspeisen und damit unsere Erfahrung und Kompetenz zu erweitern. Ohne diese Integration blieben wir im Alltag in der Auseinandersetzung mit Details haften und könnten wichtige und unwichtige Dinge nicht mehr voneinander unterscheiden. Wenn diese nicht jeweils wieder in den Gesamtzusammenhang des Erlebens und Erfahrens gestellt werden, wird das Objekterkennungssystem beim Menschen besonders häufig aktiviert und die Gefahr droht, dass er in der Analyse von Fehlern und in der Suche von noch weiteren möglichen Risiken und Gefahren stecken bleibt, dadurch seine Handlungsbereitschaft und letztlich seine Freiheit zum Handeln verliert.

Folgt man der PSI-Theorie, ist also davon auszugehen, dass negative Gefühle in besonderer Weise das Objekterkennungssystem aktivieren. Das kann zum Beispiel dazu führen, dass

jede noch so kleine Unstimmigkeit als potenzielle Gefahr inter-
pretiert wird. Sie können dann vor lauter Bedenken, Grübe-
leien und vermuteten Gefahren die vielen anderen möglichen
Optionen nicht erkennen und verlieren dadurch vorübergehend Ihre Fähigkeit, die jeweilige Situation auf verschiedene,
eventuell günstigere Weise zu deuten. Sie verlieren auch den
Zugang zur Quelle anderer, möglicherweise positiver Erfahrungen aus Ihrer eigenen Vergangenheit, in der Sie vielleicht
schon einmal aus einer schwierigen Situation heraus eine befriedigende Lösung gefunden haben, was eine wichtige Ressource im Veränderungsprozess sein kann.

Die Osnabrücker Wissenschaftler um Professor Kuhl, die über
die Funktionsweise der menschlichen neuronalen Systeme des
Verhaltens geforscht haben, kommen zu dem Ergebnis, dass es
neben den oben vorgestellten vier neuronalen Netzwerken vor
allem unsere Gefühle sind, die einen überaus folgenreichen
Einfluss auf unser Denken, unsere Willensbildung und unsere
Handlungsausführungen haben.

Diesen Einfluss unserer Gefühle auf unsere Planungen und
Handlungen fassen sie in der Theorie der sogenannten »Zwei-
Modulations-Annahmen« zusammen.

Manche Leser möchten sich vielleicht tiefer mit diesem Thema
beschäftigen, während andere direkt zum 4-Schritte-Modell
übergehen und dort weiterlesen wollen. Für diejenigen, die
sich für zusätzliche Ergebnisse der Forschergruppe interessieren, geht es nun hier weiter.

Erste Modulationsannahme
Die Forschungsgruppe erfasste vor allem den Einfluss unserer
Gefühle auf unsere Verhaltensveränderungen. Sie kommt auf-
grund von Experimenten und akribischen Untersuchungen der

verschiedenen Prozesse im Gehirn zu dem Schluss, dass positive Gefühle und Affekte den Willen zur Veränderung unterstützen und die mentalen Wege für unsere gewollten Handlungsausführungen bahnen. Zur gelingenden Umsetzung der Veränderungsabsichten, die in einem aktuellen Informationsgedächtnis gespeichert werden, benötigt das Netzwerk der intuitiven Verhaltenssteuerung (Netzwerk 2) also positive Affekte und Gefühle, um Aktionen aktiv bewerten zu können. Sind allerdings keine konkreten und komplexeren Veränderungsziele im Absichtsgedächtnis (Netzwerk 1) gespeichert, dann reicht unser oben beschriebenes intuitives Verhaltenssteuerungssystem aus, um unsere Handlungen nach dem gewohnten Muster unserer Verhaltensroutinen zur Ausführung zu bringen, quasi unwillkürlich. Das gelingt umso leichter, je besser man sich fühlt und je besser man sich intuitiv auf die Situation einlassen kann.

Ist die angestrebte Veränderung jedoch schwieriger oder erweist sich als komplexer oder gar gefährlicher als gedacht, dann können unangenehme Gefühle wie Unsicherheit und Ängste aufkommen, die solange in unserem Gedächtnis und im emotionalen System aktiviert bleiben, bis man eine geeignete Lösung gefunden hat. Wenn es aber nicht gelingt, diese unangenehme Situation für eine gewisse Zeit auszuhalten, d. h., Frustrationstoleranz aufzubauen, so kann es passieren, dass man in einen Strudel des Grübelns gerät und auf diese Hindernisse fixiert bleibt, anstatt sich selbst motivierend positive Fantasien und Gefühle zu mobilisieren, um dadurch das verhaltensunterstützende Netzwerk des Extensionsgedächtnisses erneut zu aktivieren und damit äußere und emotionale Schwierigkeiten zu überwinden.

Aus dieser ersten Modulationsannahme ergibt sich folgende, aus vier Schritten bestehende Strategie[21] zur Planung und Durchsetzung selbst gesteckter Ziele:

1. Man mobilisiert ein möglichst intensives inneres Bild davon, wie schön es wäre, wenn man die selbst gesteckten Ziele bereits verwirklicht hätte. Je intensiver man sich diese Bilder vorstellt, erlebt und konkret ausmalt, desto besser. In der Gestalt- und vor allem der Hypnotherapie werden diese Bilder als »Zukunftsvision« oder »Sehnsuchtsziel« bezeichnet.

2. Anschließend denkt man an sein beabsichtigtes Ziel und die auf dem Weg zum Ziel zu erwartenden Schwierigkeiten, d. h. nach dem Netzwerkmodell: man lädt gemäß den obigen Ausführungen sein Absichts- und intentionales Gedächtnis und spannt den Bogen zwischen Gegenwart, den zu erwartenden Schwierigkeiten und dem beabsichtigten Ziel in der Zukunft.

3. Nun bringt man sich mit Hilfe imaginärer Techniken in einen Zustand positiver Gefühle, zum Beispiel durch die Technik der Vorstellung eines sicheren Orts oder Wohlfühlorts,[22] bzw. durch positive Fantasien und Erinnerungen an früher gemachte positive Erfahrungen und Erfolge.

4. Schließlich kehrt man positiv gestimmt wieder zu den konkret zu bewältigenden Schwierigkeiten zurück, verbindet die Gedanken daran aber mit den zuvor mobilisierten positiven Stimmungen, um im Folgenden dann sein intuitives wie auch zielführendes Veränderungshandeln zur Tat auszulösen.

Diese vier Handlungsschritte bedeuten nichts anderes, als dass wir den Prozess unserer Veränderung, den ich in Teil III dieses Buches in einem 4-Schritte-Modell entwickle, begleitend mit jeweils zielführenden mentalen und emotionalen Inhalten füttern und die verschiedenen neuronalen, kognitiven und emotionalen Strukturen in eine das Veränderungsverhalten effektiv unterstützende Reihenfolge bringen.

Zweite Modulationsannahme

Die zweite Modulationsannahme besagt, dass negative Affekte und Gefühle die Integration des Selbst und damit unsere Veränderungskompetenz behindern. Wie oben erwähnt, kann eine zu intensive Beachtung einzelner Objekte und ihr Herauslösen aus ihrem Zusammenhang zur verstärkten Beachtung von Unstimmigkeiten und Fehlern führen. Die Folge davon ist, dass man den Gesamtzusammenhang der unterschiedlichen für die Veränderung notwendigen mentalen und emotionalen Funktionen verlieren kann und das für die Veränderung notwendige Urteilsvermögen und die Handlungskompetenz einbüßt, die sich aus einem energetischen, rationalen wie auch gefühlsmäßig integriertem Netzwerk des Extensionsgedächtnisses speisen. Wenn länger andauernde negative Gefühle und Stimmungslagen den Zugang zum Extensionsgedächtnis blockieren und dadurch auch den wichtigen Zugang zu unseren eigenen früheren Erfahrungen, Bedürfnissen und individuellen Werten verhindern, werden wir anfällig für »rettende« Handlungsvorschläge bzw. Manipulationen von außen. Wir werden sozusagen von fremden Zielen und Handlungsweisen infiltriert und schrittweise von uns selbst entfremdet.

Die PSI-Theorie macht aus dem Blickwinkel der Hirnforschung nachdrücklich deutlich, wie wichtig unsere Stimmungslage und unsere jeweiligen Fähigkeiten zur Steuerung der Gefühle und Affekte für das Zusammenspiel der für die Veränderungshandlung bedeutsamen psychischen Systeme sind.

Wenn man eine Veränderungsabsicht in seinem Absichtsgedächtnis aktiviert, braucht man dazu positive Bilder oder Erinnerungen, die in der Folge positive Gefühle entwickeln, damit diese zum geeigneten Zeitpunkt unterstützend wirken und zum intuitiven Verhaltenssteuerungsnetzwerk verbunden werden können. Bei höherer Komplexität einer Veränderungsabsicht ist es entscheidend, unser Extensionsgedächtnis zu aktivieren. Es steht mit dem Objekterkennungssystem in Verbindung – Sie erinnern sich –, das insbesondere Gefahren und Schwierigkeiten überprüft, um dann schließlich nach Prüfung unsere Absichten fast wie von selbst in die Tat umzusetzen. Ideal wäre es, wenn es uns möglich wäre, durch eine gewisse positive Grundstimmung (z. B. durch Suggestion, Fantasiebilder oder die Inanspruchnahme unseres sozialen Netzwerkes) unsere positiven Gefühle selbst zu verstärken und dadurch unsere Selbstmotivierung zu mobilisieren und schrittweise zu stärken. Dann kann es immer leichter gelingen, die unvermeidlichen Schwierigkeiten und Frustrationen bei der Verwirklichung selbstgesteckter Ziele zu überwinden und die Veränderungsabsicht in einem angemessen Zeitraum in die Tat umzusetzen.

Was diese Forschungsergebnisse und theoretischen Gedanken zur Funktionsweise unseres Gehirns für unsere willentliche und intuitive Verhaltensänderung im Einzelnen bedeuten, werden Sie in den folgenden Kapiteln immer wieder an Beispielen nachvollziehen können.

TEIL 3

Damit Verändern nicht zum Kraftakt wird: Das 4-Schritte-Modell zur Veränderungskompetenz

Meine Überlegungen zu Veränderungsprozessen basieren auf einem sehr grundlegenden und dennoch einfachen Gesetz der sich dynamisch verändernden Natur:

Alles in der Natur Existierende und dessen Veränderung, ja, das gesamte Weltall kann man unter einem zeitlichen Aspekt betrachten und darin eine Anfangsphase, eine Wahl-, Differenzierungs- und Entfaltungsphase, im weiteren Schritt einen Höhepunkt oder eine Vollendungsphase und schließlich eine Phase des Abschlusses und Endpunktes unterscheiden, nach der und aus der natürlich immer wieder etwas Neues hervorgehen kann. So wie ein Samenkorn im Frühjahr alle Kräfte sammelt, sich verwandelt, wächst und dann seine Schale sprengt. Der Keimling entfaltet sich und strebt durch das Erdreich dem Licht entgegen, wächst entsprechend den gegebenen Möglichkeiten seiner Umwelt, bringt Früchte zur Reifung, die abfallen, oder Samen, die in einem neuen Zyklus wieder etwas Neues hervorbringen können. Nicht nur jeglichen Bestandteil der organischen Natur, sondern auch der dynamischen Welt kann man in einem solchen Spannungsbogen von Werden, Verwandeln und Beenden oder Vergehen beschreiben. Vor allem aber das menschliche Handeln und alle Veränderungsprozesse kann man als solche zeitlich sich vollziehenden Vorgänge betrachten, bei denen man vier inhaltlich zu differenzierende Schritte unterscheiden kann.

1. In der ersten Phase der Vorbereitung auf das Handeln ist das Augenmerk oder die prozesshaft ablaufende Dynamik mehr nach innen und auf sich selbst gerichtet, auf die inneren Möglichkeiten und die Grenzen der eigenen Entwicklung.

2. In der zweiten Phase richtet sich der Fokus auf die Außenwelt und die dort vorhandenen Möglichkeiten von Aufmerksamkeit, Wachstum und Veränderung, die zur Auseinandersetzung führen und damit im Idealfall schließlich zur Auswahl einer der Möglichkeiten, mit der sich dann

3. in der dritten Phase das innere Erleben und Teile der äußeren Möglichkeiten schrittweise zu einer Einheit verbinden,
meist mit dem Erleben von starker Energie, bis der Prozess
4. in der vierten Phase schließlich zur Ruhe kommt und einen
Abschluss findet.

Ich denke da zum Beispiel an den Vorgang meiner letzten Reise
nach Venedig, die damit begann, dass ich bemerkte: »Ich muss
einfach mal raus.« Ich recherchierte Reiseziele, betrachtete Bilder, befragte Freunde und traf schließlich meine Wahl, begab
mich zum Flughafen und fühlte den Take-off. Dann genoss ich
die herrliche Bootsfahrt vom Flughafen in die Lagunenstadt,
den ersten Abend und die Tage in dieser wunderbaren Stadt,
bis ich sie ganz aufgesaugt hatte und schließlich spürte: Es ist
schön. Aber jetzt kann ich auch wieder nach Hause. Und ich
habe mich zufrieden erlebt, voller neuer Erfahrungen, gestärkt
und durch viele Begegnungen bereichert.

Oder man kann sich auch einfach einen Löwen vorstellen,
der ruhig auf Nahrung lauert, sie entdeckt und erst dann los-
spurtet, zuschlägt, seine Beute verschlingt und danach in der
Abendsonne zufrieden sein Maul schleckt. Dabei denkt er vielleicht: »Jetzt bin ich wieder satt.«

Den folgenden Prozess der Veränderungsschritte möchte
ich mit Ihnen hier als grundlegende, differenzierte Darstellung
der sich schöpferisch verändernden und anpassenden Natur
betrachten. Denn jeder Organismus, auch der Mensch, erhält
sich nur, indem er wächst. Nur das kann sich erhalten, was immer wieder Neues aufnimmt, es assimiliert und sich dadurch
entsprechend verändert.[23]

Die Praxis der hypnosystemischen Therapie und Beratung
fragt nach dem »Wofür« des jeweiligen Musters und Verhaltens und ruft mit dieser Frage eine Zukunftsvision eines gewünschten Ziels auf, wohin das Handeln führen soll.

Jetzt wäre es natürlich in gewisser Weise fantastisch, wenn ein solcher Prozess nicht nur wie von selbst geschähe, sondern wenn man damit auch immer das angestrebte Ziel und befriedigende Erlebnisse erreichen könnte. Beispielsweise bemerkt man, dass man irgendwie unruhig und unzufrieden wird und stellt sich daraus folgend einige angenehme Wahlmöglichkeiten vor: ein wohlig warmes Bad, eine wilde Motorradfahrt durch eine wunderschöne einsame Landschaft, einen gedeckten Tisch mit den appetitlichsten Speisen etwa. Und siehe da, das Gewünschte und Naheliegendste ist sofort da, man nimmt es auf, genießt es, ist nach einer Weile gesättigt, spürt dem nach und kehrt in sich selbst zurück.

Viele Prozesse in unserem Leben laufen auf diese Weise reibungslos ab. Aber leider sind das vor allem diejenigen Vorgänge, deren Handlungsablauf wir schon lange, mitunter sehr mühevoll, eingeübt haben und die wir inzwischen aus dem Effeff beherrschen: Wir stehen auf, putzen die Zähne, machen uns ein Frühstück, gehen aus dem Haus, schwingen uns aufs Fahrrad, landen in einem Büro und haben dabei kaum bemerkt, von wo und wie wir dahin kamen. Es ist jahrelange Gewohnheit. Ein Problem damit wird erst auftauchen, wenn diese Gewohnheiten nicht mehr in unsere inneren und äußeren Umstände passen oder wenn wir selbst in ein für uns neues Umfeld mit anderen Bedingungen und Anforderungen hineingeraten oder uns sogar von uns aus dort hineinwagen. Dann wird es erforderlich, einzelne Schritte, die sich verändern, zu erforschen, neu zu erlernen und sie sich anzueignen.

Im folgenden Teil dieses Buchs beschäftigen wir uns mit der belebenden Energie von Veränderungsprozessen, mit Trennungen und mit Neuanfängen. Der Fokus liegt nicht auf der Bewertung des Vergangenen oder dem Vollzug von Gewohntem, sondern ich möchte Sie dazu ermutigen, sich Neues anzueignen und mit dem Risiko des Neuen auseinanderzusetzen.

In eigener persönlicher Erfahrung, vor allem aber in jahrelanger therapeutischer und beratender Praxis habe ich die Beobachtung gemacht, dass Veränderung, Trennung und Neuanfang den Menschen dann besser gelingen oder von der Hand gehen, wenn sie die unterschiedlichen Bedingungen und Herausforderungen dieser vier Phasen beachten, sich mit ihnen auseinandersetzen und den jeweiligen Veränderungsschritt abschließen, bevor sie in die jeweils nächste Phase gehen, die ich Ihnen in den kommenden Kapiteln zeige.

Eine Reise in ein Ihnen unbekanntes Land können Sie angemessen vorbereiten. Sie können diese Reise natürlich auch spontan und Hals über Kopf antreten, allerdings dann mit dem Risiko, möglicherweise in Schwierigkeiten zu geraten oder aufgrund von zu viel Unbekanntem Ängste zu entwickeln und deshalb vielleicht mehr negative als positive Erfahrungen zu sammeln, mit dem Resultat, dass Sie so etwas eventuell nie wieder tun wollen. Sie könnten auf der anderen Seite natürlich auch zu lang in Ihrer Reiseplanung verharren und alles zu ausführlich bedenken, anstatt sich irgendwann einen Ruck zu geben und zu sagen: »Jetzt geht's los, es ist alles bereit«. Oder Sie können sich zum Beispiel in der zweiten Phase des Prozesses auf den nächstbesten Ort oder auf das nächstbeste Angebot stürzen und dann eventuell in aller Ruhe verschiedene Möglichkeiten erst vor Ort prüfen. Vielleicht könnten Sie auch einen Schritt zurückgehen und alles erneut überdenken, bis Sie sich beherzt dem Neuen zuwenden und sich dem annähern, was Sie persönlich als nächstes in Zukunft interessiert und bewegt. Dabei spüren Sie: »Das ist meins, das ist meine Welt! Das ist, was ich war und so will ich jetzt sein.« Sie könnten auch beim vierten Schritt bemerken, dass Sie zwar eine Veränderung vorgenommen haben, sich vielleicht getrennt oder sogar schon mit einem neuen Partner verbunden haben, aber letztlich noch stark in Ihren Erinnerungen an das Alte anhängen, die sich ins Unermessliche steigern können. Das kann Sie der neuen Umgebung und Wahl immer mehr entfremden und statt Wachstum eine Rückkehr in die vertrauten alten Gewohnheiten bewirken, was vorübergehend auch in Ordnung ist, aber für einen Veränderungsprozess in den seltensten Fällen die beste Wahl.

Jede dieser vier Phasen hat also ganz verschiedene grundlegende Themen und Herausforderungen im Angebot. Ich empfehle Ihnen, sich jeweils ausgiebig genug in Ihrem eigenen Tempo damit zu beschäftigen. Sie werden bemerken, wie leicht Ihnen dann vielleicht Veränderung gelingen kann und wie kompetent Sie in der Einleitung und Durchführung von Veränderungs- und Neuanfangsprozessen werden.

Je mehr Sie lesen und sich mit der Thematik der Veränderungskompetenz vertraut machen, desto leichter wird Ihnen die praktische Umsetzung gelingen und desto leichter können Sie andere in Ihre Prozesse mit einbeziehen. Sie werden bemerken, dass Sie umso leichter die Veränderungen umsetzen können, je mehr Sie in Dialog mit anderen gehen, von diesen Impulse erhalten und Ihre eigenen Fähigkeiten neu entdecken. Leser meines Buches »Trennungskompetenz in allen Lebenslagen« und Menschen, die ein Coaching aufgesucht haben, erlebten, dass der Wunsch nach sicherem Umgang mit Veränderung ein wichtiger Motor sein kann und dass die theoretischen Erläuterungen erst bei ihrer Anwendung lebendig werden. Die Lektüre wird einfacher, je mehr man sich selbst damit beschäftigt.

Wenn Sie sich durch die ersten Kapitel hindurchgelesen haben, werden Sie bemerken, dass es Ihnen immer leichter fällt, Ihren Veränderungsabsichten innerlich eine Chance auf Erfolg zu geben, zum Beispiel, indem Sie nur einmal darauf verzichten, die Selbstentwertungs-CD aufzulegen und abzuspielen. Und wenn Sie sich dann erinnern, wie leicht es früher war, etwas Neues wie etwa das Fahrradfahren zu lernen, wenn man zuerst bei Einübung des Gleichgewichts die Unterstützung der Hand eines Erwachsenen hatte und dann beim Fahren mehr und mehr eigene Sicherheit bekam und selbstständig weiterradelte, ohne zu bemerken, wie die Hand sich gelöst hatte, erinnern Sie sich an das Glücksgefühl, das Sie durchströmte?

Sie werden bemerken, dass Ihnen ganz spontan eigene Veränderungserlebnisse eingefallen sind.

Durch meine theoretischen Überlegungen und die praktischen Erfahrungen zu Veränderungs- und Trennungskompetenz ist mir auch deutlich geworden, dass eigentlich alle Menschen über enorme kreative, emotionale und intellektuelle Ressourcen verfügen, um die für sie notwendigen und für die Entfaltung ihrer Persönlichkeit sinnvollen Veränderungsprozesse einzuleiten und durchzuführen. Oft fällt ihnen nur die Bewältigung einer kleinen Hürde oder einer für sie anstrengenden, vielleicht sogar auch beängstigenden Auseinandersetzung schwer, was ihnen eine Veränderung oft als äußerst dramatisch, langwierig oder auch undurchführbar erscheinen lässt. Dabei fehlt es manchmal einfach lediglich an dem Mut, dem Partner gegenüber bestimmte Bedürfnisse und Wünsche anzusprechen. Manchmal mangelt es an praktischem Wissen, wie man sich mit den Möglichkeiten eines neuen Jobs oder mit einer anderen Stadt vertraut machen kann. Manche Menschen sammeln unzählige Kleider und Schuhe an, die alle Schränke sprengen, da sie Schuldgefühle haben, sie einfach wegzugeben oder wegzuwerfen, und verwahren alles, statt etwas zu ändern. Wieder andere vollziehen schnell und wirkungsvoll die entsprechenden Schritte, sind aber mit den von ihnen eingeleiteten Veränderungen einfach nicht zufrieden, weil sie es noch nicht schaffen, sich auf das Neue einzulassen und sich kaum die Zeit gönnen, das Erlebte und Veränderte in ihrem Alltag zu assimilieren und gegebenenfalls das eine oder andere davon auszugrenzen.

Vielleicht möchten Sie die nun folgenden vier Kapitel über die Praxis des 4-Schritte-Modells lesen. Manche von Ihnen tun das am besten in aller Ruhe, in Ihrem eigenen Tempo und mit der Offenheit, das Gelesene mit eigenen Erfahrungen anzureichern. Andere werden diese vier Kapitel erst einmal überfliegen und dann mit eigenen Veränderungsanliegen ans Werk gehen.

Ich werde Ihnen einige Beispielgeschichten erzählen, die zeigen, wo die Klippen der einzelnen Phasen liegen können, wie man sie überwinden oder an ihnen auch erfolgreich scheitern kann. Ohne einen Anspruch auf Vollständigkeit oder auch individuelle Wahrheit zu erheben, werden Sie am Ende der jeweiligen Kapitel zu den vier Veränderungsschritten eine Zusammenstellung dessen finden, was Sie am Ende jedes Schritts für sich bedacht und vielleicht vollzogen haben können, um den nächsten Schritt zu tun und sich in die nächste Phase zu begeben. Natürlich sind diese Phasen im täglichen Leben nicht strikt voneinander getrennt und überschneiden sich häufig. Verstehen Sie sie als Abstraktion. Dennoch werden Sie bei sich selbst bemerken, wann Sie die notwendigen Auseinandersetzungen in einer Phase mehr oder weniger abgeschlossen haben und wann Sie reif für den nächsten Schritt sind oder auch, ob Sie zu schnell vorgegangen sind. In einem solchen Fall reicht es dann einfach, wie beim Spiel »Mensch ärgere dich nicht«, einen Schritt zurückzugehen oder sogar ganz »zurück auf Anfang« zu ziehen.

Vielleicht wächst bei Ihnen die Lust, das Gelesene durch eigene Erfahrungen anzureichern oder Sie stellen fest, dass Sie schon weiter sind, als Sie sich eingestehen wollen.

Möglicherweise geht es Ihnen hier nicht schnell genug, aber im Nachhinein werden Sie feststellen, dass die Einführung in

eine theoretische Struktur das spätere Verständnis und Ihr
freies Handeln fördern. Es kann aber auch sein, dass Sie aufgrund der zahlreichen Informationen und Anregungen schon
ganz unruhig werden und sich fragen, wann Sie Ihre durch die
Lektüre erworbenen Kenntnisse endlich umsetzen können.
Deswegen möchte ich Ihnen hier noch ein paar wichtige Punkte
als Stütze mitgeben, quasi als Spazierstock durch die Landschaft der Veränderungskompetenz: Es kann sein, dass Sie
beim Lesen vielleicht abschweifen, was äußere oder innere
Gründe haben mag, und dass Sie spüren, dass das Thema für
Sie brandaktuell ist, aber Sie sich vielleicht noch nicht wirklich
heranwagen. Andere Therapiekonzepte nennen das Abwehr.
Wir gehen hier davon aus, dass es vielleicht noch nicht der
richtige Moment ist, um zu handeln oder dass etwas anderes
Sie im Augenblick mehr interessiert. Es kann aber auch sein,
dass Sie sich in die Abfolge der Gedanken gut einfinden können. Bleiben Sie dann am Ball und nehmen Sie sich weitere Le-
sezeiträume oder freie Zeitinseln vor. Wenn das nicht der Fall
ist, verlassen Sie sich einfach darauf, dass Ihr Unbewusstes
oder Ihr unwillkürliches Wissen selbsttätig im Stillen an dem
Thema weiterarbeitet, bis Sie Ihre Lektüre wieder aufnehmen
wollen. Es kann auch sein, dass Sie während der Lektüre auf
der einen Seite darüber nachdenken, was Sie alles noch nicht
können, während auf der anderen Seite im Unbewussten bereits die neuen Gedanken zu arbeiten beginnen. Wenn Ihnen
möglicherweise Einwände in den Sinn kommen, zeigt das, dass
Sie sich bereits gründlich mit dem Thema beschäftigen und
manches in meiner Darstellung nicht ausführlich genug finden.

Um zu wissen, was man verändern möchte, ist es oft hilfreich,
sich klarzumachen, was man auf keinen Fall verändern will
und was man als Veränderungskompetenz im Alltag schon zur
Verfügung hat, um die neuen Schritte in einem geschützten

Raum durchzusprechen und auszuprobieren (siehe Schritt 2), zum Beispiel mit einem guten Freund und Berater, wenn es um so zentrale Themen wie Kündigung, Bewerbung oder Beziehung geht. »Denken ist Probehandeln«, sagte schon Freud. Je mehr Sie sich aber damit beschäftigen, desto stärker werden Ihnen kleine Dinge auffallen, die mit Veränderung zu tun haben. Dabei ist es nicht von Bedeutung, wenn Sie noch nicht wissen, wann, wie und ob Sie das Veränderungsvorhaben in die Praxis umsetzen können.

Nehmen Sie sich einen Augenblick Zeit und überlegen Sie, wie es für Sie wäre, wenn Sie durch die Lektüre auf noch nie berücksichtigte Änderungsinhalte stoßen und dabei entdecken würden, dass Sie sich plötzlich energiegeladener und kontaktfreudiger fühlen. Wenn Sie das Buch ursprünglich als Beratungshilfe für Ihren Freund gekauft haben und plötzlich entdecken, dass sogar Sie selbst etwas damit anfangen können.

Es kann hilfreich sein, mit einem eigenen konkreten Anliegen an die folgenden Kapitel heranzugehen, damit das Gelesene und Ihre Erfahrungen schon miteinander in Verbindung treten können und das Gelesene bildlich, akustisch, mit eigenen Gefühlen angereichert wird. Wenn Sie nach einiger Zeit Müdigkeit verspüren, dann ist das vielleicht ein wichtiges Signal dafür, dass Sie das Gelesene erst einmal verdauen möchten, wie nach einem guten Mittagessen.

Aber es ist auch möglich, dass Sie unruhig werden und das Gefühl haben, nicht alles zu verstehen. Wenn es Ihnen zu langsam vorangeht, kann das ein Zeichen von zunehmender Neugier sein und der Fähigkeit zur gewissenhaften Überprüfung, die Sie dringend brauchen, um am Ende mit Gewissheit und Gelassenheit alles für Sie Wichtige verstanden zu haben.

Wenn aber das Thema Veränderung und Trennung sowie die Beschäftigung damit eher negative Gefühle bei Ihnen hervorruft, wie zum Beispiel Ängste, kann das darauf hinweisen, dass lange zurückliegende Befürchtungen und Erfahrungen sich nun vertrauensvoll an die Oberfläche Ihres Bewusstseins wagen und sich in Erregungsangst äußern, weil Sie wissen, dass sich endlich ein Teil von Ihnen diesem Anliegen und Ihnen selbst zuwendet und die negativen Gefühle aus ihrem Verlies hervorlockt.

Wenn Ihnen aber der Gedanke kommen sollte, wie angenehm es ist, dass Ihnen zu Ihrem Veränderungsthema eine Lösungsidee vorgesetzt wird, dann verstehen Sie es so, dass diese im besten Fall wie eine Tankfüllung wirkt, die Ihnen die Energie gibt, dorthin zu fahren, wohin Sie wollen. Das Ziel setzen Sie selber fest.

»Wenn der Verstand Einsicht gewinnt,
folgt der Wille nach.«
ALBERT EINSTEIN

Schritt 1: Verändern beginnt von innen

Selbstbestimmt beginnende Veränderungen vollziehen sich im Unterschied zu von außen aufgedrängten nicht urplötzlich und aus heiterem Himmel. Sie nähern sich eher auf leisen Sohlen, von uns selbst und anderen oft lange unbemerkt. Häufig bleiben sie längere Zeit überdeckt von der Geschäftigkeit unserer täglichen Routinen und unserer gelernten Gewohnheiten und Strategien zur Bewältigung von alltäglichen Aufgaben oder Krisen. Sie benötigen in der Regel selten unsere besondere Aufmerksamkeit. Das ist gut so, denn sie steuern als erlernte Ressourcen im Hintergrund das Alltagsleben mit, damit wir uns mit neuen Herausforderungen bewusst auseinandersetzen können. Man könnte es so beschreiben, dass unsere Gewohnheiten quasi eine abgespeicherte Datei bilden, die uns bei Bedarf mehr oder weniger erfolgreich zur Bewältigung aktueller Aufgaben von Veränderungsvorhaben und auch Zukunftsvisionen zur Verfügung steht.

Wenn dagegen immer häufiger Gedanken und unbestimmte Gefühle in den Vordergrund unseres Bewusstseins treten, die auf etwas Neues oder auf eine Notwendigkeit zum Verändern hinweisen, dann sollte man damit beginnen, auf Gründe und Chancen für einen möglichen Veränderungs- und Loslösungsprozess zu achten.

Am Anfang dieser ersten Phase einer möglichen Veränderung, die noch in der Zukunft liegt, ist man meist noch mit sich selbst und seinen inneren Gedanken und Plänen beschäftigt. Es tauchen aber ab und zu vage Vorstellungen darüber auf, wohin die Reise zu einer neuen Erfahrung gehen könnte: Unser »unwillkürliches Wissen«, eine »ahnungsvolle Intuition«, wie es Gunther Schmidt (2011) nennt, weiß oft schon genauer, worum es sich handeln könnte und macht sich bemerkbar. Die Hirnforschung nach Kuhl (2010) spricht hier vom Aktivwerden des »Absichts- oder Intentionsgedächtnisses«.

Es beginnt vielleicht so: Sie ahnen bereits, ja, Sie wissen es jetzt vielleicht sogar schon, ohne es sich einzugestehen, dass Sie irgendetwas verändern möchten oder sogar müssen. Sie wissen allerdings noch nicht genau, was es ist oder wie es werden soll. Ihr Körper signalisiert Unruhe und Aufgeregtheit. Es ist wie ein gebremstes Gefühl, wie ein Tiger, der im Käfig auf und ab läuft. Anders als ein Tiger aber haben Sie konkreten Anlass zu der Hoffnung, aus dem Gewohnten herauszukommen. Vielleicht macht sich auch eine schlechte Stimmung immer deutlicher bemerkbar, über deren Herkunft Sie sich nicht recht im Klaren sind. Vielleicht sind Sie auch schon in einer unruhigen, irgendwie beflügelten Aufbruchstimmung.

Das kennen Sie sicher. Immer wieder bespricht man in diesem Stadium im inneren Dialog mit sich selbst spontan auftauchende Veränderungsideen, ohne schon zu wissen, wohin sie führen werden. Man überlegt oder lässt seine verschiedenen Ich-Anteile noch zögerlich zu Wort kommen: zum Beispiel den kritischen Skeptiker oder den Bedenkenträger, den Bewahrer oder den Neugierigen. (Siehe auch Kapitel »Zwei Seelen wohnen, ach! in meiner Brust«.)

Fast alle Ich-Anteile scheinen eine Meinung zu den Ursachen der Unruhe zu haben und bieten unterschiedliche Lösungsmöglichkeiten an. Die verschiedenen Ich-Anteile bringen mit ihren Beiträgen Ihr inneres Team entweder in Aufruhr oder vielleicht auch ganz durcheinander. Sie entfesseln widerstrebende Gefühle und Gedanken, aber auch zunehmend neue Energie.

In einer Diskussion hörte ich einmal den Satz: »Viele Bücher werden deshalb nicht geschrieben, weil man viel zu viel mit anderen darüber gesprochen hat, bevor man mit sich selbst im Klaren darüber war.« Was für das Bücherschreiben gilt, trifft auch für andere Aufgaben zu, die wir uns vornehmen. Wenn man zu schnell über innere Anliegen und Pläne einfach nur redet – was man alles so tun könnte, wollte oder würde – nimmt man seinem Vorhaben oft die erforderliche Schubkraft. Aus dem Blickwinkel der Hirnforschung hieße das, dass das Extensions- und das Objektprüfgedächtnis keine Möglichkeit erhalten, an dem Suchprozess zum Neuen mitzuwirken. Im inneren Dialog mit den eigenen Ich-Anteilen kann sich dagegen schrittweise absichtsvoll gerichtete Energie entwickeln, die jedoch ihre Zeit braucht, um die richtige Richtung zu finden.

Man wahrt also bei diesem Schritt des Veränderns nach außen wohlweislich noch den Anschein des »Alles ist beim Alten und in Ordnung« und bleibt bewusst einige Zeit auf seinem gewohnten Kurs, obwohl man sich gedanklich bereits mit Alternativen zum Status quo beschäftigt. Ich denke dabei nicht an den »Extremtrenner«, der kurz bemerkt, dass er zum Zigarettenholen gehen will und dann nie mehr nach Hause zurückkehrt, oder an den Helden des entzückenden Romans »Die unwahrscheinliche Pilgerreise des Harold Fry«,[24] der nur eine Postkarte an eine kranke ehemalige Kollegin zum Briefkasten bringen wollte, aber sich auf dem Weg dorthin plötzlich entscheidet, sich lieber selbst zu ihr aufzumachen. Er bricht sofort auf, um die Postkarte am anderen Ende Englands persönlich zu übergeben. Auf dieser Wanderung überdenkt er sein ganzes Leben und lässt fast unwillkürlich alles hinter sich, was ihn bisher geärgert oder belastet hat. Solche extremen Situationen also meine ich nicht, sondern die Ihnen sicher bekannte Erfahrung, dass man zunehmend unruhig und verstärkt von Tagträumen heimgesucht wird, wenn Veränderungen anstehen.

Unser inneres Wollen und Wissen ist in Bewegung gekommen. Es ist schon lange Zeit aktiv und im Hintergrund bereit, um auf Ihre endlich konkreter werdenden Überlegungen zu reagieren, zum Beispiel,

- ob Sie an dieser Arbeitsstelle bleiben sollen oder nicht,
- ob Sie nicht endlich doch aufhören sollten zu rauchen,
- ob Sie nicht lieber lästige Diäten aufgeben sollten oder
- ob Sie endlich damit beginnen, Ihr Beziehungs- oder Familienleben besser zu gestalten.

Vielleicht denken Sie zu Beginn des Prozesses sogar nur an kleinere Trennungs- und Veränderungsvorhaben, wie daran, ob Sie Ihren Friseur oder Ihren Zahnarzt endlich wechseln sollten, bevor Sie sich mit ernsthafteren Fragen und Herausforderungen beschäftigen. (Siehe Maries Geschichte in Schritt 2.)

Solche sporadischen Veränderungs- und Trennungsgedanken ziehen immer häufiger an uns vorbei und bleiben oft lange ohne weitere Folgen – es sei denn, die zunehmend stärker werdende innere Unruhe kommt immer häufiger auf. Das sind ernstzunehmende Signale, die oft von Überlegungen begleitet werden, ob es nicht doch sinnvoll wäre, endlich etwas an Ihrem Status quo zu verändern. Jetzt tauchen die ersten Fragen an sich selbst auf und ein innerer Dialog kommt in Gang:

- »Was ist los mit dir?«
- »Ist wirklich noch alles ok?«
- »Was irritiert mich denn gerade?«

Es könnte sich jetzt lohnen, dieses sich wiederholende innere Selbstgespräch bewusst weiterzuführen und sich vielleicht zu fragen:

- »Woher kommen meine Erschöpfung und Lustlosigkeit, obwohl doch eigentlich sonst alles gut läuft?«
- »Was bedeutet es, dass ich, sonst doch immer pünktlich und korrekt, seit einiger Zeit immer zu spät komme? Oder Termine vergesse, obwohl ich als zuverlässig gelte?«

Beachten Sie dabei aber:

Nicht jede schlechte Stimmung, die uns erfasst, geht auf ein Burn-out zurück, sondern kann eher ein Hinweis sein auf ein »Change now«! Und nicht jede Meinungsverschiedenheit mit einem Kollegen bedeutet auch gleich ein Mobbing! Doch diese scheinbar harmlosen Phänomene können Hinweise dafür sein, dass in Ihnen eine neue Perspektive für Ihr Leben auftaucht und sich damit eine Veränderung oder eine notwendig gewordene Trennung von dem Bisherigen ankündigt.

Solche in dieser Phase sporadisch auftauchenden Irritationen können sich auf vertraute Beziehungen oder kleine Alltagsgeschehnisse beziehen:

- Sei es auf Beziehungen zu Freunden oder Familienmitgliedern, die Sie auf einmal anders erleben, die Sie vielleicht sogar etwas nerven, sodass Sie über Rückzug nachdenken,
- oder auf Tätigkeiten, die Sie plötzlich nur noch ungern ausführen, obwohl Sie sie viele Jahre so geliebt haben (»Ich habe immer so gerne für alle gekocht und meine Freunde um meinen Tisch versammelt. Plötzlich mag ich kaum mehr Einladungen aussprechen!«);
- oder auf soziale Aktivitäten, wie das regelmäßige Radeln mit der Clique oder die sonst so heiligen »Mädelsabende« mit Freundinnen, zu denen Sie sich nur noch zögernd aufraffen können;
- oder Sie scheinen plötzlich aus Hobbys herausgewachsen zu sein, wie z. B. Ihren regelmäßigen Streifzüge auf Trödelmärkten;

■ oder das gewohnte Leben in Ihrer Stadt, die Ihnen immer kleiner und enger zu werden scheint, beginnt Sie zu bedrücken.

In der Straßenbahn hörte ich neulich eine junge Frau zu einer Freundin sagen: »Irgendwie langweile ich mich inzwischen hier in D., ich kann für mich gar nichts Neues mehr entdecken, ich glaube, ich muss wieder umziehen.«

Diese Unruhe kann auch Ihren Arbeitsplatz betreffen, an dem Sie beispielsweise zunehmend das Gefühl bekommen, dass Sie nur noch einen Bruchteil Ihrer Fähigkeiten einbringen können und dort mehr Herausforderungen und Ansprache brauchen.

Solche Gefühle machen Ihnen bewusst, dass irgendetwas anders geworden ist oder sie informieren Sie sogar darüber: »Sie sind anders geworden! Es ist Zeit, sich auf den Weg zu machen.«

Bereits vor dem Auftauchen von konkreten Gedanken und Wünschen nach Veränderung bahnt sich in diesem ersten Schritt ein Überdruss am Bisherigen an, was anfänglich noch sehr irritierend wirkt.

■ Beobachten Sie zum Beispiel an sich, dass Sie manchmal zu trödeln beginnen, wenn Sie etwas Gewohntes vorhaben?

■ Dass Sie ungewollt zu spät kommen?

■ Fangen Sie vielleicht an, in Ihrer Beziehung, an Ihrem Partner oder in der Familie scheinbar grundlos herumzunörgeln?

■ Oder packen Sie in Tagträumen manchmal schon innerlich genervt Umzugskisten und denken nur noch an Flucht? Obwohl Sie nicht wissen, was eigentlich los ist, sich nicht wirklich trennen möchten, auch noch kein Gespräch darüber geführt haben, sondern einfach nur weg wollen?

■ Oder beginnen Sie am Arbeitsplatz bereits Gedanken darüber nachzuhängen, was Sie stattdessen alles anderes machen könnten? Und fast denken Sie ungewollt im schlimmsten Fall sogar schon an eine Kündigung?

Bei Schritt 1 können Sie häufig ein Wechselbad der Gefühle an sich selbst feststellen, das von Beflügeltsein bis hin zu milden Angstreaktionen reichen kann. Das ist ein ganz normaler Prozess. Bei den immer häufiger werdenden »Für-und-Wider-Diskussionen« im inneren Dialog Ihrer verschiedenen Ich-Anteile tritt irgendwann eine Pattsituation ein, die eine äußere scheinbare Ruhe vor dem Sturm erzeugt. Eine Frage wird immer drängender: »Was ist nur mit mir los?«

Natürlich ist es möglich und sehr verlockend, diese Signale einfach wegzuwischen und sich zu sagen: »Es liegt am Wetter« oder »Ich bin halt nicht gut drauf«.

Tauchen solche oder ähnliche Gefühle und Gedanken aber wiederholt bei Ihnen auf, ist es sinnvoll, ihre Bedeutung zu erforschen und sich selbst über einen möglichen Veränderungsbedarf zu befragen. Vor allem aber gilt: einen rechtzeitigen und bewussten Einstieg in einen Trennungs- oder Veränderungsprozess bestraft das Leben später nicht!

Wie es einem in der Phase 1 ergehen kann, zeigt die Geschichte von Michaelas Erleben an ihrem Arbeitsplatz.

Die Geschichte von Michaela (1): »Der Alltag ist halt anstrengend«

Michaela arbeitet seit langem als Personalerin und ist sehr engagiert in ihrem Beruf, was sich deutlich darin zeigt, dass sie für Telefonate sowohl mit Kolleginnen, als auch mit Kunden oft bis tief in den Abend zur Verfügung steht und vor allem auch Verständnis für deren persönliche Angelegenheiten hat. Zunehmend empfindet sie jedoch dieses »Gefragtsein«

als Belastung. Sie bemerkt, dass sie weder für ihre beiden Töchter noch für den Mann ausreichend Zeit zur Verfügung hat. Sie vermisst Zeit mit ihrer Familie, was ihre Familie auch immer häufiger einklagt und Michaela vorwirft, dass sie einfach zu wenig zu Hause sei, dass sie launisch wäre und ständig an allem etwas auszusetzen habe.

Mit Unbehagen bemerkt sie, dass sie von Kopf- und Rückenschmerzen geplagt ist und bei sich selbst ein allgemeines Missvergnügen feststellt, das ihr eigentlich unbegründet scheint. Freiheitsfantasien, wie zum Beispiel einfach alles hinzuwerfen und den Job zu verlassen, suchen sie häufiger heim. An manchen Tagen kann Michaela sich inzwischen schwer aufraffen, morgens pünktlich zur Arbeit aufzubrechen. Den Anrufbeantworter hat sie zu Hause abgeschafft, weil sie in ihrem Pflichtbewusstsein nach spätem Feierabend fast immer noch alle dort aufgesprochenen Anrufanliegen beantwortet hat. Irgendwann hört sie sich selbst in einem inneren Dialog zu sich selbst sagen: »So geht es nicht weiter! Was soll ich nur tun?«

Bei vielen von uns beginnt ein solcher innerer Dialog mit dem erwachenden Wunsch nach einer Veränderung oder nach Verlassen der gegenwärtigen Situation.

Tagträumend hängt Michaela Visionen von völliger Freiheit nach, von endlosen Urlauben in exotischen Gegenden. Manchmal wünscht sie, dass einfach eine Fee käme und ihr erlaubte, dass sie sich nie mehr mit all diesen beruflichen Anliegen beschäftigen müsste. Eine andere Seite in ihr aber wendet ein, dass sie diesen Beruf ja weiterhin mit Freude ausfüllen würde, wenn sie doch nur ausreichend für sich selbst sorgen würde.

Während Michaela sich mit den Bedingungen ihrer Arbeitsstelle zu beschäftigen beginnt, bemerkt sie, dass sie durch ihre Fürsorge für die anderen bereits deutlich eingeschränkt wird und viele ihrer bisherigen Fähigkeiten gar nicht mehr zum Zuge kommen. Aber sie bleibt doch oft immer noch länger im Büro, als sie es vorhatte.

Der Tropfen, der bei ihr das Fass schließlich zum Überlaufen bringt, ist das Ansinnen der Verwandtschaft, dass sie sich doch um die Vorbereitung eines großen Familienfests kümmern sollte. Sie könne doch so gut organisieren und die anderen Geschwister hätten dafür wirklich keine Zeit! Jetzt endlich meldet sich der selbstfürsorgliche Teil in Michaela vehement zu Wort: »So geht das einfach nicht mehr weiter! Glauben denn alle, ich bin für alles und immer für sie zuständig?«

Als sie auch noch feststellt, dass sie beginnt, den einen oder anderen wichtigen Termin zu vergessen, sie bei einem entscheidenden Meeting viel zu spät kommt und der liebsten Freundin nicht zum Geburtstag gratuliert hat, wird ihr klar, dass sie etwas ändern muss. Sie muss irgendwie den Schalter umlegen.

Doch auch jetzt werden sich in ihrem inneren Dialog wieder warnende Stimmen melden: »Du kannst doch nicht einfach alles hinschmeißen?« »Was soll denn ohne dich am Arbeitsplatz passieren?« Auch kritisierende innere Stimmen melden sich zu Wort: dass sie weniger arbeiten solle, dass sie selbst schuld sei, und dass es sowieso keiner mehr verstehen würde, warum sie sich so plagt. Die inneren Stimmen, dass es so nicht weitergehen kann, bekommen plötzlich neue Begleiter: Aufbruchstimmung erfasst sie.

Daneben erhebt sich aber auch eine ängstliche und hilfesuchende Stimme in ihr, die eine wichtige Aufgabe übernimmt: »Wie soll ich das nur alles bewältigen? Was könnte mir helfen?«

Als Michaela eine Ausschreibung für eine Fortbildung sieht, die sich mit Konfliktmanagement und Überlastung beschäftigt, meldet sie sich, natürlich nur aus reiner Neugier, kurzerhand an. Michaela hat den ersten Schritt getan.

Woran Sie bemerken können, dass etwas Neues ansteht
In der Anfangsphase eines Veränderungsprozesses bilden unsere bisherigen Erfahrungen und Erinnerungen den Hintergrund unseres Verhaltens und Erlebens. Dazu gehören, wie Sie in Teil 2 des Buches gelesen haben, Introjekte und das unwillkürliche Wissen. Die intuitive Verhaltenssteuerung des Netzwerks 2 (PSI, siehe Seite 95) sorgt in dieser Phase dafür, dass unsere Routinefunktionen vorschnelles Handeln blockieren und uns noch eine Weile auf Kurs in unserer alten gewohnten Situation halten.

Doch erste Gefühle von Unruhe oder Unzufriedenheit und Interesselosigkeit am längst Bekannten können sich bemerkbar machen. Da tauchen zum Beispiel Fantasien und Wünsche nach etwas anderem auf, wie etwa eine unklare Sehnsucht nach etwas Neuem oder erste Trennungsideen und wirken wie ein Treibstoff.

Was ist jetzt zu tun?

MACHEN SIE GEDANKENSPIELE

- Stellen Sie sich vor, was anders sein könnte, wenn Sie etwas ändern.[25] Der hypnosystemische Ansatz nennt dieses Vorgehen »Unterschiede bilden«.

- Was müsste oder könnte sich ändern? Und was könnte ich ändern? Wie und wann? Hinsichtlich meiner Gefühle? Hinsichtlich meiner Körperbefindlichkeit? Hinsichtlich meines Umfeldes?

- Was war eigentlich bislang gut? Was brauche ich, damit es gut bleibt?

- Welche Umstände werden zunehmend weniger günstig? Zum Beispiel: Wie äußert sich meine derzeitige Verfassung im Umgang mit meinen Beziehungen zu Freunden, Partnern oder zur Familie?

- Fange ich zum Beispiel aus heiterem Himmel zunehmend Streit an? Werde ich nachlässig gegenüber den Wünschen von anderen?

- Verliere ich den inneren Bezug zu manchen Dingen? Vergesse ich häufiger etwas? Verkrame ich häufiger Gegenstände und muss sie lange suchen?

Wo stehen Sie mit Ihrem Veränderungs- und Trennungs-vorhaben am Ende des ersten Schritts?

Ihre unruhigen Gefühle und die Gedanken an Verändern oder Trennen lassen sich immer weniger zurückdrängen. Sie tauchen immer häufiger auf. Ihre inneren Dialoge beziehen bereits alternative Möglichkeiten aus Ihrer Außenwelt mit ein. Zwar sind Sie noch vorsichtig und manchmal auch noch zu scheu, um mit anderen offen über Ihre Veränderungs- und Trennungsgedanken zu sprechen, es fällt Ihnen aber immer schwerer, sie vor sich selbst und den engsten Freunden zu verbergen. Gleichzeitig meldet sich vielleicht auch immer wieder ein innerer »Bedenkenträger« zu Wort, der Ihre Absichten auf den Prüfstand zu stellen scheint. Umso besser.

Am Ende dieser ersten Phase möglicher Veränderung sind

Sie inzwischen an einem Punkt angelangt, an dem Sie einerseits Ambivalenzen erleben, aber dennoch schon beginnen könnten, auszuwählen: Sei es, dass Sie beim Bisherigen bleiben, aber eine neue innere Einstellung zu Ihrer aktuellen Lage finden, oder sei es, dass Sie sogar konkret und aktiv damit anfangen, erste Möglichkeiten von äußeren Veränderungen anzupacken und weiter zu verfolgen.

Zu diesem Zeitpunkt können Sie alle inneren und äußeren Hinweise noch relativ leicht missachten oder sogar leugnen, die Ihnen eine anstehende Veränderung signalisieren, indem Sie zum Beispiel andere Ursachen für Ihre innere Unruhe und Unzufriedenheit vorschieben und dann bald selbst an sie glauben: »Ich bin einfach zu erschöpft, ich muss nur mal Urlaub machen, dann wird es besser« und ähnliches.

Noch hat (fast) niemand in Ihrer Umgebung etwas von Ihren inneren Umtrieben gemerkt! Noch könnten Sie zurückrudern, Ihre Träume und Gefühle kontrollieren und sich sagen: »Das Pferd bleibt im Stall.«

Fragen Sie sich und bedenken Sie:

- Was kann mich dabei unterstützen, für den zweiten Schritt vorbereitet zu sein?
- Beginnen Sie, besonders solche Gefühle und Fantasien ernst zu nehmen, die auf Loslassen, Verändern oder Trennen hindeuten.
- Überfordern Sie sich nicht unvorbereitet mit zu großen Vorhaben bei diesem ersten Schritt.

So wie kleine »Ersatz-Trennungen« oft große Trennungen vermeiden helfen, so kann man andererseits auch mit kleinen Änderungen große Veränderungen vorbereiten. Ein Weg aus kleinen Veränderungsschritten kann oft zu einem größeren Veränderungsziel führen, wie Sie an der Geschichte von Michaela in den folgenden Phasen sehen können.

Vertrauen Sie darauf, dass sich auch andere in Ihrem direkten Umfeld bereitwillig, oft ganz unbewusst, mit Ihnen verändern werden, wenn Sie selbst in zielstrebigen kleinen Schritten etwas Neues in Angriff nehmen.

Davon erzählt die folgende Geschichte:

Die Hundegeschichte

Eine Klientin von mir, Martina, hat dieses Phänomen, dass sich andere quasi fast unbewusst verändern, wenn man sich selbst innerlich auf sein Veränderungsziel eingestellt hat und damit nach außen zu treten beginnt, am eigenen Leib erlebt. Nach einer einzigen Beratungsstunde zum 4-Schritte-Modell hatte sie eine verblüffende Erfahrung gemacht. Sie kam sehr aufgeräumt zur zweiten Sitzung und berichtete, welch kleine, aber für sie umwerfende Veränderungen in ihrer Familie plötzlich eingetreten seien.

Man habe ja seit Jahren einen Hund. Nach dem Auszug der Kinder – wie soll es anders sein –, hat Martina die Aufgabe übernommen, sich um ihn zu kümmern. Vor dem anstehenden Urlaub und in ihrer hektischen Karrierevorbereitungsphase hätte das Tier auch noch dringend zu einer Impfung zum Tierarzt gemusst, was sie innerlich schon stöhnend als ihre Aufgabe verbucht habe. Angestrengt habe sie überlegt, wie sie diesen Termin morgens um 7.00 Uhr noch vor ihrer Arbeit stemmen könnte. Dazu müsse man aber auch wissen, sagte sie, dass die Tochter seit der vergangenen Woche gerade zu Hause bei den Eltern sei und ihr Mann einen Home-Office-Tag genommen habe. Und dann beschrieb Martina, wie sie plötzlich Leichtigkeit bei dem Gedanken gespürt habe, dass sie ja mal »was anders machen« und wie in der Beratung besprochen mit ihrem Anliegen nach außen treten und Verantwortung an die anderen abgeben könnte, kurz: einen Zettel zu schreiben mit der freundlichen Bitte, ein Familienmitglied solle doch bitte heute daran denken, mit dem Hund den Tierarzt aufzusuchen.

Sie schrieb den Zettel, legte ihn auf den Küchentisch und verließ beschwingt das Haus, auch wenn sie sich ein bisschen so gefühlt habe, als ob sie etwas angestellt hätte. Sie arbeitete den ganzen Tag etwas unkonzentrierter, was sie sich nicht erklären konnte. Nachmittags im Büro bekam sie einen Anruf: »Alles klar, Mama, ich war mit dem Hund beim Tierarzt, soll ich noch etwas zum Abendessen einkaufen?«

So einfach soll das gehen? Wenn ich auf meine Bedürfnisse achte, andere davon in Kenntnis setze und abwarte, dann kann ich entlastet werden? Und ans Einkaufen fürs Abendessen hatte schon lange keiner mehr von selbst gedacht! Martinas zielstrebige Anweisung war gut verstanden und wie selbstverständlich in die Tat umgesetzt worden.

Am Übergang zur zweiten Phase der aktiven Vorbereitung einer Veränderung führt die Absicht, die Verantwortung für eine Veränderung bewusst und offen zu übernehmen und die anderen um konkretere Unterstützung für Ihre Veränderungsabsichten zu bitten, bereits in die neuen Bahnen.

Stolpersteine und Hindernisse auf dem Weg zum zweiten Schritt

Sie kennen das; manchmal gerät man beim Gehen durch eine kleine Unebenheit ins Straucheln. Unvermittelt wird einem durch einen kleinen oder größeren Ruck bewusst, dass man vielleicht gerade nicht mehr auf den Weg geachtet hat oder in Gedanken schon weit in Richtung Ziel vorausgeeilt war. Meistens fängt man sich aus dem Stolperschritt schnell wieder auf, hält einen Moment inne, um sich wieder neu zu orientieren. Dann erinnert man sich daran, wohin man sich in dem Moment bewegen wollte und setzt seinen Weg zuversichtlich fort. Manchmal führt das Stolpern aber auch zu einem längeren Anhalten oder sogar zum Abbruch Ihres Wegs.

Übersieht man allerdings ein größeres Hindernis, so kann man manchmal gründlicher aus dem Tritt geraten, erlebt vielleicht sogar einen Sturz und ist dann damit beschäftigt, sich wieder zu beruhigen. Das kann zur Folge haben, dass man sich nicht mehr traut, sein ursprüngliches Ziel weiterzuverfolgen und sich deshalb etwas anderem zuwendet, ohne zu klären, ob dies überhaupt im Moment die beste Lösung ist.

Was also könnte Sie daran hindern, diese erste Phase ausreichend erfolgreich hinter sich zu lassen?

- Wenn Sie schnell dem ersten Impuls nach einer größeren Trennung oder Veränderung unbedacht folgen, in Aktionismus verfallen, gleich loslegen, »den Hebel einfach umlegen«. Veränderung muss innerlich reifen, wenn manchmal auch nur kurz.
- Zerreden Sie Ihre Veränderungsabsichten nicht, bevor Sie ein zunehmend sicheres Gefühl von einem unvermeidlichen Aufbruch in sich spüren. Reden Sie nicht mit zu vielen anderen über Ihr Vorhaben, bevor Sie sich selbst in der Lage fühlen, es mit äußeren Widerständen aufzunehmen, zum Beispiel mit der spontanen Abwehr oder Ablehnung der anderen, die Ihre Motive und Ihr Vorhaben noch nicht wirklich verstehen und sich einfühlen können.
- Durch verfrühten Alarm kann man auch unnötig konflikthafte Situationen provozieren, die Sie dann behindern, Ihren bereits gefassten Veränderungswillen durchzusetzen.

Sie haben das Folgende vielleicht selbst schon erlebt: Sie klagen bei einem Freund vertrauensvoll über Stress mit Ihrer Partnerin, wollen sich nur ein wenig entlasten, und er springt sofort mit dem gut gemeinten Rat zur Hilfe: »Du solltest dich unbedingt endlich von dieser Frau trennen. Sie passt gar nicht zu dir.« Lassen Sie sich in einer so wichtigen Angelegenheit erst einmal Zeit und reden Sie lieber mit der betroffenen Partnerin über den Konflikt, bevor Sie die Umwelt einbeziehen.

Es kann aber auch zum Stolperstein werden, wenn man Gedanken an Verändern oder an Trennen und die damit verbundene Zukunftsvision innerlich zu weit ausfantasiert, ohne sich beim Planen ausreichend an der aktuellen Realität zu orientieren. Sie könnten sich damit in Ängste hineinmanövrieren, die Sie noch mehr lähmen.

In solchen Situationen entstehen durch übermäßige Erregung manchmal Panikgefühle, die durch die Gedanken an Neues in Ihnen ausgelöst werden können, besonders dann, wenn Sie in diesem Prozess keine ausreichende innere Unterstützung bei sich selbst finden oder in der äußeren Realität mobilisieren können.

Wie gesagt: Angst ist ein normaler Begleiter beim Verändern! Sperren Sie solche Gefühle und Gedanken nicht unausgedrückt in einen inneren Kerker oder verdrängen Sie diese nicht, sonst besteht die Gefahr, dass psychosomatische Beschwerden wie Kopfschmerzen oder Magendruck, depressive Verstimmungen, Schlaflosigkeit oder übergroße Müdigkeit auftreten können und Ihre Veränderungsabsicht zum Erliegen kommt.

Es gibt eine Möglichkeit, eine solche Erregungsangst zu kanalisieren, um die allzu furchterregenden Zukunftsvorstellungen bewusst zu zähmen und sich dann eine nach der anderen vorzunehmen. Die Traumatherapie hat eine sehr effektive Imaginations-Übung entwickelt, bekannt als »Tresorübung«, die ursprünglich für Betroffene von traumatischen Erlebnissen gedacht war, um es ihnen zu ermöglichen, sich von einem überwältigenden oder Furcht einflößenden Ereignis bewusst zu distanzieren und damit umgehen zu können, um es später therapeutisch zu bearbeiten. In dieser Übung wird das belastende Ereignis in der Vorstellung in einen gut verschließbaren Raum, einen Tresor oder ein anderes sicheres Behältnis gebracht, das der Betroffene selbst symbolisch verschließt, sodass er sich mit dem Angst auslösenden Ereignis zukünftig nur dann beschäftigen muss, wenn er selbst will. Diese Übung des bewussten Verschließens soll sicherstellen, dass man mit Unterstützung der inneren Bilder von solchen sicheren Orten lernt, sich von belastenden Gedanken und Gefühlen nicht überschwemmt zu fühlen.

Diese »Tresorübung« können Sie in Ihrem Umgang mit den Sie ängstigenden Gefühlen vor und während eines Veränderungsprozesses anwenden, wenn Sie zu ängstlich werden vor dem nächsten Schritt, den die Veränderung bringen könnte. Dabei gehen Sie umgekehrt vor wie bei dem oben beschriebenen nicht effektiven Verdrängungsprozess:

■ ■ ■ TRESORÜBUNG zur Unterstützung in Veränderungsprozessen

Setzen Sie sich für eine Weile an einen Platz, an dem Sie ungestört sind.

Machen Sie sich dann Ihre unangenehmen Gefühle bewusst, die Ihre Bedenken vor der anstehenden Veränderung verstärken. Vielleicht können Sie sich diese Bedenken bildlich als Personen, als Lebewesen, als Symbol oder als Ton vorstellen.

Entscheiden Sie sich, diese in der Fantasie an einem verschließbaren Ort zu deponieren, sei es für einen Moment, für einige Stunden, über Nacht oder auch für länger. Stellen Sie sich dafür einen Raum oder ein Behältnis vor, etwa einen Tresorraum oder eine geheime Kammer, eine Raumkapsel, eine verschließbare Kiste oder etwas ganz anderes, und lassen Sie Ihre Gefühle oder Erregung, Ihre Panik oder was immer Sie ängstigt, solange dort, bis Sie sich stark genug fühlen werden, sich wieder mit ihnen auseinanderzusetzen. Wählen Sie an Ihrem verschließbaren Ort einen guten Platz für diese belastenden Gefühle aus. Sie halten den Schlüssel zum Abschließen in der Hand! Schließen Sie jetzt die Tür Ihres Raumes oder Behältnisses, stecken Sie den Schlüssel von außen ins Schloss und drehen ihn herum. Vielleicht können Sie das Geräusch des Schlüssels beim Drehen im Schloss hören? Dann stecken Sie den imaginären Schlüssel ein, drehen sich um und lassen den verschlossenen Raum oder Behälter hinter sich.

Meistens gelingt diese zeitweise »Unterbringung« der Sie behindernden Ängste, um für eine Weile für einen wichtigen Änderungsschritt den Kopf frei zu bekommen. Sie können jederzeit wieder zu dem Tresor zurückgehen, aufschließen und sich kontrolliert mit Ihren Ängsten auseinandersetzen.

Wenn diese Gefühle anfangs dennoch ab und zu unvermittelt bei Ihnen auftauchen, erinnern Sie sich an Ihren Tresor, dort gehören sie hin. Dann lassen Sie sich nicht erschüttern, bringen Sie die Gefühle entschieden wieder zurück in den verschließbaren Raum, den Tresor. Vielleicht müssen Sie auch mit diesem ängstlichen Teil sprechen und ihm erklären, dass er weiter zu Ihnen gehört, dass Sie ihn nur manchmal einfach nicht brauchen können und sich zu gegebener Zeit wieder gut um ihn kümmern werden. Schließen Sie dann wieder ab und gehen Sie Ihren beabsichtigten Veränderungsschritt an. ■ ■ ■

Ein anderer Stolperstein kann durch wiederholtes Verschieben und Verleugnen der Veränderungswünsche entstehen: Zum Beispiel, wenn man seine eigenen Wünsche nach Verändern oder Trennen auf andere abwälzt oder projiziert. Wer hat nicht schon einmal gedacht: »Wenn er sich nur endlich ändern würde, dann wären wir viel glücklicher?«

Oder Sie haben vielleicht die Rolle dessen, der sich ändern soll, bereits an einen anderen in Ihrem Umfeld delegiert: Sie erahnen zwar bei sich selbst Veränderungsbedarf, aber können sich noch nicht damit identifizieren, dass Sie es selbst sein könnten, der das Veränderungshandeln auslösen kann, will und muss?

Sicherlich, für das Verschieben kann es viele gute Gründe geben. Einer davon mag sein, dass Sie bisher einem inzwischen wie von selbst ablaufenden Handlungsmuster folgen: zum Beispiel, dass Sie in entscheidenden Situationen zwar immer im Hintergrund bereitstehen und die Veränderungsprozesse anderer kommentieren und beobachten, aber sich nicht eingestehen, dass Sie vielleicht doch noch zu ängstlich sind, selbst den Veränderungsschritt zu vollziehen.

Oder Sie nehmen vielleicht bisher in Ihren sozialen Beziehungen die Rolle des »Bedenkenträgers« und des »Ja-aber-Anteils« ein, mischen dann aber doch häufig im unvermeidlichen Veränderungsprozess irgendwie mit, wenn auch nicht selbst aktiv und zufrieden, sondern indem Sie eher mürrisch den Prozessen hinterherlaufen oder diese phasenweise sogar behindern oder boykottieren: »Also, ich weiß ja nicht, ob das gut gehen kann, aber wenn du meinst …« Die daraus auf Dauer entstehenden ungünstigen Beziehungskonstellationen der beim Verändern Beteiligten, wie zum Beispiel zwischen der »mutigen Heldin der Tat«, die kräftig zupackt, und dem »Zauderer und immer depressiver werdenden Klotz am Bein«, der die Schwierigkeiten negativ kommentiert, können Sie sich selbst ausmalen und Ihre eigene Rolle in Zukunft bewusst selbst wählen.

Solche und ähnliche Stolpersteine begleiten am Ende der ersten Phase fast alle Veränderungsprozesse.

Wie oben bereits gesagt: Sie können den Veränderungsprozess in jeder Phase, bei jedem Stolperstein auch anhalten und unterbrechen oder das bislang vornehmlich mit sich selbst diskutierte Vorhaben nach dem Schritt 1 überhaupt nicht weiter verfolgen. Denn manchmal stellt man ja nach einiger Überlegung auch fest, dass alles gut so ist, wie es ist. Man hat nur ein bisschen geträumt, um sich dadurch wieder lebendiger zu fühlen.

Achtung: Es gibt auch Hinweise darauf, wenn die Zeit zum Handeln noch nicht gekommen ist.

Sollten Sie über längere Zeit verschiedene Möglichkeiten zum Verändern oder Loslassen durchdacht haben, dabei aber bemerken, dass bei Ihnen keine zusätzliche Energie oder Spannung dafür aufkommt, dann könnte das ein Hinweis darauf sein, dass Sie entweder die verschiedenen emotionalen und faktischen Komponenten der Veränderung für sich (noch) nicht ausreichend geprüft haben, bzw. dass Sie diese vielleicht nur im Eiltempo schnell abhaken wollten, oder dass Sie möglicherweise noch nicht genügend nach Ihren eigenen Bedürfnissen und möglichen Ressourcen zum Verändern geforscht haben. Dadurch könnten Sie von Neuem Ängste und Abwehr aufbauen und Ihre Veränderungspläne selbst torpedieren.

In einem solchen Fall verschieben Sie lieber zunächst Ihre Entscheidung auf einen späteren festen Termin. Geben Sie sich bewusst mehr Zeit, quasi als Akt besonderer Selbstverantwortung, um den denkbar besten Schritt zur richtigen Zeit zu tun.

Nehmen Sie die Vorbereitung für den entsprechenden Entscheidungs- und Handlungsschritt erneut auf, nach dem Motto: »Wenn der erste Sprung über den Graben nicht gelingt, versuche ich es einfach beim zweiten Mal mit mehr Anlauf« und kehren Sie zurück zu »Gedankenspielen«.

Dann prüfen Sie Ihre Beweggründe, die Sie zum Abbrechen, Aufgeben, Canceln oder Stornieren Ihres inneren Veränderungsdialogs veranlassen und fragen Sie sich:

- Passt ein solcher Veränderungsschritt vielleicht gerade nicht in mein Leben?
- Gibt es vielleicht einen besseren Zeitpunkt als jetzt?
- Setze ich mir am besten nochmal einen neuen Termin zur inneren Wiedervorlage meines Wunsches?

Und wenn Sie den Prozess dann einstellen wollen, nehmen Sie die oben genannte Technik der Zukunftsvision als Entscheidungshilfe und stellen sich vor:

- Könnte es in der Zukunft einen Zeitpunkt geben, an dem ich es bereue, diesen Weg nicht weiter gegangen zu sein?
- Welche Auswirkungen hätte das?
- Was würde ich mir dann antworten?
- Bin ich innerlich bereit, den nächsten Schritt zu tun und mich dem zweiten Schritt einer aktiven Veränderung zu stellen?
- Bin ich bereit, konkrete Fakten zu verändern und möglicherweise eine Trennung davon zu prüfen?
- Will ich meine Wünsche offen zeigen und die möglichen Bedingungen dafür aushandeln?

MACHEN SIE EIN CHECK-UP!

Mit dem Ende dieses ersten Schritts können Sie sich die eine oder andere der folgenden Fragen stellen:

- Kann oder will ich das, was zur Zeit ist, behalten und weitermachen?
  Was wäre der Preis dafür, wenn ich etwas von dem Bisherigen verändere oder aufgebe? Sind meine bisherigen Vorstellungen von den Dingen praktikabel und realitätsangemessen?

- Was könnte ich durchs Ändern verlieren?
- Was gewinne ich dann?
- Was kann ich zurücklassen?
- Kann ich Gewohntes und Vorhandenes oder Teile davon in das neue gewünschte Vorhaben integrieren?
- Was sind mögliche Signale, die mich warnen, dass ich noch nicht bereit bin, Verantwortung für die nächsten Veränderungsschritte übernehmen zu wollen? (Was ja auch in Ordnung sein kann.)

Suchen Sie nach Erinnerungen an Situationen, in denen Ihnen Trennen und Verändern schon einmal gelungen ist. Und blicken Sie nach außen, um nach Unterstützung zu suchen, die Ihnen in Ihrer Bereitschaft für diese neue Veränderung helfen könnte.

Am Ende des ersten Schrittes und beim Übergang zum nächsten ist es noch nicht nötig, abschließend die Frage zu klären, was Sie im Einzelnen tun und verändern wollen. Sie sollten zum jetzigen Zeitpunkt lediglich klären, ob Sie überhaupt irgendetwas Grundlegenderes verändern wollen. Seien Sie sicher: Ihre Überlegungen und Ihre mehrfach durchgespielten Wenn-und-Aber haben bereits etwas in Ihnen verändert. Sie sind nachdenklicher oder vielleicht auch zurückhaltender oder sogar forscher geworden. Sie machen das Bisherige nicht mehr so selbstverständlich wie gewohnt und möglicherweise fühlen Sie sich auch nicht mehr so engagiert wie bisher. Sie brüten etwas aus. Ihre Umgebung, die Sie kennt, wird das vielleicht schon bemerkt haben.

Wenn Sie im Veränderungsprozess fortfahren wollen, ist es

von jetzt an nötig, Ihr bisheriges gedankliches Probehandeln, das Hin und Her Ihrer Gefühle etwas zu ordnen und sich zu fragen: »Mache ich jetzt den nächsten Schritt? Gehe ich zum konkreten Handeln über? Bin ich bereit zur Auseinandersetzung und zur Prüfung der verschiedenen Möglichkeiten, bereit zur Überwindung von Widerständen beim Verlassen der Gewohnheiten, mit denen ich bisher verbunden war? Gehe ich aktiv auf Menschen zu, mit denen ich mich in Zukunft auseinandersetzen will oder muss?«

Wenn sich jetzt öfter Empfindungen einstellen wie: »Eigentlich habe ich schon ein sicheres Gefühl, dass es richtig ist, bald zu handeln«, oder wenn es sich richtiger anfühlt, beim Gewohnten zu bleiben, dann ist es Zeit, sich einen konkreten Termin zu setzen und sich zu sagen: »Jetzt mache ich es« oder sich dafür zu entscheiden: »Ich mache es nicht.«

Dieser selbst gewählte Termin wird dann auf Sie zukommen wie ein Prüfungstermin oder wie ein wichtiges Gespräch mit dem Arzt oder einem Vorgesetzten. Sie werden im Vorfeld dieses selbst gesetzten Termins vielleicht vorübergehend leichte Befürchtungen verspüren oder sich damit verrückt machen, welche Folgen Ihre zukünftige Entscheidung haben könnte. Sie werden an der Stärke Ihrer Befürchtungen bemerken, wie viel Verantwortung Sie für Ihre kommenden Handlungen meinen übernehmen zu müssen. Sagen Sie sich selbst: »Ich bin meines Glückes Schmied.« Was sollte schon passieren, wenn Sie feststellen, dass der Weg falsch ist? Haben Sie letztlich nicht immer akzeptable und sogar gute Lösungen gefunden? Sie entdecken vielleicht dabei, dass es nicht die unbekannten Umstände sind, die Ihre Befürchtungen auslösen, sondern dass eher das Ausbremsen Ihrer sich langsam aufbauenden Erregung diese Angst erzeugt.

Erinnern Sie sich in solchen Momenten bewusst daran, dass Sie schon ganz andere Krisen gemeistert haben. Machen Sie sich klar, dass Sie durchaus in der Lage sind, für andere Verantwortung zu übernehmen. Warum dann nicht auch für Sie selbst? Vergewissern Sie sich vor dem Termin, an dem die Entscheidung über die Veränderung fallen soll, bei einem guten Freund oder einer guten Freundin, ob auch sie Ihnen genügend Kompetenzen für Ihre zukunftsweisende Veränderung zutrauen. Fragen Sie nicht, was Sie tun sollen – denn das wissen Sie meistens selbst bereits sehr gut –, sondern holen Sie sich zusätzliche Unterstützung durch die Überzeugung des Freundes oder der Freundin, dass Sie selbstverantwortlich handeln können: »Ich kenne dich als jemanden, der auch in unbekannten Situationen angemessen handeln kann.«

Inszenieren Sie mit sich selbst ein Gedankenspiel des Für und Wider und sprechen Sie die jeweiligen Pro- und Contra-Argumente am besten auch laut aus, so als probten Sie ein Theaterstück. Beteiligen Sie alle Sinnesorgane an diesem Prozess. Natürlich können Sie das Für und Wider auch auf einem Blatt Papier notieren und nach der Wichtigkeit Ihrer Argumente ordnen, wenn Sie gern mit Listen arbeiten.

■ ■ ■ ÜBUNG Pro und Kontra

Nicht nur die Gestalttherapie, die sich besonders auf Willensentscheidung und Selbstverantwortung konzentriert, wendet als unterstützende Technik für die Klärung solcher inneren Konflikte die sogenannte »Zwei-Stuhl-Technik« an. Stellen Sie zwei Stühle gegenüber und legen Sie fest, welcher Stuhl für Pro und welcher für Kontra gelten soll. Setzen Sie sich dann, so als würden Sie sich zu einem Dialog am Kaminfeuer treffen und plaudern, abwechselnd von einem Stuhl auf den anderen und sprechen dabei die jeweiligen Pros und Kontras laut aus. Das mobilisiert meist auch die damit verbundenen Gefühle und Körperhaltungen, die im Entscheidungsprozess Ihres inneren Dialogs sicher ein Wörtchen mitreden wollen!

Stellen Sie sich zwei Seiten Ihres Ichs so realistisch wie möglich als zwei Personen vor, die engagiert um das Für und Wider streiten. Wenn Sie wollen, können Sie sich zudem vorstellen, dass Sie selbst als beobachtender Dritter entspannt auf einem dritten Stuhl sitzen und das ganze Geschehen von außen betrachten.

Hören Sie nicht gleich auf, wenn Ihnen nicht sofort etwas einfällt, was Sie sagen könnten oder wenn Sie das Ganze zunächst noch künstlich oder lächerlich finden. Das ist ein zuverlässiger Hinweis darauf, dass der Dialog ernst werden könnte! Es braucht schon eine gewisse Überwindung, mit seinen Ich-Anteilen in ein solches fiktives Gespräch zu kommen. Wenn es Ihnen aber gelingt, kann es Klarheit und vor allem die erforderliche Schubkraft in die eine oder andere Richtung bringen. Sie sind in bester Gesellschaft: Hamlet hat es so gemacht, allerdings im fiktiven Gespräch mit einem Totenkopf (»Sein oder Nichtsein, das ist hier die Frage«), und Jesus bei der Versuchung in der Wüste im Gespräch mit dem Satan wohl auch.

Beobachten Sie bei dem inneren Dialog der jeweiligen Positionen, wie irrational, ja, wie pauschal oder wie emotional die eine oder andere Seite von Ihnen manchmal argumentiert, und lassen Sie zunächst alles gelten.[26]

Erlauben Sie sich, aus Ihrer Beobachterposition heraus ruhig auch in das Gespräch einzugreifen und manchmal Ihre Kommentare dazu abzugeben. Als unbeteiligt beobachtender Dritter sehen Sie genauer, was im inneren Dialog geschieht. Achten Sie vor allem darauf, ob starke Ängste oder Schuldgefühle zum Vorschein kommen. Auch solche Gefühle zu haben ist in Ordnung. Sie sind nur Teil der Energie, die Sie für die Veränderung brauchen, wenn auch noch in gebremster und Sie beängstigender Erscheinungsform. Es handelt sich meist um vorgestellte innere Gefahren, von denen kein reales Risiko zu befürchten ist. Es sind

die dem Entscheidungsprozess vorauseilenden Gefühle, die
noch keine ausreichende Unterstützung für Ihr energiegelade-
nes unbewusstes Wollen in Ihnen selbst und in Ihrem Umfeld
haben. ■ ■ ■

Machen Sie sich bewusst, dass der Termin für die Entscheidung von selbst näher rückt, und Sie können ihm gelassen und
mit einer gewissen Vorfreude entgegensehen. Wie am Polter-
abend vor der Hochzeit, dem Tag einer grundlegenden Entscheidung für die Veränderung Ihres Lebens, könnten Sie auch
für Ihr jeweiliges Veränderungsvorhaben, sei es kleiner oder
gewichtiger, das eine oder andere kleine Ritual erfinden und
sich vornehmen:

Sie könnten schon einmal probehalber gedanklich von den
bisherigen Mustern Abschied nehmen, indem Sie Dinge, die
mit diesen Gewohnheiten oder Personen zu tun haben, gedanklich beiseite räumen, zum Beispiel in eine imaginäre Kiste
oder Schatztruhe. Oder Sie können probehalber nachspüren,
ob eine solche gedankliche Distanzierung für Sie auch in der
Realität stimmig sein könnte.

Zu diesem Zeitpunkt können Sie natürlich noch recht einfach jederzeit Abstand von Ihren Plänen nehmen, etwas in Ihrem Leben zu verändern. Die Zeit, die Sie bisher in Ihre Überlegungen investiert haben, ist nicht vertan. Sie können sie als
wichtige Zeit der Bewusstwerdung und als Klärungsphase Ihrer Möglichkeiten für eine selbstverantwortliche Gestaltung
Ihres Lebens betrachten. Das Erarbeitete kann in Ihrem Unbewussten weiter wirken. Auch durch die Entscheidung, etwas
nicht zu tun, sind Sie gereift und sehen das Bisherige möglicherweise mit neuen Augen.

Am Stichtag, dem Termin, an dem Sie konkret sich selbst
und auch öffentlich mitteilen wollen, dass Sie in die eine oder

andere Richtung gehen, lassen Sie sich die Zeit, Ihre einzelnen Handlungsschritte und Mitteilungen bewusst vorzunehmen, damit Sie mit innerer Überzeugung sagen können: »Ja, ich werde die Veränderung vornehmen« oder »Ich bleibe beim Bisherigen«.

Das ist dann auch der Moment, um Freunde oder die Familie anzurufen und ihnen zu berichten, wofür Sie sich entschieden haben.

Sie könnten auch Ihr erstes kleines Fest feiern, bei dem Sie sich und anderen verkünden: »Jetzt geht es los«. Sie können die Tür zur Welt öffnen, twittern, e-mailen oder Ihre Entscheidung herausposaunen. Sagen Sie, was Sie vorhaben, informieren Sie die anderen darüber, nach welchen Möglichkeiten Sie suchen, kurzum, stellen Sie sich als jemanden dar, der auf neuen Wegen ist und die Unterstützung und Rückmeldung von anderen sucht.

Denn vielseitige Unterstützung kann man gut gebrauchen für die jetzt gleich beginnende zweite Phase der konkreten Auswahl, um die Anstrengung des Zurückweisens von ungeeigneten Angeboten einerseits und die Annäherung an konkrete Möglichkeiten andererseits zu bewältigen und sich als jemand zu erleben, der sich zwar noch auf unsicherem Terrain bewegt, aber von jetzt an nicht mehr nur der Alte ist und auch nicht mehr sein will. Im Moment sind Sie jemand, der noch nicht sicher weiß, wer er sein wird und was er eigentlich will. Er weiß aber gewiss, dass er etwas Anderes und etwas Neues sein will.

Das Bewusstwerden und eine ausreichende Toleranz mit sich selbst im Umgang mit diesem vagen Zustand des Übergangs ist entscheidend, um für die vielfältigen Möglichkeiten offen zu bleiben und sich nicht zu voreilig für ein konkretes Angebot zu entscheiden.

Dann schreiten Sie weiter voran: Auf zu Schritt 2!

Schritt 2: »Eile mit Weile«

In Ihre Überlegungen beim Übergang vom ersten zum zweiten Schritt ist inzwischen Bewegung gekommen. Sie spüren eine innere Bereitschaft zum Handeln. Es geht jetzt nicht mehr darum, ob Sie etwas verändern wollen, sondern um das »Was« und vor allem das »Wie«. Es kann sein, dass Ihnen ein äußerer Anlass zur Hilfe kommt oder Sie unübersehbar »anblinkt«. Sie können eine anstehende Veränderung nicht mehr so einfach ausblenden. Nun heißt es, sich erst einmal die eigenen Ressourcen bewusst zu machen und die möglichen Auswirkungen eines Veränderungs- oder Trennungsschritts in der nahen Zukunft zu bedenken. Die Gedanken daran, die bisher nur vage waren, und die dazugehörigen Gefühle wirken jetzt als treibende Kraft im Hintergrund. Sie können es sich so vorstellen, als ob Sie ein liegen gebliebenes Auto anschieben wollten, damit es weiterrollt, Fahrt aufnimmt, anspringt und aus eigener Kraft wieder weiterfahren kann.

Natürlich können Sie auch weiter über das »Ob«, das »Was« und das »Wann« grübeln und nicht vorangehen. Vielleicht gönnen Sie es sich in dieser Phase den Fokus Ihrer Aufmerksamkeit auf die aktive Suche nach alternativen Möglichkeiten zu richten. Und dann beginnen Sie mit dem zweiten Schritt, sich mit Ihren Gedanken und Fantasien nach außen zu wenden. Jetzt kommt der Zeitpunkt, zu dem man dazu bereit ist, seine Ideen dem engsten Freundes- und Bekanntenkreis zu zeigen und zu signalisieren: »Hier geht es mir um etwas Neues.«

Das sehen wir uns an der Geschichte von Sophie an.

Die Geschichte von Sophie: Sophie bricht auf

Sophie, Anfang 30, steht in einer Lebensphase, in der sie ganz viel Umbruch spürt. Alles scheint in Bewegung und Aufruhr. In der Geborgenheit ihrer Heimatstadt hat sie bisher ihre Jugend und einen Teil ihrer Studienzeit verlebt. Ihre Freunde sind seit annähernd zwanzig Jahren mit allen Details ihrer Lebensumstände vertraut. Man hat Freud und Leid und vor allem Examensnöte miteinander geteilt, die Berufsausbildungen abgeschlossen. Erste Hochzeiten haben in ihrem weiten Freundeskreis stattgefunden. Manche Freunde leben bereits ihr eigenes Familienleben. Sophie, gut qualifiziert, kommt in ihrem Beruf viel in der Welt herum und lernt die Vorzüge von anderen Städten und Ländern kennen. Dennoch ist sie irritiert, als sie in ihrer Heimatstadt eine Freundin trifft, die ihr beiläufig mitteilt: »Wir treffen uns jeden Freitag im Lokal X!« Brüskiert stellt Sophie fest, dass keine von den alten Freundinnen sie je persönlich eingeladen hat, auch zu diesem Freitagstreffen zu kommen. Nach einem Sommer mit vielen Dienstreisen und wichtiger Orientierung auf den nächsten Karriereschritt fällt ihr auf, dass sie ihre früher so sicheren Verbindungen zur »Heimatclique« nicht mehr spüren kann: »Offenbar habe ich alle meine früheren Kontakte durch meine neuen beruflichen Themen verloren. Die Mädels sprechen über Dinge, bei denen ich nicht mehr mitreden kann und die mir fremd geworden sind. Während all der Jahre hatte ich immer gedacht, ich bräuchte meine Freundinnen für ewig wie eine kleine Bastion gegen die feindlichen Attacken des Lebens.« Schließlich geht sie aus Neugierde zu einem Freitagstreffen, hört zu und beobachtet, was für sie selbst über die Zeit anders geworden ist. Für einen Moment ist es ihr, als ob sie auf einmal alles verlieren würde. Aber nicht nur sie fühlt sich seltsam fremd mit den anderen. Auch keine der anderen Freundinnen kommt auf die Idee, sie danach zu fragen, womit sie eigentlich gerade beschäftigt ist. Erst als sie kurz von ihrem geplanten Stellenwechsel nach Brüssel spricht, zeigt man etwas Aufmerksamkeit.

Sophie empfindet einerseits einen Verlust, dass die bekannte, immer selbstverständliche Loyalität der Freundinnen offenbar nicht mehr vorhanden ist und sie nicht mehr so einfach in die »Komfortzone« des gegenseitigen Verständnisses und des gemeinsamen Lebens eintauchen kann. Auf der anderen Seite beginnt sie, sich zu fragen: »Wie reagiere ich eigentlich selbst auf meine gewohnte Umgebung? Wo stehe ich jetzt? Kann diese unangenehm bewusst gewordene Distanz und der Abschied ein notwendiger Entwicklungsschritt sein?« Schmerzlich muss sie feststellen, dass ihre Freundinnen offenbar ihren »Zugvogelallüren« fast feindselig gegenüberstehen. Früher wurden abenteuerliche Vorhaben der Freundinnen oft mit Überschwang und zustimmenden Reaktionen begrüßt und ausgesponnen, jetzt sieht Sophie sich plötzlich warnenden Bedenken gegenüber. Sie hört ungewohnt düstere Fragen: »Hast du dir das gut überlegt? Einfach so in diesen Zeiten ins Ausland zu gehen, das ist doch riskant! Und dann hast du doch eine neue Beziehung? Was soll daraus werden, wenn du weggehst? Ist das alles nicht viel zu gefährlich?«

Sophie wundert sich: Wo sind ihre unternehmungslustigen Mitstreiterinnen aus der Studentenzeit geblieben? Kann man so plötzlich all seine Unbeschwertheit und Träume vergessen? Wie gern hätte sie sich mit den früheren Weggefährtinnen über ihre Absichten beraten, muss aber schnell feststellen, dass niemand Genaueres über ihre Beweggründe und ihre weiteren Pläne wissen möchte.

Oft ignorieren Menschen gerade im unmittelbaren Umfeld wichtige Veränderungen, die beim anderen geschehen, oder wollen sie möglicherweise gar nicht bemerken, denn sie ahnen, dass auch für sie selbst eine eigene Veränderung nötig gewesen wäre. Sie hatten vielleicht aber weder den Mut noch das Bedürfnis dazu und sind deshalb einer anderen Weichenstellung in ihrem Leben gefolgt. Dann kann ihr »Nicht-sehen-Wollen« eine kreative Lösung dafür sein, sich weiterhin mit dem Ergebnis der eigenen Entscheidung zu identifizieren und deshalb den neuen Weg des anderen sinnvollerweise aus der eigenen Wahrnehmung auszublenden.

Im Schritt 2 hat man sich mehr oder weniger bewusst entschieden, eine Veränderung vorzunehmen, die mit dem Wagnis einer Trennung von Gewohntem verknüpft sein kann: »Ich traue mich jetzt, mir aus meinem Umfeld erste Rückmeldungen zu meinem Vorhaben einzuholen. Auch um mich selbst weiter zu ermutigen, den geplanten Weg weiter zu verfolgen, vielleicht dabei Unterstützung zu bekommen und dadurch meine Handlungsbereitschaft zu erhöhen.«

Sie beginnen, alternative Möglichkeiten zum jetzigen Ist-Zustand durchzuspielen. Sie fragen bei »bedeutungsvollen anderen« (significant others) nach, suchen, recherchieren, differenzieren eher unbeabsichtigt und fast spontan. Ihre konkreter werdenden Veränderungspläne, die sich fast wie von selbst weiterentwickeln, verdichten sich und werden zu einer inneren Gewissheit, auf dem richtigen Weg zu sein.

Ihre Informationen und Mitteilungen an die anderen klingen zu Beginn dieser Phase noch etwas allgemein und eher zögerlich:

»Ich habe mir überlegt, mit dem Rauchen aufzuhören.«
»Ich fühle mich in der Stadt nicht mehr wohl.«
»Ich glaube, ich werde mich von Daniela trennen.«
»Es wird Zeit, dass ich ernsthaft beginne, mein Essverhalten zu verändern. Ich werde es ab jetzt vielleicht systematischer

und mich dabei ernsthafter beobachten, statt irgendwelche Diäten zu machen.«

»Ich überlege, ob ich beruflich nicht doch noch etwas anderes machen soll?«

Sie sind mit dem Abwägen verschiedener ganz konkreter Pläne und Möglichkeiten beschäftigt, doch noch nicht zu Taten bereit.

Beachten Sie jetzt Ihre aufkommenden Gefühle und prüfen Sie: Fühle ich mich wohl oder irgendwie angenehm erregt bei dem Gedanken, etwas zu ändern, oder macht es mir eher Angst? Und wenn es mir eher Angst macht, wovor genau habe ich Angst? Habe ich eher Angst vor dem Neuen oder ist es mehr die Angst, das Alte zu verlassen?

Manche Forscher meinen, nur der bewusste, nach außen aktiv durchgesetzte Wille schaffe eine Veränderung. Die Hirnforschung aber hat uns mittlerweile darüber belehrt, dass bereits mit der bloßen inneren Vorstellung und mit dem Bejahen einer Veränderungsabsicht ein entscheidender Drive zum Handeln wächst.

Es ist in der Regel hilfreich, diese mit den jetzt konkreter werdenden Veränderungsabsichten auftauchenden Gefühle genauer zu erforschen und die Veränderung in kleinere Einheiten zu zerlegen. Das reduziert Ängste und Befürchtungen.

Befürchten Sie, dass sich wirklich Ihr gesamtes Leben mit dem neuen Plan verändern wird? Vielleicht ist es nur eine kleine begrenzte Einzelheit, die geändert werden muss. Vielleicht ist nur eine kleine Veränderung im Alltäglichen nötig, um einem Wunschziel näherzukommen.

Zum Beispiel könnten Sie mit Ihrem Partner darüber sprechen, dass Sie mehr gemeinsame Zeit mit ihm/ihr verbringen möchten oder sich mehr Anteilnahme an Ihren eigenen Hobbys wünschen, anstatt schlecht gelaunt herumzustreiten und sich, bereits im Vorwurfsmodus, beim Partner oder bei anderen über die Nachteile Ihrer Beziehung zu beklagen, ihm mit der großen Trennung zu drohen, anstatt es erst einmal mit der schlichten Äußerung Ihres eigenen Wunsches nach mehr gelebter Verbundenheit zu versuchen.

Sie werden erstaunt sein, wie oft man dann doch ein offenes Ohr findet und eine Veränderung in der Beziehung erreichen kann und nicht gleich alles über Bord werfen muss. Verstehen Sie mich nicht falsch: das heißt leider oft noch lange nicht, dass man Ihnen Ihre Wünsche gleich erfüllt, wenn Sie diese äußern. Eine enttäuschte Erwartung mag dazu verleiten, dass man mit der inneren Überzeugung »Das bekomme ich ja doch nicht« die Chance für eine schrittweise Wunscherfüllung selbst boykottiert. Aber ein mutig geäußerter Wunsch kann Ihre Partnerin, Ihren Chef, Ihre Freunde darüber informieren, dass Sie mit dem Bestehenden nicht zufrieden sind oder dass es für Sie einen anderen Weg geben muss. Damit müssen sich die anderen in Ihrem Umfeld erst einmal auseinandersetzen und ihre eigenen Bilder und Vorstellungen mit den geäußerten Wünschen abgleichen. Ihr Veränderungswunsch stößt bei anderen Veränderungsgedanken an.

So geht es mit Sophies Geschichte weiter:

Für Sophie ist es ein schmerzliches Erlebnis, dass sie sich von den Freundinnen nicht mehr verstanden fühlt und bemerkt, dass sie sich wohl von vertrauten Freundschaften verabschieden muss, wenn sie ihrem eigenen Weg folgen möchte. Sie empfindet es einerseits als aufregend und inspirierend, einen beruflichen Karriereschritt zu wagen, dafür eine sichere, inzwischen aber unbefriedigende Arbeitssituation zu verlassen und in eine fremde Stadt aufzubrechen, in einen anderen Kulturkreis mit einer anderen Sprache, andererseits aber auch als beängstigend.

Mit ihrem Freund hat Sophie die erste Planungsphase für ihren Arbeitsplatzwechsel besprochen und gewinnt durch die gemeinsam durchdachten Pläne zunehmende Sicherheit. Er kann ihre Wünsche nach einer beruflichen Veränderung gut verstehen, hat mit ihr gründlich diskutiert. Ihre Absicht bringt auch ihn in Bewegung und zu neuen Überlegungen. Könnte er seine Arbeit nicht auch von einem anderen Standort aus leisten und es sogar wagen, mit ihr gemeinsam umzuziehen? Für beide wird es eine neue Herausforderung, miteinander in einen neuen Lebensabschnitt zu starten.
Auf zu Schritt 3!

In einem solchen Veränderungsprozess werden neue Möglichkeiten greifbar: Man kann entweder dem einen Wunsch oder dem anderen Vorschlag folgen oder dabei gemeinsam etwas ganz anderes entdecken. Dafür brauchen Sie Zeit. Es kann natürlich auch sein, dass Ihr Wunsch auf grundlegende Ablehnung stößt und eine neue Wende nicht möglich ist. Aber das ist ein anderes Thema. Im Verlauf des zweiten Schritts geht es noch nicht um das Erreichen des Ziels, sondern die aktive Bewegung in Richtung auf das Ziel hin steht im Mittelpunkt. Dazu gehört es auch, sich konkret vorzustellen, man hätte sein Ziel bereits erreicht. Die daraus erwachsenden Gefühle wirken stärkend. Sie haben diese Technik der »Zukunftsvision« bereits in einem früheren Kapitel über die Hirnforschung kennengelernt. Schlagen Sie noch einmal nach, wenn Sie mögen!
Es ist ein wirkungsvolles Planungstool, erste Zukunftsvisionen davon zu entwickeln, was Sie erreichen möchten, und sich vorzustellen, was die neue Idee für Ihre Zukunft, für Ihr weiteres Wohlbefinden oder für Ihre Beziehung bedeuten würde.

Sehen wir jetzt, wie die Geschichte von Michaelas Veränderung am Arbeitsplatz weitergeht.

Die Geschichte von Michaela (2): Das Ziel gewinnt Konturen
Sie erinnern sich: Michaela hatte sich für ein Fortbildungsseminar in Konfliktmanagement und Überlastungsprophylaxe angemeldet, um ihrer inneren Unzufriedenheit am Arbeitsplatz Herr zu werden. In der Atmosphäre eines angenehmen Seminarhotels, im Kreis von offenbar ebenfalls betroffenen Kolleginnen und Kollegen anderer Institutionen wundert sie sich darüber, dass sie mit ihrem Anliegen gar nicht allein dasteht. Allzu vertraut sind ihr die Klagen der anderen Teilnehmer über Gefühle von Unzulänglichkeit oder die Berichte über deren ständiges Bemühen, den »Laden am Laufen zu halten«, und die Äußerung von vielen, dass kurz vor der Anmeldung zum Seminar »das Maß einfach voll gewesen sei«. Sie wagt, ihre eigene Situation vorzustellen und bekommt die Rückmeldung, dass ihr Empfinden der Situation völlig in Ordnung ist! Wie hat sie sich selbst dafür in der letzten Zeit kritisiert! Der Moderator erläutert, dass man sich in Überlastungssituationen und in dem Bemühen, Konflikte in Arbeitskontexten harmonisch zu lösen, oft in einen »Opfermodus« begibt. Die Anstrengungen, die man unternimmt, um den Status quo zu verbessern, führten dann zu »mehr desselben«, nämlich zu neuer Anstrengung. Das kann Michaela bestätigen. Hatte sie nicht den Teamleiter und später den Chef gebeten, dass man Arbeiten konkreter eingrenzen und verteilen müsse? Dass man nicht alles der Selbstregulation überlassen dürfte, während man darauf hoffe, dass irgendjemand die Aufgaben freiwillig übernimmt?
In ihrer Arbeitsgruppe prüfen die Teilnehmer neue Strategien eines veränderten Vorgehens. Würde es nicht ausreichen, ein erneutes Planungsgespräch mit dem obersten Chef zu führen? Vielleicht könnte sie zu Hause ihren Anrufbeantworter wieder einschalten, um die Wahl zu haben, nur bei wirklich wichtigen Anfragen ans Telefon zu gehen und sich sonst ab-

zuschirmen. Der Tipp einer Kollegin, dass man einen Anruf auf dem Anrufbeantworter nicht unbedingt beantworten muss, wenn man dies in der Ansage nicht deutlich verspricht, schien Michaela genial. Andere Änderungswünsche fielen ihr noch ein: Heimlich hatte sie schon an eine berufliche Auszeit gedacht. An ihrem Arbeitsplatz ist eine solche Auszeit bei einem reduzierten Gehalt für Führungskräfte möglich. Sie malt sich aus, was sich in ihrer Abwesenheit alles verändern würde. Als ein Teilnehmer fragt, was sie sich von einer Auszeit verspricht, ist ihr schnell klar: Sie möchte überlegen, ob sie an diesem Arbeitsplatz bleiben kann und will, da ihr die Aufgaben dort sehr gut gefallen, oder ob sie wegen der dortigen Bedingungen für sich einen anderen Weg suchen soll.

In der Gemeinschaft der Klagenden im Seminar, die sich alle mit ähnlichen Themen herumschlagen, kann Michaela erkennen, dass sie kein Einzelfall ist. Sie muss lernen, ihre Reaktionen auf ihre Belastungen nicht darauf zurückzuführen, dass sie etwa nicht kompetent ist, sondern dass es ihr einfach erhebliche Schwierigkeiten bereitet, für ihre eigenen Ziele einzutreten. Am Ende des Seminars empfiehlt man ihr, sich vielleicht für dieses Anliegen ein berufliches Coaching zu leisten. Der Termin für die Antragstellung der Auszeit rückt näher. Sie kommt mit klaren Zielen zum Coaching: Michaela möchte herausfinden, ob die Idee einer Auszeit zu ihr passt, wie sie mit ihren Befürchtungen vor einem eventuellen Karriereknick umgehen kann, wie sie ihre Änderungswünsche ihrer Familie vortragen will und wie sie ihr Anliegen dann am Arbeitsplatz managen könnte. Der Gedanke, sechs Monate auszusteigen, löst bei ihr angenehme Gefühle von Aufbruch und Energie aus, und sie erarbeitet mit der Beraterin zunächst Strategien zur Selbstunterstützung. Eine von Michaelas Töchtern absolviert gerade ein Praktikum in Australien, dort arbeitet sie in einem internationalen Hilfscamp. Kokett hatte die Tochter per Skype zur Mutter gesagt: »Hättest du nicht Lust, herzukommen und hier Deutsch zu unterrichten? Es ist alles so spannend hier!« Diese Idee beflügelt Michaela. Wenn sie sich vorstellt, dass sie eine weite Reise ans andere Ende der Welt machen wird, dass sie in der Nähe der Tochter tätig sein könnte, traut sie sich plötzlich auch zu, diese Auszeit vorzubereiten.

Einen inneren Termin setzen

Im Kontext von Entscheidungen, Loslösungen und Neuanfängen ist es sinnvoll, sich selbst einen inneren Termin zu setzen, der genau festlegt, bis wann Sie ein Veränderungsvorhaben oder eine Trennung von Ihren alten Mustern begonnen bzw. auch schon beendet haben wollen.[27] Solche konkreten fixierten Zukunftsvisionen können einerseits emotional stark motivieren und andererseits sachlich darauf hinweisen, welche Zwischenschritte bis zum Erreichen des Ziels noch zu leisten sind. Das Ziel gewinnt dadurch klarere Konturen und mehr Realität.

> Michaela beginnt zu strahlen, wenn sie sich vorstellt, dem Arbeitsalltag in eine ganz andere Richtung zu entkommen. Auf Nachfrage ihrer Beraterin bemerkt sie aber auch erleichtert, dass sie noch einmal überprüfen möchte, ob es vielleicht doch gar nicht so schlimm ist am Arbeitsplatz. Eventuell könnte mit ihrem Chef ein weiteres Gespräch zu internen Veränderungen führen, die sie entlasten, sodass vielleicht kein grundlegender Veränderungsschritt nötig wäre.

An dieser Stelle im 4-Schritte-Prozess hat manchmal der Ich-Anteil des »Ja-Aber« und des Zögerns Hochkonjunktur. Er bringt mit allen seinen Einwänden oft noch einmal Unruhe, indem er erneut alle Argumente gegen einen zu überstürzten

Aufbruch mit bedrohlichen Farben an die Wand malt. Alle inneren Ich-Anteile wissen: »Jetzt geht's bald zur Sache.« Diese meist schnell vorübergehende psychische Krise ist nur ein weiteres Zeichen dafür, dass jetzt gehandelt werden muss. Auch äußere Konflikte müssen nun gelöst werden.

> Michaela fürchtet die Einwände ihrer weiter entfernten Familienmitglieder und ihres Freundeskreises, die sie bereits mit Horrorszenarien schrecken wollten, als sie erstmals von ihren Plänen erzählte: »Bist du dafür nicht viel zu alt?« oder »Wie soll denn das deine Familie verarbeiten?« Sie bemerkt auch, dass bei einigen Freunden so etwas wie der Neid der Zurückgebliebenen zu spüren ist und diese sie auf »Gefahren« hinweisen und von ihrem Vorhaben abbringen möchten. Es ist fast überflüssig, zu erwähnen: Das Gespräch mit dem Chef hat natürlich keine neuen Aspekte ergeben. Aber wenn sie unbedingt diese Auszeit nehmen müsse, stünde dem vertraglich selbstverständlich nichts im Wege.

Sie kennen solche Reaktionen aus der Umwelt auch schon aus Sophies Geschichte. Ihre Freundinnen, die in der Familiengründungsphase waren, konnten den angestrebten Auslandsaufenthalt nicht verstehen und kommentierten ihn mit Schwarzmalerei und negativen Befürchtungen.

GEDANKENSPIELE UND CHECK-UP

Auf der Planungsebene stellen sich Fragen und Aufgaben:

Bin ich bereit, mit mir selbst einen festen Termin für den nächsten Veränderungsschritt festzulegen und mir vorzustellen, ab wann es in der nächsten Zukunft anders laufen sollte?

Habe ich die emotionalen Auswirkungen der Veränderung oder
gar Trennung auf mich selbst berücksichtigt? Wie könnte ich
achtsam damit gut umgehen, ohne mich in meinem Vorhaben
zu blockieren?

Sie können Ihre eigene Erfahrung mit Veränderung in diesem Bereich aktivieren: Überlegen Sie, ob Sie auch die finanziellen Folgen einer größeren Veränderung ohne allzu viel Blauäugigkeit
bedacht haben und ob es Ihnen gelingt, auch alternative Lö-
sungspläne zu entwerfen, die ebenfalls funktionieren könnten,
falls Hindernisse auftreten sollten. Machen Sie sich Mut, Menschen zu fragen, die Ihnen nahestehen: »Traut Ihr mir diese Veränderung zu? Fällt Euch noch etwas ein, was ich zum Gelingen
meines Vorhabens berücksichtigen könnte?«

Gefühlsebene und Ebene der Selbstwahrnehmung einbeziehen:

Wie kann ich mich selbst ausreichend unterstützen, wenn ich im
Prozess zu ängstlich oder panisch werden sollte? Auf welche realen und emotionalen Ressourcen kann ich bei mir zurückgreifen,
wenn ich diesen Veränderungsschritt mache?

Denken Sie noch einmal an die Übung »Zukunftsvision« und beachten Sie, ob sich jetzt beim zweiten Schritt etwas verändert
hat. Denken Sie vor allem daran, wann Ihnen Vergleichbares
schon einmal gelungen ist, ob Sie sich damals in Bezug auf sich
selbst, auf Ihre Beziehungen, auf Ihr Arbeitsleben wohlgefühlt
haben. Als »wen« werden Sie sich am Ende dieser Phase Ihres
Veränderungsprozesses selbst schon sehen können?

Jetzt ist eine wichtige Station erreicht: Sie haben in Gedanken,
in inneren Dialogen mit Ihrem inneren Team oder in Gesprä-
chen mit anderen überprüft, welche Vorteile Ihnen das Neue

bringen könnte und auch, worauf Sie dafür zu verzichten bereit sind. Wie immer Ihr Experiment ausgehen wird: Das bisher Erlebte geht Ihnen dabei als Erfahrung nicht verloren. Sie wissen inzwischen, dass gelebte Erfahrungen die Grundlage und den Humus für weitere neue Erfahrungen und die Fertigkeiten bilden, sich mit Neuem und Ungewohntem auseinanderzusetzen. Manchmal sind es ganz banale Veränderungswünsche, die uns in abgelegene Winkel unseres unwillkürlichen Wissens bringen und uns Veränderungskompetenz abverlangen.

Das sehen Sie in der Geschichte von Marie und dem Zahnarzt, die dem einen oder anderen von Ihnen bekannt vorkommen wird:

Die Geschichte von Marie: »Ich möchte doch gerne auch etwas Angenehmes!«

Marie pflegt die Beziehungen zu ihren Freunden und den Menschen in ihrer Umgebung mit Treue und Loyalität. So auch zu Ärzten, Schule, ihrem Zahnarzt. Als dieser anlässlich einer Kontrolle feststellt, dass eine umfangreiche Behandlung unvermeidlich wird, reagiert sie ängstlich. Der Zahnarzt, der sie von Kindesbeinen an kennt und dem sie vertraut, versucht sie etwas barsch aufzumuntern: »Jetzt stell dich mal nicht so an! Das ist doch nicht so schlimm!« Verdutzt schluckt sie ohne Widerspruch die etwas raue Zurechtweisung, nimmt die Termine für den Behandlungsplan entgegen, die nur schwer mit ihrem Berufsleben zu vereinbaren sind und verlässt die Praxis. Auf der Straße bemerkt Marie, wie sie ärgerlich wird. Eine Freundin hatte ihr von ihrem Zahnarzt und von dessen zugewandtem rücksichtsvollen Stil erzählt. Ihr eigener Zahnarzt erschien ihr plötzlich in seinem kommunikativen Verhalten unprofessionell. Marie hatte sich von ihm abgekanzelt gefühlt und behandelt wie früher als kleines Mädchen.

Der Gedanke jedoch, ihren Zahnarzt nach so vielen Jahren zu verlassen und zu wechseln, erzeugt in ihr seltsame, schwer kontrollierbare Schuldgefühle. Sie hört, wie eine innere Seite sie kritisiert: »Das war bislang doch gut bei dem erfahrenen alten Arzt. Er kennt dich! Willst du nicht immer nur das, was andere haben?«

Sie stellt sich vor, sie müsse es ihm wenigstens erklären, warum sie nicht mehr zu ihm kommen will und wird sich dabei selbst darüber klar, was sie sich wünscht und was sie braucht.

Bei genauerem Hinsehen kann man erkennen, dass Marie nicht nur eine fachlich bessere zahnmedizinische Versorgung möchte, sondern dass mit diesem Wunsch nach Veränderung auch ein altes Beziehungsmuster von ihr auftaucht, das nicht vorsieht, sich von etwas seit langem Vertrautem zu trennen. Einfach nur den Arzt zu wechseln, wie es sicher mancher von Ihnen täte, ist in ihrem Denken keine Option.

Wie wäre eine solche Situation mit ausreichender Veränderungs- und Trennungskompetenz zu lösen?

Maries Wunschziel besteht darin, sich in einer modernen Praxis nicht nur medizinisch, sondern auch menschlich gut behandelt zu fühlen. Sie würde mit einer konkreten Vorstellung einer verbesserten Zukunftsvision zu diesem Muster beginnen: Wie angenehm könnte es sein, einmal Termine zu bekommen, die besser in ihr Arbeitsleben passen, dann auch mit modernen technischen Geräten und freundlicher Zuwendung behandelt zu werden? Aber auch ihr vertrautes Arsenal an »Problemgedanken« mobilisiert sich: »Was passiert, wenn ich einfach nicht wiederkomme und wenn er durch meine Schwester von meinem Wechsel erfährt? Was wird mein alter Zahnarzt von mir denken? Wird er nicht böse auf mich werden?«

Dem Probedenken in Schritt 1 folgt im günstigsten Fall das Probehandeln in Schritt 2. Marie könnte zum Beispiel einen Informationstermin bei der neuen Praxis ausmachen und damit den inneren kritischen Ich-Anteil beruhigen: »Ich hole mir eine zweite Meinung zu dieser Behandlung ein. Das beruhigt mich und danach kann ich entscheiden, was ich tun werde.«

Der Ich-Anteil, der dem Muster der Loyalität folgen und treu bleiben will oder der eventuell auch Angst vor der Trennung von Althergebrachtem hat, kann so bei der Entscheidung besser berücksichtigt werden und mitmischen. Das kritische »Problemgedächtnis« wird mittels der Aktivität der Prüfung in den Hintergrund gedrängt, quasi ruhiggestellt, und Marie ist in der Lage zu handeln. Erinnern Sie sich: Wenn das Objektgedächtnis zu aktiv mit Kritik und Problembewusstsein beschäftigt ist, wird eine positive Vorstellung und aktive Handlung gehemmt (siehe Teil 2).

Als Leser fragen Sie sich jetzt vielleicht, weshalb man sich solche Schwierigkeiten und Umstände mit einem einfachen Arztwechsel machen kann. Kennen Sie nicht die Qual, die solche inneren Skrupel bereiten? Kennen Sie nicht von sich selbst ein solches Zögern bei dem Wunsch, gewohnte Beziehungen auch nur teilweise zu verlassen: sei es die Steuerberaterin oder den Friseur zu wechseln, die Stammtischgruppe oder das regelmäßige Klassentreffen nicht mehr aufzusuchen? Da erfindet man gerne einen Vorwand, nutzt eine kleine Kränkung oder eine wirklich unwichtige Unstimmigkeit, um endlich einen Anlass zu finden, sich selbst aus einer überlebten Bindung zu entlassen, wie Marie, als sie bemerkt, dass sie sich nicht länger wie ein kleines Mädchen behandeln lassen will. So wird manchmal aus dem kränkenden Erleben ein nützlicher Vorwand für eine Veränderung. Man darf es sich aber auch einfacher machen und sich mit einem freundlichen »Danke für alles, das war's!« verabschieden.

Natürlich gibt es genug Menschen, die mit einem solchen Wechsel gar keine Schwierigkeiten haben, sei es, weil sie über eine ausgebildete Trennungskompetenz verfügen oder aber, weil sie keine stärkeren Bindungsgefühle entwickeln können und deshalb viele ihrer Beziehungen einfach nur als Dienstleistung sehen. Bei Veränderungsprozessen kommen bei jedem auch ganz unterschiedliche Einstellungen zu Trennen und Verabschieden mit ins Spiel, die hemmend wirken oder fördernde Loslösungsprozesse in Gang setzen können. Zum Beispiel achtet Marie in zwischenmenschlichen Krisen nicht zuerst darauf, wie es ihr selbst geht, sondern – in diesem Fall – darauf, wie es der Zahnarzt auffassen und was dieser über sie denken könnte.

Hinter einer schwer erschütterbaren Treue zum Bewährten und Bekannten verbirgt sich oft die Angst vor dem Neuen oder sogar die Sorge, verlassen zu werden. »Das kann ich doch nicht machen. Er hat so lange gut für mich gearbeitet.« Ja, der Gedanke ist berechtigt. Deshalb ist es durchaus denkbar und vielleicht sogar stilvoll, noch einmal mit dem Betreffenden Kontakt aufzunehmen und ihm zu vermitteln: »Danke für alles, doch jetzt ist etwas anderes für mich richtig!«

Sie können in jeder Phase Ihr Vorhaben unterbrechen oder sogar beenden und dann vielleicht bei einer nächsten Gelegenheit Ihr Ziel erneut angehen. Probehandeln ist lediglich der erste Schritt in eine neue Richtung. Deshalb machen Sie sich Mut bei diesen kleinen Veränderungs- und Trennungsschritten. Sie brauchen die begonnene Reise ja nicht fortzusetzen, wenn es Ihnen nicht mehr gefällt.

Falls Sie einmal Ihrem Wunschziel doch nicht nähergekommen sind, entdecken Sie vielleicht, dass Sie ein Muster des Verzögerns und Zauderns haben. Diese Entdeckung ist viel wert. Denn ab jetzt können Sie mit Hilfe unserer »Übungen der Zukunftsvision« dieses Muster außer Kraft setzen.

Sie könnten sich zunächst einmal nur vorstellen, innerlich von dem Friseur, dem Zahnarzt, dem Stammtisch, dem Sportverein oder der immer klagenden Freundin Abschied zu nehmen. Sie könnten sich ausmalen, wie Sie Ihrem Gegenüber erklären würden, dass es jetzt genug ist, dass Sie gehen wollen und sich für die geleistete Arbeit bedanken.

Im Alltag sind bewusst gestaltete Abschiedsrituale leider nicht mehr üblich. Wir wählen stattdessen häufig den Weg der Rechtfertigung oder heben Unstimmigkeiten, kleine Missverständnisse oder Ärger als Gründe hervor, um unser Unbehagen oder unsere Schuldgefühle beim Weggehen zu übertönen. Ein zunächst nur in der Fantasie vorgestellter Abschied kann Ihnen jedoch mehr Gelassenheit für den Ernstfall verschaffen und durch die dabei entstehende Klarheit vielleicht helfen, das Problem zu erkennen und eine alte Freundschaft zu bewahren.

Beachten Sie:

Sie müssen nicht bei einem einmal gefassten Entschluss bleiben und Ihren Veränderungsplan durchziehen, wenn es Ihnen unterwegs dabei zu mulmig wird. Wer »A« zum Verändern sagt, muss nicht unbedingt »B« sagen; wenn Sie einfach noch mehr Zeit brauchen, um sich vorzubereiten und wenn Sie noch keine unwiderruflichen Entscheidungen getroffen haben, so sagen Sie sich: Sie dürfen in jeder Phase aufhören und den Prozess stoppen oder vorzeitig beenden! Sie dürfen sich erlauben, ruhig eine »Ehrenrunde« zu drehen, wie Gunther Schmidt ein solches Zögern und Verbleiben im alten und inzwischen nicht mehr funktionalen Muster nennt (Schmidt 2007).

Prüfen Sie in Ruhe, wie es Ihnen damit geht. Sie können später erneut beginnen oder trotz aller großen Ankündigungen schließlich auch alles beim Alten belassen. Wie nach einem missglückten Friseurbesuch: man hat eine neue Frisur gewagt und erkennt sich danach kaum wieder. Am einfachsten tröstet man sich damit: Die Haare wachsen ja wieder, es braucht nur ein bisschen Zeit. Berücksichtigen Sie aber auch: Je später Sie umkehren, desto größere Anstrengung erfordert es die bereits lieb gewonnenen Visionen von dem Neuen aufzugeben oder die forschen Mitteilungen, mit denen Sie Ihr Umfeld über Ihre Veränderung informiert haben, wieder zurückzunehmen.

GO! Woran Sie bemerken, dass Sie bereit sind für den nächsten Schritt

Eine bestimmte Lösung aus den vielen Möglichkeiten taucht immer wieder auf, geht Ihnen nicht mehr aus dem Sinn. Diese eine Idee ergreift zunehmend Besitz von Ihrem Fühlen, Ihren Überlegungen, Ihren Plänen und Erinnerungen. Der Entschluss zum Handeln ist da: »So soll es geh'n.« Sie ahnen es nicht mehr nur, Sie sind gewiss, dass dieser eine neue Veränderungsschritt richtig ist und bald Wirklichkeit werden soll. Wenn Sie beginnen, sich jetzt und verstärkt mit dem Neuen bewusst zu identifizieren, wird es Ihnen zusätzliche Sicherheit verschaffen. Die bewusste Identifikation damit, wer »Ich« dann sein wird, aber auch damit, wer ich im Verlauf des bisherigen Veränderungsprozesses geworden bin, unterstützt Ihre weiteren Entwicklungs- und neuesten Change-Prozesse.

Stolpersteine und Hindernisse beim Schritt 2 oder: Wie man darin auch stecken bleiben kann

■ Man kann in dieser zweiten Phase leicht stecken bleiben, wenn man vor lauter Hin und Her, dem Prüfen und Bedenken aller Möglichkeiten sein Ziel und den einfachsten Weg dorthin aus den Augen verliert. Es muss ja nicht immer nur der beste Weg sein! Gut ist auch gut genug! Gefahr droht auch, wenn man sich zu lange nur in Träumen und Projektionen verliert und in Fantasien vom Verändern schwelgt, ohne sich an die Arbeit zu machen und real existierende Möglichkeiten konkret zu prüfen.

- Wenn Sie beginnen, zu verzögern und Einwände mehr Gewicht bekommen, als die guten Aussichten, dann kann die Energie des Neuanfangs versickern. »Ja aber, ja aber ...« taucht auf, Ihr innerer »Aber-er« nimmt immer mehr Raum ein und hemmt den Fluss.

- Auch wenn Sie sich verwirren lassen von der Fülle von Veränderungsoptionen, ohne sich die Mühe zu machen, einige davon auf ihre konkrete Machbarkeit zu überprüfen und Unrealisierbares entschlossen zur Seite zu legen, können Sie ins Stocken geraten. Genauso kann es Ihnen ergehen, wenn Sie zum Beispiel gefühlsmäßig zu schnell mit den idealisierten Möglichkeiten verschmelzen und vergessen, den oft mühevollen Weg dorthin sachlich zu prüfen und zielstrebig einzuschlagen.

  Sie kennen sicher Menschen, die auf den »perfekten Mann« oder »die richtige Frau« warten, am besten in Gestalt eines Märchenprinzen oder einer Märchenprinzessin, anstatt unter den Menschen, die ihnen im Alltag begegnen, auszuwählen und mutig herauszufinden, wer zu einem passen könnte. Wenn man von zu vielen Angeboten überflutet wird, und daraus auswählen soll, überkommt einen leicht Unlust, sich für irgendetwas davon wirklich zu entscheiden. Roy Baumeister nennt dieses Phänomen »Ego-Erschöpfung« (Baumeister 2012), wie wir zu Beginn schon erfahren haben.

  Schon in der griechischen Fabelwelt gibt es dazu das Beispiel des unglückseligen Esels, der zwischen zwei gleichgroßen Heuhaufen verhungerte, weil er sich nicht entscheiden konnte, welcher von den beiden attraktiven Futterhaufen der bessere für ihn sein könnte und welchen er fressen wollte.

- Wenn man unkritisch in seinem unbefriedigenden Ist-Zustand verharrt oder diesen sogar idealisiert, statt sich die Chance im Neuen zu vergegenwärtigen und mit anderen darüber zu sprechen, kann man ebenfalls stolpern. Das Gewohnte erscheint einem wie ein scheinbar sicherer Platz, an dem es zwar manchmal langweilig, aber an den man schon so gewöhnt ist, dass man sich nicht vor Augen führt, welche Folgen es haben kann, dabeizubleiben.

- Wenn man beim zweiten Schritt nur im Klagemodus verharrt, zum Beispiel sich der Umwelt als ein Opfer der Umstände präsentiert und keine eigenen Schritte wagt, überträgt man dadurch anderen die notwendige Prüfung der Möglichkeiten. Freunde oder Familie sind aber oft selbst von ihren eigenen Zielen und Motiven überzeugt oder auch in ihnen gefangen und können sich nicht immer ausreichend mit den Wünschen oder Ängsten des Betroffenen identifizieren. So kann es passieren, dass man seine eigenen Gedanken zur Lösung der jeweiligen Situation schließlich vergisst und sich nicht mehr an eigene bereits gelungene Erfahrungen von Trennen und Verändern erinnert. Und so kann es dazu kommen, dass Sie statt des gewünschten Trostes handfeste Vorschläge bekommen, obwohl Sie einfach einmal über eine Schwierigkeit in Ihrer Beziehung klagen wollten: »Du solltest dich von dem Typen trennen, so geht es doch gar nicht mit ihm«, rät einem da eine in der Krise befragte Freundin, die selbst Single ist. Dabei wollte man sich von ihr ja nur Mut machen lassen, wie man den belastenden Konflikt mit dem Partner vielleicht noch anders sehen oder sogar lösen könnte. An Trennen wollte man gar nicht denken.

So kann man auf der Stufe des bloßen Gedankenspiels über neue Möglichkeiten stecken bleiben. Lässt man es dabei bewenden, wird der Handlungsmodus ernsthaft behindert.

Sich lediglich vorzustellen, wie es sein könnte, wenn ich als junge Erwachsene aus dem Elternhaus ausziehen würde, führt zu anderen Ergebnissen und ist von anderen Gefühlen beglei-

tet, als wenn man sich entschließt, tatsächlich einmal probehalber für zwei oder drei Wochen auszuziehen, um wirklich zu
erfahren, wie es ist, allein für sich sorgen zu müssen und seine
Freiheit zu genießen.

Anhalten oder weitermachen?

Sie haben bereits viele Gedanken, Gefühle und Energien in die
gedankliche und praktische Vorbereitung einer möglichen Veränderung investiert.

Sie haben andere über Ihre Absichten informiert. Wenn Sie
jetzt Ihr Mut verlässt, bedeutet das nicht, dass Sie alle positiven Gedanken und Gefühle stoppen oder Ihr Veränderungshandeln mehr oder weniger ungeschehen machen müssen. Das
kostet nämlich ebenfalls Energie. Ärger auf sich selbst, Zer-
knirschung, ja selbst depressive Stimmungen bleiben in dieser
fortgeschrittenen Phase oft nicht aus, wenn Sie anhalten wollen. Es kann helfen, dann mit bewusstem Entschluss doch
beim Gewohnten zu bleiben, vielleicht sogar eine neue innere
Einstellung dazu zu bekommen und offen mit sich selbst und
mit anderen umzugehen. Im Sinne von: »Ich war drauf und
dran, es zu ändern, habe es geprüft, es aber doch nicht gewagt.
Das Gewohnte ist mir plötzlich wieder lieb und teuer. So bin
ich vielleicht ein Angsthase, aber bin auch kein Draufgänger
und kein Narr, der gegen seine starke innere Überzeugung handelt, nur weil er es einmal angekündigt hat.« Es gibt aber eine
wesentlich unangenehmere Form des Abbrechens: Man ver-
meidet nach einer ersten Überprüfung, die Mühen und Anstrengungen auf sich zu nehmen, denen man sich auf dem Weg
zum gewünschten Ziel notgedrungen aussetzen müsste.

Sie kennen die tragische Figur vom »ewigen Studenten«. Er
denkt mehr oder weniger nur an das verlockende Ziel, lässt
aber das mühselige Recherchieren und Schreiben seiner Exa-

mensarbeit oder die vorgeschriebenen Abschlussprüfungen
unter immer neuen Vorwänden aus. So etwas eine »Play big,
but don't act«-Blockade zu nennen, ist vielleicht nachvollzieh-
bar, führt aber nicht zum Diplom oder Doktortitel.

CHECK-UP ZUR REALITÄTSPRÜFUNG

Fragen Sie sich in dieser Phase ruhig einmal:

- Geht es darum, mein geplantes Vorhaben wirklich in die Tat
  umzusetzen? Was kann ich mir leisten? Was geht möglicherweise über mein seelisches oder mein geistiges Vermögen
  hinaus?
- Was passt letztlich zu mir?
- Wer bin ich und wer will ich sein?

**Vom Planen zum Ankommen: Wegweiser für den
Übergang zu Schritt 3**

- Beim Übergang vom zweiten zum dritten Schritt geht es
  nicht mehr ums Entscheiden und Auswählen, sondern um
  das Sich-Einlassen auf das von Ihnen ausgewählte Neue, darum, mit allen Ihren Sinnen, Ihren neugierigen Augen und
  vielfältigen Gefühlen das zu erleben, was die Reise zu Ihren
  Wünschen an neuen Herausforderungen mit sich bringt.
  Noch geht es um die einzelnen Handlungen, die erforderlich
  sind, um den anstehenden Übergang in den neuen Zustand
  zu organisieren, vor allem aber, um vom Bisherigen auch
  Abschied zu nehmen: Zum Beispiel jetzt auch anderen Personen mitzuteilen, welche Veränderung Sie beabsichtigen
  oder bereits vorgenommen haben, wer Sie von jetzt ab sind

und wo Sie in Zukunft sein werden. Sie kommunizieren zwar noch ausführlich mit den Menschen aus Ihren alten Bezugssystemen, nehmen aber zunehmend Kontakt zu neuen Menschen oder zum neuen beruflichen Umfeld auf.

■ Sie schreiben Briefe und E-Mails zum Verabschieden oder organisieren sogar eine Abschiedsparty. Dort können Sie allen genauer erzählen, was Sie vorhaben, warum Sie es tun wollen und was Sie erwarten. Sie wissen noch nicht im Einzelnen, wie Sie das alles bewältigen werden. Deshalb versprechen Sie lieber den anderen nicht allzu viel, was Sie danach alles tun werden! Verkaufen Sie Ihre Zukunft nicht an diesem noch unsicheren Übergang durch unbedachte wohlgemeinte Versprechen, die Sie zu stark an alte Zeiten binden. Versprechen Sie sich lieber selbst etwas, nämlich sich selbst und vor allem Ihren Entscheidungen treu zu bleiben, auch wenn Sie noch keinen Beweis für deren Richtigkeit und das Gelingen haben. Sie befinden sich noch auf dem unsicheren Terrain des Übergangs, auf der Schwelle zu einer neuen Welt. In früherer Zeit gab es viele Loslösungs- und Ablösungsrituale für solche Situationen. Heute macht man das eher kurz und knapp: Ein Glas Sekt, kurze Worte des Dankes, das war's dann. Gestalten Sie selbst eine persönliche Form der Kommunikation bei einer Veränderung, Ihre ganz persönlichen kleinen Rituale für eine ganz reale und emotionale Ablösung für Ihre Stabilisierung am Übergang, gerade in der Weise und in dem Umfang, wie Sie es für sich brauchen. Ihrer Kreativität und der Ihrer Freunde sind dabei keine Grenzen gesetzt.

Kleine Ablösungsrituale sind keine Zeitverschwendung, sondern für Ihr zukünftiges Wohlbefinden außerordentlich wichtig. Sie stabilisieren und ermutigen sich selbst auf dem neuen Weg. Denn im kommenden Schritt wird schließlich Ihr bisheriges Denken und Handeln psychologisch und physiologisch auf eine konkrete neue Situation ausgerichtet. Das Planen ist vorbei. Sie haben sich entschieden! Sie richten sich jetzt neu ein. Sie pflegen bewusst Kontakte, Sie zögern nicht zu lange, an einem neuen Ort eine Einladung zum Essen anzunehmen oder selbst auszusprechen, denn das ist bei allen Völkern die natürlichste Art gegenseitiger Annäherung und Vertrauensbildung.

■ Nutzen Sie jede Stunde der Begegnung mit dem Neuen. So wird es bald vertraut werden. Nehmen Sie auch durchaus ganz naiv Kontakte zu Menschen in der neuen Umgebung auf. Bitten Sie um Hilfe, wenn notwendig. Wissen Sie, wie froh Sie Menschen machen können, wenn Sie den neuen Bekannten oder Freunden mit kleinen Dingen behilflich sein können? Machen Sie sich durch Nachfragen vertraut mit Ihrer neuen Umgebung und Situation.

■ Versäumen Sie es nicht, nach einem Veränderungsschritt nach einigen Wochen eine kleine Party zu geben und Ihre ersten neuen Bekannten dazu einzuladen. Und stellen Sie sich in den ersten Tagen und Wochen vor und sagen auch innerlich zu sich selbst: »Ich bin die Neue« oder »Ich bin jetzt solo« oder »Ich bin der neue Mitarbeiter in dieser Abteilung«. Identifizieren Sie sich bewusst vom ersten Tag an mit den neuen Gegebenheiten, auch wenn Sie es noch nicht spontan selbst so fühlen können, weil Sie es sich noch nicht durch längere Erfahrung zu eigen gemacht haben. Sie müssen nicht alles toll finden. Sie können immer noch Sehnsucht nach dem Alten haben. Aber Sie werden im Neuen bald auch etwas entdecken, was Ihnen vertraut und liebenswert erscheint. So wird Ihnen zum Beispiel vielleicht in Köln zuerst der Kölner Dom vertraut vorkommen oder eher die Kneipe um die Ecke und deren kommunikationsfreundliche Kölner. Den Spaß am Karneval müssen Sie ja nicht gleich im ersten Jahr mit Ihren neuen Nachbarn teilen. Vielleicht sind Sie ja inzwischen in der Stadt offiziell als Bürger gemeldet und haben schon einen neuen Ausweis mit entsprechender Eintragung oder bereits eine Visitenkarte mit dem Sitz der neuen Firma. Je mehr Sie sich ganz bewusst mit der neuen Situation identifizieren, desto schneller werden Sie sich darin zurechtfinden.

Die Geschichte von Elisabetha: Heimweh

Vor einigen Jahren kam Elisabetha, eine Polin, wegen untröstlichen Heimwehs zu mir in die Beratung. Seit mehr als zehn Jahren wohne sie schon wegen des berufsbedingten Wechsels ihres Mannes in der Stadt, wolle aber »eigentlich« nur noch weg von hier, in ihr altes Haus mit Garten in ihrem Heimatort. Sie fahre häufig »nach Hause«. Ich konnte gut verstehen, dass man am Anfang von Düsseldorf nicht allzu begeistert sein kann. Ich fragte sie: »Haben Sie Ihren Personalausweis gesehen? Dort steht Düsseldorf als Ihr Wohnort.« Elisabetha schaute mich irritiert an, als ich sie aufforderte: »Können Sie sagen: ›Ich bin Düsseldorferin‹?«, und protestierte: »Nein, ich bin Polin!« Ich versuchte es noch einmal mit einem ausgeweiteten Vorschlag: »Sagen Sie sich und mir: ›Ich bin Düsseldorferin, geboren in Polen. Dort ist es sehr schön. Hier ist mir alles fremd. Nur den Nordpark liebe ich und den Stadtteil am Hafen mag ich sehr.‹« Sie machte das Experiment mit und fand Spaß daran. Nach diesem Anfang mit einer Identifikation als Bürgerin dieser Stadt ging es bergauf. Elisabetha bekam Lust, die Stadt zu erkunden, und nach einem Jahr kannte sie sich in der Stadt gut aus. Die Reisen nach Polen wurden weniger.

Beachten Sie:

Wenn Sie bemerken, dass Sie entweder zu viel grübeln und zu große Sehnsucht nach dem Alten haben oder dass Sie starke Reue über Ihren Änderungsschritt spüren, wenn Sie feststellen, dass Sie zum Beispiel in der neuen Stadt oder in der neuen Firma noch gar nicht angekommen sind oder wenn sich die Neugier auf die neue Situation nicht einstellen will und Sie sich nach einiger Einarbeitungszeit nur hinter Ihren neuen Aufgaben verkriechen, anstatt die neue Stadt oder neue Beziehungen zu erforschen oder zu pflegen, erst dann könnte es nach einiger Zeit ratsam sein, sich mit Freunden, vielleicht auch mit Fachleuten darüber zu besprechen, ob Sie wirklich die richtige Entscheidung getroffen haben, ob Ihr Veränderungsschritt vielleicht nur eine Zwischenlösung sein soll oder ob Sie kurz entschlossen alles rückgängig machen wollen. Denn Umkehren zu diesem Zeitpunkt ist keine Schande, wenn dies nicht aus Verzagtheit, sondern aus einem Entschluss erwachsen ist, was für Sie letztlich das Richtige sein kann. Kurskorrekturen sind manchmal notwendig. Sie sind kein Beinbruch.

Nicht alles gelingt beim ersten Versuch. Doch bleiben Sie der Handelnde, der die Verantwortung für seine Zukunft selbst in die Hand nimmt. Dann haben Sie auch selbst den Kompass und das Steuer in der Hand, um aus Ihrem Veränderungswillen und Ihrer Trennungskompetenz das Bestmögliche zu machen.

Denn: Eine aus Erfahrung erwachsene Veränderung hin zur Umkehr ist keine Niederlage, sondern kann für Sie ein notwendiger Weg sein, zu dem zu werden, der Sie sein wollen, mit allen Begrenzungen und allen Visionen.

Aber jetzt geht es weiter zu Schritt 3!

172 Teil 3: Das 4-Schritte Modell zur Veränderungskompetenz

Schritt 3: »Die Würfel sind gefallen, jetzt leg den Schalter um«

Die Beschäftigung mit den verschiedenen Möglichkeiten des Veränderns und die Gespräche mit Menschen in Ihrem Umfeld über Ihre Veränderungsgedanken waren vielfältig und anregend, manchmal auch anstrengend. Sie werden jetzt bemerken, dass die Phase des Auswählens in den Hintergrund zu treten beginnt.

Das für Sie einzig Richtige hat sich klarer herausgebildet und motiviert Sie immer stärker zur Entscheidung und zum baldigen konkreten Handeln. Ihre Aufbruchstimmung ist unübersehbar. Ihre innere Stimme sagt immer öfter: »Ich habe mich doch eigentlich schon längst entschieden! Ich habe schon gewählt!« Ihr inneres Wissen hat die ganze Zeit schon unbemerkt am Change-Prozess mitgearbeitet, hat Alternativen geprüft und verworfen und Sie bei der endgültigen Entscheidung für die jetzt folgenden Veränderungsschritte unterstützt.

Auch wenn man sich mit einer Entscheidung gelegentlich unsicher fühlen mag: Sich für etwas entschieden zu haben, heißt noch lange nicht, dass man sofort Nägel mit Köpfen machen und alles andere über den Haufen werfen muss. Es bedeutet auch nicht, dass man die neu gefasste Absicht umgehend in die Tat umsetzen muss. Den Zeitpunkt der Entscheidung und den Zeitpunkt, zu dem man handeln will, kann man zeitlich gut voneinander trennen. Sie haben es ja entschieden. Deshalb: Nehmen Sie sich Zeit und genießen Sie schon einmal den Gedanken daran, wie es sein könnte, das Ziel erreicht zu haben.

Aber schieben Sie es auch nicht zu lange auf. Seit Jahren kennen wir den Spruch des russischen Präsidenten Gorbatschow, der uns zum rechtzeitigen Zupacken im Alltag auffordert: »Wer zu spät kommt, den bestraft das Leben.« (Lesen Sie im Abschnitt »Stolpersteine und Hindernisse«, was möglicherweise auf Sie zukommen kann, wenn Sie zu lange zaudern.)

Aus Ihrer Erfahrung mit der Urlaubsplanung kennen Sie bestimmt das folgende Szenario: Wenn Sie nach längerem Abwägen schließlich einen Urlaubsort ausgewählt haben, beginnen Sie, sich auszumalen, wie Sie dort wohnen wollen und was Sie da erleben können. Haben Sie dann die Mühe der Internetsuche nach dem richtigen Ort und einem passenden Hotel endlich erfolgreich abgeschlossen, beginnen Sie, sich auf den Urlaub zu freuen. Aber plötzlich, vom Auswählen und Herumklicken schon ermüdet, müssen Sie erschreckt feststellen, dass zu Ihrer möglichen Reisezeit das ausgesuchte Hotel bereits voll belegt ist. Doch trotzdem verstärkt sich bei Ihnen der Wille: »Ich will aber genau dorthin«. Sie versuchen wahrscheinlich zunächst gar nicht, die zweitbeste Lösung zu finden, sondern ändern Ihre eigene Urlaubsplanung. Sie haben sich schon zu sehr darauf eingelassen, sich vorzustellen, wie es dort sein wird. Sie geben Ihr Ziel nicht auf und verschieben deshalb lieber Ihre Reisedaten so lange, bis diese zu dem gewählten Ziel passen.

So wie Sie es mit Ihren Reisezielen und einer dort praktizierten Flexibilität erlebt haben, so können Sie auch die Ziele für Ihre Beziehungskonstellationen flexibel gestalten und diese bei Bedarf den jeweiligen Erfordernissen entsprechend noch modifizieren. Daran denkt man oft nicht.

Doch im Alltag muss man nicht immer alles bis ins allerletzte Detail prüfen. Manchmal darf man auch einfach nach ausreichender Überlegung kurzentschlossen zupacken und andere Alternativen fallen lassen.

Beginnen Sie jetzt ganz bewusst, neue Muster einzuüben,

wenn Ihre alten Muster nicht mehr zielführend sind! Das klingt Ihnen zu einfach?

Übung macht den Meister. Deshalb möchte ich Sie wieder zu einer kleinen Übung einladen:

■ ■ ■ ÜBUNG   **Zukunftsvision: Was werde ich Neues erleben?**

Wenn Sie gerade einen Moment Zeit und Lust auf Entspannung und eine Fantasiereise haben, mit der Sie das hier Beschriebene erleben können, so setzen Sie sich in eine reale oder innerliche ruhige Ecke und folgen der Einladung. Andere möchten vielleicht zügig weiterlesen, wie es in Schritt 3 und mit den Beispielgeschichten weitergeht und lassen die Übung aus oder kommen später darauf zurück.

Konzentrieren Sie sich auf sich selbst und stellen Sie sich vor, Sie hätten alle Mühen Ihres kleinen oder großen Veränderungsprozesses hinter sich gebracht und alles wäre abgeschlossen (zum Beispiel Prüfung, Umzug, Arbeitssuche, Partnersuche oder Urlaubsplanung, Nichtraucher werden). Sie gehen mit Ihren Gedanken und Gefühlen in die Zukunft:

■ Wie werden Sie sich dann fühlen? Wie atmen Sie dann? Wie spüren Sie Ihren Körper?

■ Welche inneren Bilder tauchen auf? Vielleicht hören Sie auch einen Ton, eine Melodie, einen Rhythmus?

■ Auf welche Speisen hätten Sie am Ende dieses Prozesses Lust?

■ Mit wem würden Sie diese Gefühle am liebsten teilen?

■ Welcher Satz kommt Ihnen in den Sinn, den Sie sich selbst in diesem Moment sagen würden?

■ Und vielleicht können Sie sich schon vorstellen, zu wem Sie werden, im Sinne einer Identifikation, wenn Sie am Ende dieser Veränderung sind? ■ ■ ■

In Ihrem Veränderungsplan kann die bereits erwähnte Strategie, »die bewusste Identifikation« damit, »wer Sie bald sein werden«, wirken. (Lesen Sie im Kapitel über Identifikation und Introjekt nach.) Damit meine ich hier, dass Sie sich ganz bewusst und absichtsvoll eine Vorstellung von sich selbst mit der oben genannten Frage machen: »Wer werde ich in der neuen Situation sein?« Diese Vorstellung kann als treibende Kraft auf dem unbekannten Terrain wirken.

Das heißt zum Beispiel:

Wenn Sie in die neue Stadt B. umgezogen sind, sagen Sie sich am besten bereits vom ersten Tag an, an dem Sie dort angekommen sind: »Ich bin Berlinerin.« So wollte es auch Elisabetha in Schritt 2 üben. Auch wenn Sie sich mit dem neuen Ort noch nicht vertraut fühlen und noch gar nicht wissen, ob Sie dort länger bleiben möchten, sollten Sie das tun. Die neue Identifikation hilft Ihnen, sich selbst und die Stadt mit anderen Augen zu sehen und schneller mit ihr zu verschmelzen.

Die folgende Geschichte von Klara mag dem einen oder der anderen von Ihnen bekannt vorkommen, so als hätten Sie etwas Ähnliches bereits erlebt. Sie zeigt, dass Sie sich auch in Beziehungskrisen mit einer kleinen Veränderung entlasten können und wie sich eine dramatische »Stausituation« durch beherztes Zupacken in ein angenehmes Fließen auflösen kann.

Die Geschichte von Klara: »Was mache ich hier überhaupt?«

Klara, eine junge Frau, die in der IT-Branche arbeitet, lebt seit drei Jahren in einer Großstadt mit ihrem Freund zusammen und ist häufig beruflich unterwegs. Nach der Arbeit kommt sie oft spät nach Hause. Ihre Kontakte zu Freunden aus dem Studium und die Verbindung zur Familie halten die beiden meist nur noch durch Mails und am Telefon aufrecht, weil sie nach ihren Dienstreisen oft froh sind, allein ungestört zusammen zu Hause zu sein. Ihre Stadt erkunden sie nicht weiter, weder Klara allein noch die beiden zusammen als Paar. Es kommt ihnen manchmal so vor, als ob es kaum einen Unterschied machen würde, ob sie nun in Dublin oder in Dortmund leben würden. Denn sie gehen nicht vor die Tür und ihr soziales Leben spielt sich am Arbeitsplatz, zu Hause oder im virtuellen Raum des Internets ab.

Als die Beziehung leider zerbricht, zieht der Partner in seine Heimatstadt und Klara bleibt ratlos allein zurück. Wenn sie abends in die Wohnung kommt, fällt ihr die Decke auf den Kopf. Sie fühlt sich plötzlich wie gefangen. Wenn sie ihre privaten E-Mails checkt, bemerkt sie, dass ihre virtuellen Kontakte für ein soziales Leben nicht ausreichen. Im Internet herumzusurfen ersetzt ihr nicht das, was sie mit ihrem Freund erlebt hatte. Sie stellt fest, dass sie durch die vielen Jahre im Rückzug außerhalb des Jobs völlig ungeübt in sozialer Kommunikation geworden ist. Sie weiß nicht, wo und wie sie altersgemäße Kontakte finden könnte, in welchen Cafés der Stadt man entspannen oder mit Menschen kommunizieren könnte.

Aus ihrem Beruf ist sie gewöhnt, für Projekte klare Zielvorgaben zu erarbeiten, gegebenenfalls auch mit fachlicher Hilfe. Dementsprechend bucht sie für ihre private Not ein Kommunikationstraining. Bei dem Trainer kann sie ihre Wünsche und Defizite schnell herausfinden und weiß eines genau: sie muss und will endlich an dem Ort Wurzeln schlagen, an dem sie schon so lange wohnt, den sie aber überhaupt nicht wirklich kennt. Sie möchte Menschen treffen, die ihre »Kragenweite« haben. Auf die üblichen Internetkontakte hat sie gar keine Lust. Sie möchte sich auch gar nicht so schnell neu binden.

Nach einer kurzen Analyse ihrer Situation wird Klara aktiv. Sie hat ihre neue Strategie festgelegt. Es ist erstaunlich, wie schnell ihr Vorhaben gelingt, weil sie entschieden ist, etwas in eine vorher geplante Richtung zu verändern. Als sie erfährt, dass bei einem großen Kulturevent »Kulturscouts« gesucht werden, meldet sie sich an. Sie hofft, dort Menschen mit ähnlichen Interessen zu treffen und gleichzeitig in einem geschützten Rahmen mit neuen Kontakten experimentieren zu können. Denn die Vorstellung, dass sie plötzlich »auf freier Wildbahn« Bekannte suchen müsste, hatte sie sehr erschreckt.

Die Vorstellung, sich nach einer Trennung oder nach einer beruflichen Veränderung oder einem Umzug wieder um neue Kontakte mühen zu müssen, fürchten viele in einer solchen Situation. Das kann dazu verleiten, oft unbeweglich im Rückzug oder im Klagemodus zu verharren (siehe auch Abschnitt Stolpersteine und Hindernisse).

Klara hingegen fühlt sich als »Kulturscout« in einem festen Projekt sicher unter den unbekannten Gleichgesinnten und lernt, welche Schätze für Freizeitgestaltung und Kontaktanbahnung ihre Region zu bieten hat. Bislang hatte sie sich nicht besonders viel bewegt und ihre Stadt nicht gerade als ein Spaziergangs-Eldorado betrachtet. Sie wusste nichts von Cafés in großen Buchhandlungen, wo man lesen, allein sein oder auch jemanden ansprechen kann. Sie bekommt auch einen Hinweis auf eine Wandergruppe, und durch einen Link im Netz erfährt sie, dass die Umgebung eine vielseitige Natur bereithält, in der man seine Freizeit angenehm gestalten kann. Welche Überraschung! Seit vier Jahren lebt sie schon hier und hatte doch nie all die lebendigen Möglichkeiten wahrgenommen!
Zwar ist die Notwendigkeit zur Neuorientierung durch das Beenden ihrer Beziehung von außen über sie hereingebrochen. Aber ihren eigentlichen Veränderungsschritt vollzog sie mit der Identifikation: »Ich muss hier bleiben und möchte lernen, in dieser Stadt zu leben. Was brauche ich dazu?«

Wenn Sie aus Schritt 2 heraus den nächsten Schritt zum Handeln und zu Ihrer neuen Identifikation wagen, weitet sich Ihr Blick und Sie entdecken viele reale Möglichkeiten.

Manche von Ihnen werden diese Beispielgeschichten von gelingenden Veränderungen gern aufnehmen. Andere aber werden vielleicht einwenden, dass ihnen die beschriebenen Lösungen viel zu glatt erscheinen und dass man im Leben ja nicht immer nur mit dem Positiven rechnen kann. Aber warum eigentlich nicht?

Neue Kontakte zu knüpfen liegt meist ganz in Ihrer Hand und Ihrem zielstrebigen Handeln. Packen Sie es an in Schritt 3! Versuchen Sie zunächst, mit dem Schritt der »mentalen Identifikation« zu beginnen, der dazugehörige Handlungsschub kommt dann fast wie von selbst.

Sagen Sie sich zunächst, auch wenn es weh tut: »Ich bin wieder Single«, auch wenn Sie sich gerade erst getrennt haben. Auch dann, wenn Sie sich noch ab und zu nach der verlorenen Zweisamkeit zurücksehnen. Nur als »voll identifizierter« Single können Sie eine neue Beziehung zu jemand anderem eingehen. Diese bewusste und noch ungewohnte Identifikation mit Ihrem neuen Status wird Ihnen bald die Energie und Tatkraft geben, um Ihre Lage zu verbessern. Nur ein wirklicher Single kann zum Duo werden.

Wagen Sie es, sich mit dieser neuen Rolle anzufreunden. Keine Angst! Sie müssen nicht befürchten, dass Sie deshalb die noch verbliebenen guten Gedanken an Ihre vergangene Beziehung völlig aufgeben müssten! Sie können trotzdem noch bedauern, dass Sie diese Liebe nicht so leben konnten. Schließlich war diese Beziehung ein wichtiger Teil Ihres Lebens!

Nach einer Trennung aus einer Beziehung ist die Identifikation mit »Ich habe Liebeskummer« nur anfänglich und begrenzt eine Hilfe beim Übergang in eine andere Lebensform. Mit diesem Satz bleibt man zu sehr mit der vergangenen Beziehung verbunden und geht letztlich unbewusst davon aus, dass diese wieder heilen wird. Manche bleiben zu lange in der »Ich-habe-Liebeskummer-Identifikation« hängen. Im Team der inneren Ich-Anteile beginnt dann schnell wieder der »Selbst-Un-wert-Teil« das große Wort zu führen und zu versuchen, Ihr Selbstvertrauen nachhaltig zu erschüttern.

Für viele von uns gehört es zu den wichtigsten Lebenszielen, in einer guten Beziehung zu leben. Während dies manchen ganz einfach zu gelingen scheint, nehmen andere viele Anstrengungen für das Erreichen dieses Sehnsuchtsziels auf sich. In Frauenzeitschriften und in Bestseller-Romanen kann man immer wieder die neuesten Trends und Ratschläge zum Gelingen einer Beziehung lesen, zum Beispiel dass es sich »lohnt, um die Liebe zu kämpfen«.

Das manchmal zu tun ist heute vielleicht wichtiger denn je. In manchem Beziehungsalltag aber gibt es fruchtlose Kämpfe, die einem bei genauer Betrachtung aussichtslos erscheinen: Da gibt es Bemühungen um Verständnis bei dem anderen, wo man aber immer wieder vor verschlossenen Türen steht, wo man die Partnerin oder den Partner um mehr Aufmerksamkeit bittet oder um etwas mehr Respekt für die eigenen Pläne, und feststellen muss, dass die Bemühungen erfolglos bleiben.

Die Hoffnung, dass sich der andere irgendwann ändern wird, wenn ich nur lang genug durchhalte oder wenn ich nur nachsichtig und geduldig genug bin, ist selten von Erfolg gekrönt. Es gibt unendlich viele Möglichkeiten, wie ich mich selbst noch ändern und verändern könnte, um für den anderen »richtig« zu sein. Doch wann sage ich: »Jetzt ist Schluss. Mir fällt nichts mehr ein, was ich noch anders machen könnte«?

In einer solchen Dauer-Zwickmühle scheint es im »Hier und Jetzt« keine wirklich perfekte Lösung zu geben. Es drängt sich eher die Frage auf: »Will ich noch länger in einer solchen Situation leben?«, oder die Frage: »Bin ich bereit, ein Risiko einzugehen, um die Situation zu verändern oder diese sogar ernsthaft zu beenden?« steht im Raum.

Dass Sie eine sich immer wiederholende Problemsituation verändern, muss noch lange nicht heißen, dass Sie Ihre Beziehung beenden müssen, sondern es kann auch nur bedeuten, sich mit »Trennungskompetenz« von bestimmten eigenen »ungünstigen« Verhaltensmustern zu trennen, die unweigerlich immer wieder in eine negative Beziehungsschleife zu münden scheinen. Oft sind solche Verhaltensmuster zum Beispiel unrealistische Erwartungen an den Partner oder an eine Freundschaft, von deren Nichterfüllbarkeit unser inneres unwillkürliches Wissen schon längst überzeugt ist.

Ich erzähle Ihnen dazu hier etwas ausführlicher die Geschichte von Tanja, die sich lange, fast unter Selbstaufgabe, angestrengt hatte, ihre Partnerschaft zu retten, aber dann ein entschlossenes Handeln wagte.

Die Geschichte von Tanja (1): »Ich bin wieder Single«

Seit vielen Jahren bemüht sich Tanja, sich in ihrer Beziehung für ihren Partner »passend« zu machen, ja, sie beschreibt es sogar als »Abmühen«! Ständig »kämpfe« sie bei ihrem Freund um Anerkennung. Oft gebe es Streitereien. Vor der Begegnung mit Dirk hatte sie lange keine Partnerschaft gehabt und war so froh, endlich wieder abends nach Hause zu kommen, wo sie jemand erwartete. Natürlich hat Dirk sie nicht immer erwartet, sondern war oft mit seinen eigenen Dingen beschäftigt. Freunde beobachteten mit Sorge, dass ihre Tanja sich sehr verändert hat und nicht mehr so fröhlich ist, seit sie mit Dirk zusammen lebt. Irgendwie gibt dieser Lebensgefährte auch Rätsel auf. Die gemeinsamen Freunde bekommen ihn kaum zu Gesicht. Er sagt, er müsse sich von seinem anstrengenden Job allein entspannen. Hinter vorgehaltener Hand besprechen Tanjas Freunde, dass sie nicht mehr verstehen könnten, warum sie diese Beziehung führt. Trotz ihrer Klagen träumt sie aber andererseits beharrlich weiter von Familiengründung und einer gemeinsamen Zukunft mit Dirk. In ihrem Herzen ist sie ihm gegenüber sehr loyal.

Dann ruft Tanja völlig überraschend bei einer Freundin an und teilt ihr schnörkellos mit: »Ich bin wieder Single, kann ich heute bei dir übernachten?« Was für ein überstürzter Aufbruch, mag man meinen! Niemand hatte sich vorgestellt, dass sie Dirk so plötzlich verlassen wollte.

Bei genauerem Hinsehen aber stellt sich Tanjas vermeintliche Spontanaktion als Ergebnis eines lange vorbereiteten inneren Willensprozesses dar, während dessen sie bereits die drei ersten Schritte der Veränderung im Stillen und manchmal wie beiläufig für sich vollzogen hatte.

Die Freundin wollte aufgeregt von ihr wissen, was ihr denn einfiele bei dieser überstürzten »Extremtrennung«, mit dieser Nacht- und Nebelaktion. Schnell aber konnte sie verstehen, dass Tanjas Entschluss das Ergebnis einer seit längerem andauernden, fast unbewussten inneren Ablösung war. Der Auszug aus der gemeinsamen Wohnung verlief zügig und nach genauem Plan: wie und wann sie ihre Möbel ungehindert aus der Wohnung abholen würde, wie sie vorübergehend in die Einliegerwohnung einer Tante einziehen könnte und wie sie die dadurch entstandene Entfernung zum Arbeitsplatz effektiv überwinden könnte – all das hatte sie genau durchdacht.

Freundinnen und Familie wunderten sich, dass sie bereits nach 14 Tagen ihre neue Wohnung eingerichtet hatte, mit viel Energie und mit neuen Farben. Schon während dieser Aktion kamen Tanjas Fröhlichkeit und ihre Tatkraft zurück, mit der sie früher die anderen immer hatte faszinieren können. Nicht nur die neue Wohnung war sehr hell und klar eingerichtet, auch sich selbst gestaltete sie neu: Sie hatte ihre Haarfarbe und ihre Frisur verändert.

Irgendwie lugten hinter all ihrer Trauer, der Wut und dem Schmerz über das missglückte Beziehungskonzept und hinter den Tränen, die auch jetzt noch manchmal flossen, wieder ihre Verschmitztheit und ihr Humor hervor.

Mit dem Abschied von ihren sie unglücklich machenden Lebensumständen und durch eine Veränderung ihrer Identifikation in ein »Ich bin wieder Single!« anstatt »Ich habe Liebeskummer« haben sich nach und nach auch ihre Gefühlsqualitäten verändert. Tanja hat ihre Trauer nicht verdrängt, sondern in den aktuellen Alltag integriert.

Zögern Sie nicht, eine neue Identifikation wie »Ich bin wieder Single« oder »Ich bin jetzt Single« zu erproben. Probieren Sie die verschiedenen neuen Identifikationen an wie ein Sommerkleid oder wie eine Jacke und spüren Sie nach, ob Sie sich darin wohl fühlen, ob sie zu Ihnen passt oder nicht, oder ob Sie einfach noch ein bisschen länger überlegen wollen, wer Sie sind und sein wollen.

Sich absichtsvoll und ganz bewusst als »Single« zu identifizieren und sich öffentlich zu outen hilft auch dann, wenn die bisherige Beziehung noch nicht endgültig beendet ist. Sie werden neue Seiten an sich entdecken, neuen Mut fassen, Selbstbewusstsein ausstrahlen. Kurzum, Sie werden für sich selbst und für andere attraktiv erscheinen, es sei denn, Sie tun das in der Absicht eines Heiratsschwindlers!

Scheuen Sie sich nicht, bei diesem Schritt 3 gelegentlich auch eine bewusste »Überidentifikation« mit dem neuen Vorhaben, mit der neuen Rolle zuzulassen! Dies liegt in der Natur der Sache und ist nützlich für einen raschen und erfolgreichen Veränderungsprozess!

Sie kennen das: Wenn man für sich etwas Neues entdeckt oder sich dafür entschieden hat, ist man oft so begeistert davon, dass man seinen Freunden immer wieder davon berichtet und die Begeisterung über die Vorzüge eines neuen Sports, eines neuen Smartphones, des neuen Wagens oder der neuen Liebe mit ihnen teilen möchte. Das haben Sie sicher schon selbst oft erlebt und getan. Denken Sie nur an die schwärmerischen, endlos scheinenden Berichte frisch Verliebter in Ihrem Bekanntenkreis!

In Schritt 3 beginnt man mit aller Energie, sich mit dem Neuen, dem Gewählten einzurichten, sich darin zurechtzufinden, es immer mehr in seinen Tagesablauf einzugliedern und in seinem Selbstbild zu verankern, zum Beispiel Neubürger in einer Stadt oder neue Leiterin einer Abteilung zu sein.

Die Gefühle, die diese dritte Phase begleiten, sind intensiv und manchmal erlebt man sie auch widersprüchlich. Alles ist noch ganz fremd und aufregend. So ist man einmal in freudiger Erregung bei den Gedanken an das neue Glück oder an den neuen Job, dann wieder voller Ängstlichkeit und Zögern.

Ob Sie ein neues Projekt oder eine Reise planen, ob Sie ein Buch schreiben, ob Sie ein neues Handy haben oder ein spannendes PC-Programm lernen, ob Sie einen jungen Hund bekommen oder gerade schmerzlich getrennt oder frisch verliebt sind: Es wirkt als Zauberformel, wenn Sie sich ganz mit dem Neuen identifizieren, bis es durch Erfahrung zu einem Teil Ihrer Identität und Ihres Tagesablaufs geworden ist, so, wie es der bekannte Ausspruch des griechischen Philosophen Pindar beschreibt: »Werde, der du bist.« Und zwar immer wieder von Neuem.

CHECK-UP UND GEDANKENSPIELE

Wo stehe ich in meinem Veränderungsprozess am Ende dieses dritten Schritts?

Woran Sie selbst bemerken können, dass Sie diese Phase erfolgreich abgeschlossen haben:

- Eine vielfältige Gefühlspalette verschiedener, vorwiegend angenehmer Gefühle ist spürbar, zum Beispiel, dass Sie gelegentlich stolz darauf sind, einen ungewöhnlichen Schritt gewagt zu haben, der längst fällig war, zu dem aber auch Mut gehörte, oder

- wenn Sie Erleichterung empfinden, etwas abgeschlossen zu haben und Sie feststellen, dass sich nach all den Mühen eine Zufriedenheit mit Ihnen selbst oder sogar Übermut einstellt.

- Sie sind bei Schritt 3 mit Ihren Entscheidungen zum Abschluss gekommen und mit sich und Ihrer Vorstellung von der neuen Situation handelseinig geworden. Sie setzen jetzt alle Kräfte dafür ein und entfesseln zunehmend ungeahnte Energien. Alles fließt. Alles geht plötzlich wie von selbst! Sei es, endlich die Bewerbungen zu schreiben oder einen Vortrag zu halten oder sich bei einer Partnerbörse im Internet anzumelden oder seine Ideen am Arbeitsplatz umzusetzen oder die Probleme in der Partnerschaft zu lösen. Alles scheint neu und bewegend und irgendwie stimmig.

- Nur noch ganz selten kommen Gedanken an den zurückliegenden Wahlprozess auf. Sie sind im Kontakt mit sich und Ihren neuen Vorhaben und wissen, welchen Weg Sie zurückgelegt haben.

Vielleicht sind Sie neugierig, wie es mit der Geschichte von Michaela aus Phase 2 weitergegangen ist:

Die Geschichte von Michaela (3): »Ich mach das jetzt!«

Michaelas Mann und die Tochter nehmen die Idee ihrer geplanten Auszeit ganz anders auf als ihr Chef. Die zu Hause gebliebene Tochter ist begeistert, plant in ihren Semesterferien einen Besuch bei Mutter und Schwester in Australien. Ihr Mann ist im Augenblick mit dem Aufbau einer Zweigstelle so beschäftigt, dass er sich sogar eine Entlastung von Familienpflichten und mehr Energie für sein neues Geschäftsvorhaben verspricht. In der Familie entstehen verschiedene Modelle: Man könnte ja zunächst einmal mit Ferien in Australien beginnen, um zu prüfen, ob Michaela wirklich im Camp ihrer Tochter arbeiten kann und will.

Offenbar bringt Michaelas Veränderungsplan bei allen anderen Familienmitgliedern auch neue Energien zum Fließen. Sie traut sich zu, den Schritt einfach zu unternehmen, wohlwissend, dass sie dafür etwas mehr Mut brauchen wird als für eine Reise an die Nordsee.

So füllt sie schließlich ihren Antrag auf Freistellung aus, gibt ihn fristgerecht ab und registriert mit einer gewissen Genugtuung die Überraschung ihres Chefs. Der sagt ihr, dass er sie eigentlich dringend brauche, aber ihrem Vorhaben nicht im Weg stehen will. Innerlich beruhigt sich Michaela damit, dass es sowieso noch ein paar Monate dauern wird, bis ihre Auszeit wirklich beginnt.

Natürlich bekommt sie immer wieder Angst vor der eigenen Courage. Was ist ihr denn da eingefallen, fragen ihre inneren Stimmen. Längst vergessene Ich-Anteile ihres inneren Teams mischen sich in ihren inneren Dialog ein. Da gibt es die »wilden Ausreißer«, die jubeln, dass Michaela endlich etwas Neues unternehmen will. Ihre jugendlichen Ich-Anteile, die lange Zeit durch die Doppelbelastung in der Familienphase gebändigt waren, treten plötzlich auf den Plan: »Das wird wunderbar! Australien! Da wolltest du doch als Studentin schon hin. Endlich!« Andere innere Stimmen, darunter auch die üblichen Miesmacher, mischen sich mit massiven Bedenken ein: »Glaubst du denn, die werden dich nachher wirklich – wie versprochen – am gleichen Arbeitsplatz wieder einsetzen? Und dein Mann? Das meint er doch nicht ehrlich! Sagt er nicht einfach ›Ja‹, weil er dich während dieser Zeit nicht wirklich brauchen kann?«

Michaela erlebt ein Wechselbad der Gefühle. In dieser Zeit verändern sich zusehends auch ihre Schwerpunkte am Arbeitsplatz und in der Familie. Es kommt ihr gar nicht mehr so bedrückend vor, morgens zur Arbeit zu gehen, wenn sie sich vorstellt, dass sie im Winter auf der sonnigen Halbkugel dieser Erde sein wird.

An dieser Stelle des Prozesses droht Michaela die Gefahr des Steckenbleibens und des Rückzugs. Zum Beispiel hätte sie weiterhin prüfen und planen und den Einwänden gegen eine so lange Abwesenheit vom Arbeitsplatz nachgeben können. Sie hätte sich dafür kritisieren können, dass sie sich jetzt, in ihrem Alter, nach solchen »Eskapaden« sehnt.

Der innere Kritiker schwingt sein Zepter: »Musst du so was wirklich noch machen? Hast du dir wirklich überlegt, wohin das alles führen soll?« Wenn sie solchen Einwänden mehr Aufmerksamkeit geschenkt hätte, wäre sie sicher nicht ins Flugzeug gestiegen. Manchmal aber wirkt die Umwelt bei unseren Entscheidungen unterstützend mit, wie in Michaelas Fall: Ihre Töchter versorgen sie mit dem letzten notwendigen Schub: »Mama, es ist alles gebucht. Wir holen dich ab.«

Wenn man nach längerem Prüfen der Entscheidungsprozesse des Veränderns und Trennens bereits so deutlich in die Phase des aktiven Handelns gerückt ist, gibt es ein interessantes Phänomen, das man oft nicht bedenkt: Unabhängig davon, ob man sich nun auf den Weg macht oder ob man sich entscheidet, doch noch Abstand von seinem Plan zu nehmen: man kann jetzt nicht mehr einfach zurückrudern, als sei nichts geschehen, weil man sich bereits so deutlich bei allen geoutet hat. In jedem Fall bleibt die Verantwortung für die sich ergebenden Konsequenzen.

Es kann zu diesem Zeitpunkt nicht folgenlos bleiben, wenn Sie Ihre bereits so weit entwickelten Pläne und Absichten nicht verwirklichen, und sei es auch aus guten Gründen. Sie müssen jetzt aktiv handeln, vorwärts oder rückwärts.

Auch dieser Prozess verankert sich in unserem inneren Wissen als Erfahrung von Vorwärtsgehen oder von aktivem Zurückrudern und bildet jeweils neue Ressourcen für weiteres Entscheiden und aktives Handeln in der Zukunft.

Beim dritten Schritt der Veränderung wird die Identifikation mit dem Gewählten stärker und spürbarer zum Antriebsmotor in die neue Richtung.

Michaela gibt in ihrem Umfeld inzwischen zum Teil stolz, manchmal noch zögerlich und manchmal auch wie noch übend bekannt: »Ich gehe für ein halbes Jahr nach Australien.« Oder: »Ich nehme eine Auszeit und gehe für sechs Monate nach Australien.«

Unser inneres oder unwillkürliches Wissen sagt jetzt zu allem, was wir uns selbst sagen, »Ja«. Es speichert diese Ja-Erfahrung und bringt sie dann in positivem Körpergefühl oder in unseren Handlungen zum Ausdruck.[28]

Michaela packt die Koffer. Ihr Mann ist inzwischen auch von ihren Veränderungsideen angesteckt. Sie beschließen, in den Wochen vor der Abreise die Wohnung nach dem Auszug der beiden Töchter endlich neu aufzuteilen und für jeden Elternteil neue Bereiche einzurichten. So bereitet Michaela im Weggehen schon den Neustart für ihre Rückkehr vor.

Stolpersteine und Hindernisse in Schritt 3
Die zunehmende emotionale Energie im Prozess der Veränderung bei Schritt 3 kann manchen Menschen Angst machen. Dann besteht die Gefahr, dass Sie sich wieder zu sehr an den Anforderungen von außen orientieren, um sich durch die Ratschläge von anderen verstärkt Sicherheit einzuholen.

- So könnten Sie zum Beispiel besonders solche Menschen in Ihrer Umgebung um ihre Meinung befragen, die Sie in Ihrem Tatendrang eher bremsen und die sowieso unkend Bedenken äußern und überall nur das Hinderliche sehen, den nächsten Schritt doch lieber nicht zu machen.
- Sie könnten trotz Ihres sicheren Wissens über die positiven Auswirkungen Ihres Entschlusses einfach davor zurückschrecken, weiterzugehen. Das ist keine ungewöhnliche Reaktion und auch ganz in Ordnung.
- Sie könnten sich auch für eine kurze Zeit ein Zögern erlauben und es vielleicht auch freundlich eine »Ehrenrunde« nennen (s. o.). Sie wissen ja: Sie haben immer die Verantwortung für Ihr Handeln, auch für Ihr Zögern oder für den Abbruch einer Aktion. Sie werden Ihre Suppe letztlich selbst auslöffeln. Dies zu vergessen, kann ein weiterer Stolperstein werden, der Spätfolgen verursachen kann, wenn Sie zum Beispiel nicht berücksichtigen, dass Sie selbst dann, wenn Sie nicht handeln oder nichts verändern die Konsequenzen für das Nicht-Tun und seine Folgen erleiden müssen.

Vielen mag das Festhalten am Gewohnten als einfacher erscheinen, weil man das als eine gängige Verdrängungsstrategie aus dem Alltag kennt. Folgt man aber gewohnheitsmäßig dieser bequemen Strategie des Aufschiebens und Verdrängens, können sich daraus sogar unerwünschte psychosomatische Reaktionen entwickeln, wie etwa schlechte Stimmung, eine zunehmende Erschöpfung, Schlafstörungen, diffuse Schmerzen vielerlei Art wie Kopf- und Gliederschmerzen oder Schmerzen, deren Ursache auch durch sorgfältigste Arztbesuche nicht ergründet werden können. Wenn eine derartige Verdrängung zu lange andauert, machen sich eventuell auch depressive Verstimmungen bemerkbar oder gar das, was man inzwischen manchmal als eine Seite eines Burn-outs beschreibt: Lähmung und Antriebslosigkeit, quasi als Ergebnis aufgeschobener Veränderungs- und Trennungskompetenz.

Prüfen Sie hier, ob Sie bereit sind, in die nächste Phase zu gehen. Oder folgen Sie eher kurz vor dem Zupacken dem »Angsthasenmodell« und sitzen die Situation lieber aus, die nach Veränderung ruft, und hoffen darauf, dass die anderen sich ändern oder dass es an Ihnen vorüberzieht? Oder flüchten Sie gar aus Ihrem Umfeld, das Änderung verlangt, wie der oft zitierte Mann, der vorgibt, nur schnell zum Zigarettenholen zu gehen und nicht mehr nach Hause zurückkehrt?

Was sich beim Übergang von Schritt 3 zu Schritt 4 zu beachten lohnt

Inzwischen haben Sie sich längst mit den neuen Gegebenheiten vertraut gemacht, mit den Menschen und Möglichkeiten in Ihrem neuen Umfeld. Sie haben sich in der neuen Situation eingerichtet und stehen weitgehend oder sogar völlig zu Ihren gefassten Entschlüssen und Handlungsschritten. Sie sind ganz im Fluss mit dem Neuen und seinen Begleitumständen und

sind eingetaucht in den immer reibungsloser werdenden täglichen Ablauf. Sie bemerken ein gutes, zufriedenes Gefühl zu
dem, was Sie bisher erreicht haben und sind sich klar darüber,
womit Sie sich durch die Wahl dieser Möglichkeit auseinandersetzen müssen. Inzwischen können Sie vielleicht auch schon
klar erkennen, was Sie bald in vollen Zügen genießen können.
War bisher der neue Alltag noch von Erforschen, Hektik, dem
Kennenlernen von Neuem und Einrichten geprägt, taucht in
dieser Phase immer häufiger das Gefühl auf: »Ja, das ist meins«
oder »Das wird mein Zuhause« oder »Das gehört jetzt zu mir«.

Jetzt können Sie sich ab und zu einen Moment Zeit nehmen,
um darüber nachzudenken, wer Sie inzwischen geworden sind,
wie Sie sich verändert haben. Ihr emotionaler Ausdruck und
Ihre soziale Kommunikation haben vielleicht neue Formen gefunden. Manchmal denken Sie an früher. Nicht sehnsüchtig,
nicht schmerzlich, vielleicht eher verständnisvoll mit sich
selbst, schmunzelnd oder belustigt. Sie können von der schönen vergangenen Zeit reden und auch darüber, was vor Ihrer
Veränderung nicht mehr gut war. Sie finden die Zeit, um früheren Freunden oder Bekannten endlich eine E-Mail oder sogar einen Brief zu schreiben, oder Sie kündigen nach langer
Zeit mal wieder einen längst versprochenen Besuch an. Sie
möchten inzwischen ja auch den anderen zeigen, was Sie aus
Ihrem Leben gemacht haben, und vielleicht durch diese Gespräche und Rückmeldungen erkennen, wer Sie inzwischen geworden sind und was sich alles verändert hat.

Kurzum, das, was Sie wie im Flug, manchmal schmerzlich
oder mühevoll, manchmal voller Freude und leicht in Ihrem
Veränderungsprozess erlebt haben, ist schließlich in Ihrem
Selbstbewusstsein angekommen. Der größte Teil dessen, was
Sie in diesem Prozess erlebt haben, ob er nun lang oder nur
kurz gedauert hat, war nicht unbedingt nur ein bewusster Vorgang. Sie haben es manchmal gar nicht besonders bemerkt,

wie Sie plötzlich ganz andere Gewohnheiten übernommen haben, anders mit den Leuten reden, sich anders kleiden, Ihre Wohnung anders einrichten, ja plötzlich sogar andere Gerichte zu sich nehmen, die Sie früher eher nicht essen mochten. Oft erst im Gespräch und im Kontakt mit den Menschen aus »uralten Zeiten« wird Ihnen bewusst, zu wem Sie sich inzwischen verwandelt haben.

Nun heißt es, diese neue Person in Ihnen zur Entfaltung zu bringen und Ihre neuen Lebensumstände weiter auszugestalten, bis dann irgendwann der Tag kommt, an dem unvermeidlich eine nächste Veränderung ansteht. Diesmal mit der inzwischen gewonnenen Fähigkeit, sich auf Neues kompetenter einzulassen als zuvor.

Jetzt ist der Zeitpunkt gekommen, um erst einmal innerlich zur Ruhe zu kommen und Ihre eigene Mitte zu genießen! Vor allem aber mit Ihrer Umgebung und den Menschen darin einen lebendigen Austausch zu entwickeln, der Ihren Alltag bereichert, Ihr Selbstbild erweitert und Sie innerlich zu sich sagen lässt: »Die Mühe hat sich wirklich gelohnt.«

Schritt 4: »Ich habe es gemacht!« – Verarbeiten, sichern und Wurzeln schlagen

Inzwischen ist das Neue, Ihre Veränderung, zu einem festen Bestandteil Ihres Denkens und Fühlens und zu einem weiteren Teil Ihrer Ich-Anteile geworden. Die Mitglieder Ihres inneren Teams setzen sich mit dem neu Hinzugekommenen auseinander. Manche Ich-Anteile treten dadurch mehr in den Vordergrund als zuvor, andere dagegen ziehen sich in den Hintergrund zurück. Jetzt beginnt die Phase des inneren Verarbeitens, des Abspeicherns der neuen Erfahrungen während des Veränderungsprozesses und des Einrichtens in der neuen Situation in Ihrem Erfahrungsgedächtnis.

Wundern Sie sich nicht. Nicht selten tauchen am Ende des vierphasigen Veränderungszyklus, ob er lange oder kurz andauert, Gefühle von Dankbarkeit auf. Das gelegentliche Auftreten dieses Gefühls ist Folge der inneren Entspannung nach der Anstrengung der entschlossenen Tat. Sie beginnen, an Ihre Mitstreiter, Unterstützer und an manche glücklichen Umstände zu denken, und Sie beginnen auch, dem Zusammenspiel Ihrer verschiedenen inneren Ich-Anteile und sich selbst gegenüber Dankbarkeit zu empfinden, dass sie sich diesmal nicht gegenseitig blockiert, sondern unterstützt haben. Welch ein tolles inneres Team hat den Schritt zur Veränderung gemacht und Erfolg gehabt! Grund genug zum Danken und Würdigen.

Die Erinnerungen an all die Mühe der zurückliegenden Anstrengungen verblassen und kommen nur noch gelegentlich ins Bewusstsein. Sie verwandeln sich quasi zu Ihrer Geschichte, eine Geschichte, von der Sie vielleicht bald voller Stolz erzählen werden.

Ist es nicht beglückend, wenn Sie nach einer Bergwanderung und nach dem mühseligen Aufstieg zum Gipfel kurz vor dem Ziel sind und schon den weiten Blick als Belohnung für die Mühen vorausahnen können? Nicht nur beim Bergwandern, sondern auch bei großen und kleinen Veränderungen sind auftauchende Glücksgefühle die angenehmen Begleiterscheinungen des Gelingens, und sie sind die Belohnung dafür, dass man erreicht hat, wofür man sich angestrengt und viel riskiert hat. Denken Sie zum Beispiel an die harten Zeiten des Verzichts, als Sie sich auf eine Prüfung vorbereitet haben oder ein Projekt zum Abschluss bringen mussten!

Man kann sogar bemerken, dass man sich selbst zu verzeihen beginnt, was man den anderen und sich selbst mit dem Veränderungsschritt zugemutet hat. Anfängliche Zweifel und eine manchmal auftretende Reue nach einer Veränderung wie: »Ach, hätte ich nur nicht …« können sich bei diesem Schritt in dieser Phase in neue Energie umwandeln: in Freude am Neuen, in Ideen für die Bewältigung der neuen Situation oder in wertschätzende Gedanken an die positiven Auswirkungen Ihrer Entscheidung. Oder in alles auf einmal.

Vielleicht kennen Sie noch die Geschichte von Lots Frau aus dem Alten Testament, die auf Geheiß des Gottes Jahwe zusammen mit ihrem Ehemann und ihrer Familie die Städte Sodom und Gomorra verlassen sollte, weil Gott vorhatte, diese wegen ihrer Sündhaftigkeit zu zerstören. Da Gott die Familie von Lot retten wollte, gab er ihnen einen Rat mit auf den Weg: »Wenn ihr geht, dreht euch nicht um.« Wenn Sie diese alten Geschichten kennen, wissen Sie vielleicht, dass Lots Frau der Versuchung nicht widerstehen konnte, zurückzublicken: Sie drehte sich nach der brennenden Stadt um und erstarrte für immer zur Salzsäule.

Diese Metapher will aber nicht etwa die Strafe für weibliche Neugier beschreiben, sondern darüber belehren, dass man beim Trennen und Verändern den Blick in Richtung auf das Neue richten soll, nicht zurück auf die notwendige Zerstörung des Alten. Diese Geschichte gibt einen wichtigen Hinweis zu Schwierigkeiten im Veränderungsprozess. Wenn ich einmal die Entscheidung getroffen habe, etwas zu verändern, mich aber wieder von den alten Dingen erfassen oder ängstigen lasse, kann es leicht passieren, dass meine Aufbruchsenergie im Hier und Jetzt verkrustet.

Im Alltagsleben hat ein solches Zurückblicken natürlich nicht ganz so tragische Folgen wie in der Geschichte aus dem Alten Testament. Meistens gibt es noch eine weitere Chance: Man kann eine »Ehrenrunde« drehen. Man kann einfach den ganzen Weg noch einmal von vorne beginnen und »Zurück auf Los« wie beim Spiel »Mensch ärgere Dich nicht« ziehen (siehe Geschichte »Zurück auf Anfang«).

Im vierten Schritt wird das Neue zum gewohnten Teil Ihrer Erfahrung und Ihres Selbst. Die Interaktionen zwischen Wahrnehmen, Fühlen, Handeln und Ruhen, Abgrenzen und Verbinden sind jetzt einfach und fließend geworden. Das, was bereits Teil Ihrer Erfahrung war und das, was neu entdeckt wurde und sich neu erfindet, geht Hand in Hand. Es braucht keine besondere Willensanstrengung mehr.

In dieser Phase erleben Sie den Übergang von der Vergangenheit ins Hier und Jetzt. Und da gibt es besondere Momente der Zufriedenheit!

Das innere Verarbeiten des Vergangenen ist abgeschlossen und drängt Sie bald wieder zu neuen Taten, zum nächsten Schritt. Erinnern Sie sich an die Geschichte von Tanja aus Schritt 3.

Die Geschichte von Tanja (2): »Es hat geklappt«

Tanja wird nach ihrer Trennung von Dirk wieder kreativer und unternehmungslustiger. Ihre Ich-Anteile, die durch den einschränkenden Umgang mit sich selbst und dem als schwierig erlebten Partner in den Hintergrund gedrängt worden waren, sind wieder zum Vorschein gekommen und bereichern ihren Alltag. Als sie ihre neue Wohnung eingerichtet hat und die Wunden der Trennung verheilt sind, macht sie sich auf den Weg, sich neu zu orientieren. Sie lebt jetzt einen entspannteren Alltag, erinnert sich an ihre Begeisterung für Musik und geht endlich wieder auf Konzerte.

Eine Freundin nimmt sie mit zu einem Leichtathletikverein. Tanja war zwar immer sehr sportlich, aber sie ist komplett aus der Übung. Sie trainiert wieder mehrfach die Woche, wird durch ihre fröhliche Art oft zum Mittelpunkt, wenn sie mit neuen Bekannten abends nach dem Training noch zusammensitzt. Wen wundert es, dass sich bald ein Sportkollege für sie interessiert. Das ist sie gar nicht mehr gewöhnt! Nach erster Irritation darüber entschließt sie sich, einfach mal jemand direkt auf sich zukommen zu lassen. Ich erzähle hier keine Märchen: Tanja hat inzwischen Nägel mit Köpfen gemacht. Mit Torsten, dem »Neuen«, ist plötzlich alles ganz einfach: Sie kann mit ihm ihre Freizeit planen, sie entdecken einen gemeinsamen Musikgeschmack. Es dauert nicht lange, bis Torsten mit Tanja einen gemeinsamen Urlaub unternimmt. Bereits wenige Wochen später ziehen sie zusammen. Wenn ich sie recht verstanden habe, denken sie jetzt sogar noch an eine späte Familienplanung.

Fragt man Tanja, wie alles so gekommen ist, gibt sie eine überraschende Antwort. Nicht etwa, dass es vielleicht das Schicksal war oder der Zufall, sondern sie sagt: »Ich habe mich zum ersten Mal gefragt, was ich will. Nach meinem eigenen Willen, den ich bislang nicht verfolgt habe, aus welchen Ängsten auch immer oder aus Verwischen meiner eigenen Ziele. Ich habe wie ein Kaninchen vor der Schlange immer auf den anderen geguckt. Als ich ausgezogen war, hatte ich nur im Kopf, dass ich die Situation so nicht mehr länger ertragen kann und ich erst einmal eine Distanz zwischen mich und meinen damaligen Freund bringen musste. Dann kam Schritt für Schritt eins nach dem anderen. In der Distanz bin ich mir selbst wieder wichtig geworden. Ich habe mich mit meinen Wünschen auseinandergesetzt und mir wurde klar, dass ich Gas geben muss, wenn ich noch einmal eine Familie haben möchte. Und zwar nicht dadurch, dass ich mit Männern unverbindlich unterwegs bin, sondern dadurch, dass ich mich erst einmal um mich selbst kümmere, meine Bedürfnisse entdecke und pflege und im richtigen Moment meine Augen aufmache. Und Sie sehen, es hat geklappt! Ich bin schlank und fit und werde geliebt! Und es ist selbstverständlich, dass ich mich auf Torsten verlassen kann und nicht um Anerkennung betteln muss.«

Jetzt ist der Moment, um zu überprüfen, welche Veränderungsschritte Sie bereits erfolgreich in den verschiedenen »Feldern des Veränderns« (siehe Kapitel »Verändern ist überall«) durchgeführt haben. Das ist kein nostalgischer Rückblick in Ihre Vergangenheit, sondern eine Würdigung Ihrer Selbst und Ihrer neuen Umgebung.

So können Sie sich jetzt zu Ihren jeweiligen Lebensbereichen fragen:

- Im Verhältnis zu sich selbst: Wie gefallen Sie sich in Ihrer neuen Haut und in Ihrer neuen Umgebung?
- Wie sehen Sie sich heute, wenn Sie in den Spiegel blicken oder was denken Sie jetzt über sich und wie bewerten Sie sich selbst? Hoffentlich positiv!
- Was liegt hinter Ihnen und wie haben Sie die Veränderung bewältigt?
- Stellen Sie fest, welche Potenziale und welche neuen Perspektiven diese Person hat, die Sie selbst in diesem Prozess geworden sind!

Bei Veränderungen, die Sie in Beziehungen vorgenommen haben, können Sie näher betrachten:

- Hat sich Ihr Bild von sich selbst oder von Ihrem Partner oder Ihrer Partnerin inzwischen geändert und wie hat sich das auf Ihr Verhalten zueinander innerhalb der Beziehung ausgewirkt?
- Was haben Sie dazugewonnen?
- Vielleicht stellen Sie fest, dass sich Ihr Selbstbild positiv verändert hat, nachdem Sie sich aus überlebten Beziehungsmustern oder Erwartungsmustern befreit haben.

Tanja zum Beispiel hat aufgehört, sich ständig selbst dafür zu kritisieren, dass sie zu »langweilig« für den anderen sein könnte und überprüft inzwischen lieber, was sie selbst als langweilig empfindet. Das nimmt sie dann als ein Signal, um sich bewusster um sich selbst zu kümmern.

Bei Veränderungen im sozialen Feld verschiebt sich der Fokus auf die neue Wahrnehmung der Umwelt:

- Sie werden vielleicht darauf aufmerksam, wie in letzter Zeit Ihre Freunde, Ihre Familie auf Sie reagieren und wie Ihr eigenes Verhalten nach einem bewältigten Konflikt anders geworden ist. Dass zum Beispiel ein Kind fröhlicher, ruhiger oder vertrauensvoller wird, wenn sich in der Paarbeziehung etwas ändert.
- Sie bemerken vielleicht am Arbeitsplatz, wie sich Ihre Sicht auf die Firma, auf die Mitarbeiter, auf Ihr Engagement, auf Ihre Arbeitszeit und Ihre Freizeit mit verändern, wenn Sie in eine Leitungsfunktion aufsteigen.

Viele Veränderungen, die wir vornehmen, werden uns selbst nicht gleich bewusst. Oft zeigt erst die Reaktion von anderen auf uns, dass sich etwas an uns verändert hat.

Manche Veränderungen kommen aber ganz ungeplant und überraschend oder schleichend und geschehen auf vielen verschiedenen Ebenen, zum Beispiel auf der Ebene einer Neuidentifikation, die ausgelöst wurde durch eine Veränderung des sozialen Umfeldes, der Mode, der Freizeitvorlieben oder durch eine Veränderung der eigenen Lebensphilosophie: Oft haben sie überraschende Folgen.

Sehen Sie dazu die Geschichte von Laura:

Die Geschichte von Laura: »Ich möchte plötzlich Spießer werden«

Ich kenne Laura aus der Zeit, als sie eine beruflich vielseitig interessierte junge Frau war, ständig mit einem Bein im Flugzeug und immer von einem Kongress zum anderen reisend und stets ihre Karriere im Sinn. Sie kleidete sich damals fast noch wie ein Girlie, pflegte einen sehr legeren Jargon. Wenn sie mit ihren Freundinnen zusammen war, ihren »Mädels«, wirkten sie eigentlich eher wie eine Gruppe junger Studentinnen, die sich um ihre Lebensbewältigung noch keine Sorgen machen müssen, und nicht wie Jungmanagerinnen auf Erfolgskurs. Im Hintergrund kümmerten sich auch die Eltern darum, dass es ihren Sprösslingen an keiner »Entwicklungschance« fehlte. Nach längerer Zeit treffe ich Laura zufällig auf der Straße und erkenne sie kaum wieder. Sie schiebt einen eleganten Sportkinderwagen, in dem ein fröhlicher Junge sitzt. Sie selbst wirkt ruhig, ist wie früher modisch gekleidet, allerdings ein bisschen konservativ für eine 30-jährige Frau. Wir kommen ins Gespräch und sie erklärt: »Ich habe früher so etwas wie eine ›Helikopterbetreuung‹ genossen, einen Rundum-Vollservice und bin in einem kleinen Girlie-Schlaraffenland groß geworden, wie man das heute so nennt.«

Freizeitunternehmungen hätten bei ihr immer auch etwas von großem Abenteuer gehabt. Sie mochte zum Beispiel sehr gerne Motocross-Rennen und sei dafür mit den Freunden und ihren jeweiligen Partnern auch durch halb Europa geflogen. Irgendwann sei ihr dann in den Sinn gekommen, es sei jetzt eigentlich eine gute Zeit, um ein Kind zu bekommen und eine Familie zu gründen. Sie hätte sich dabei gar nicht klar gemacht, wie diese neue Identität, nämlich Mutter zu sein, auf vielen Ebenen ihr Leben verändern könnte.[29]

Inzwischen achte sie nicht mehr so darauf, immer nur im neuesten Trend gekleidet zu sein, sondern lege Wert auf bequeme Sachen, worüber sie mit ihren Freundinnen früher oft abschätzig gespöttelt hatte. Ihre sozialen Beziehungen hätten sich fast alle verändert. Plötzlich fühle sie wieder sehr viel mehr Nähe zu ihren Eltern und der Schwiegermutter. Mit ihrem Partner könne sie inzwischen auch sehr viel mehr teilen und erlebe ihn nicht mehr wie »von einem fremden Stern«. Auch die Kontakte zu den Freundinnen hätten sich sehr verändert. Vor allem zu den Freundinnen, die keine Kinder hätten. Man fände nicht mehr so viele gemeinsame Themen (siehe auch Kapitel: Verändern in Freundschaften).

Die neue Identität habe auch ihre Lebensphilosophie verändert. Früher konnte die ökologische Bewegung sie nur zu einem müden Lächeln bringen oder sie konnte die »Ökos« gleich gar nicht verstehen. Heute macht sie sich Sorgen über den Zustand der Welt, wie ihr Sohn und eine Tochter, mit der sie schwanger ist, diese erleben werden, wenn man nicht mehr auf den Erhalt der Ressourcen achtet. »Ach, und zu Motocross fahren wir schon lange nicht mehr! Dieser Lärm! Der zerfetzt einem ja die Ohren! Ich musste erst darüber nachdenken, was es mit meinem Kind machen würde, bevor ich gemerkt habe, wie sehr dieser Lärm auch mich strapaziert hat.« Und mit einem Lachen meinte sie: »Sie kennen doch diese Werbung, wo eine kleine Tochter verzweifelt zu ihrem Hippievater sagt: ›Ich möchte gerne Spießer werden.‹ Genauso fühle ich mich. Viele Dinge, die ich vor zwei Jahren noch abgelehnt habe, sind mir plötzlich ganz wichtig, weil sie zu meiner neuen Identität gehören. Manchmal muss ich wirklich lächeln, wenn ich die jungen erwachsenen Girlie-Frauen in dem Szenecafé sitzen sehe, wo ich auch gern ab und zu noch einen Cappuccino trinke.«

Die gerade bewältigten Veränderungen und Trennungen werden in Schritt 4 manchmal bewusst noch einmal nacherlebt. Es kann sein, dass man gelegentlich fast nostalgisch das Verlorene betrauert, bis man sich endgültig davon verabschiedet und immer mehr ganz im Neuen aufgeht. Das heißt aber nicht, dass Sie Vergangenes aus Ihrer Erinnerung oder aus Ihrem Ressourcenwissen verbannen müssen. Wie oben bereits gesagt, bewahrt man diese Erlebnisse bewusst oder unbewusst als Teil vergangener Erfahrung auf, quasi wie in einer Datei, die Sie später bei der nächsten Veränderung als Hintergrundwissen jederzeit aktivieren und befragen können.

Wenn Sie zum Beispiel Kränkungen erlebt haben oder wenn enttäuschte Erwartungen Sie bekümmern, die mit einer Veränderung einher gegangen sind, hilft es, auch diese Erfahrung als wichtig, wenn auch schmerzhaft zu würdigen und als eine Ressource Ihres Lebens anzuerkennen und abzuspeichern. Diese Erfahrung des Bewältigens steht Ihnen dann beim nächsten Veränderungsprozess als Signal oder aber als Hinweis auf den Preis einer Veränderung zur Verfügung.

Bei dem Wunsch, eine Familie zu gründen, wie ihn Laura erlebt hat, oder dem Vorhaben, in eine fremde Stadt zu ziehen, wie Sophie, ist man sich selten aller Folgen bewusst, die nicht nur in der Außenwelt zu bewältigen sind, sondern die auch unser Innenleben verarbeiten muss, so zum Beispiel wie sich die verschiedenen Ich-Anteile in unserem inneren Team neu arrangieren oder neu verabreden müssen. So wird der verspieltere

Girlie-Anteil während der Familienplanung bei Laura eher in den Hintergrund treten und der fürsorgliche oder tatkräftige Ich-Anteil mehr Raum bekommen oder sogar erst neu entdeckt. Auch die Ängstliche, die darauf bedacht ist, keine Fehler zu machen, um anderen zu gefallen, wird im Augenblick einer Neuorientierung im besten Fall im inneren Dialog gar nicht mehr gebraucht.

Sie spüren: »Die Veränderung macht mich zu etwas Neuem.«

CHECK-UP 1 UND GEDANKENSPIELE BEI DIESEM SCHRITT DES VERARBEITENS

Fragen Sie sich:

- Habe ich im Neuen schon Wurzeln geschlagen?

- Freue ich mich auf die nahe Zukunft und vielleicht schon auf die nächste Veränderung?

- Fällt es mir inzwischen leichter, neue Kontakte zu knüpfen?

- Gefalle ich mir, wenn ich in den Spiegel sehe und mir in die Augen schaue und sage »Gut gemacht, weiter so!«? Erscheint mir die Welt wieder bunter?

- Kommen bisher vernachlässigte andere Ich-Anteile und Seiten von mir jetzt mehr zur Geltung oder bin ich derselbe geblieben?

- Und vielleicht haben Sie in diesem Prozess andere Ich-Anteile und Seiten von sich intensiver oder sogar neu kennengelernt. Welche dürfen jetzt mehr in den Vordergrund treten? Die selbstfürsorgliche Seite? Der grenzziehende Anteil oder der Mutige? Der Entschlossene? Der Genießer?

Erinnern Sie sich an Tanja. Sie wurde nach ihrer Trennung kreativer. Ich-Anteile, die durch den Umgang mit sich selbst in der schwierigen Partnerschaft unterdrückt waren, kommen wieder in den Vordergrund und bereichern ihren Alltag.

Vielleicht kann jetzt Ihr um neue Mitglieder erweitertes inneres Team auf eine andere Weise zusammenwirken? Vielleicht können Sie neue innere Dialoge führen, die Ihnen andere Sichtweisen erschließen und Sie zu anderem Handeln ermuntern? Es stellt sich jetzt die Aufgabe, wie Sie die neuen Erfahrungen in das bereits Bekannte integrieren und wie sich diese zu nützlichen Mustern festigen können.

Jetzt ist der richtige Moment und auch die Notwendigkeit gegeben, sich selbst zu würdigen, dass Sie das Neue gewagt und bewältigt haben! Schreiben Sie auf, was Sie gut gemacht haben, damit Sie sich später daran erinnern.

CHECK-UP 2: AUFGABEN AM ENDE VON SCHRITT 4

Sie haben in diesem 4-Schritte-Prozess neue Ich-Anteile von sich kennengelernt. Wie können Sie diese integrieren und festigen und neue Zukunftsvisionen entwickeln?

- Welche Fragen stehen noch offen und müssen gelöst werden?

- Haben Sie vielleicht eine veränderte oder eine neue Bezeichnung für sich selbst gefunden, sind Sie zum Beispiel vom umtriebigen Weltreisenden zum weltoffenen, lokal verwurzelten Bürger geworden? Vom Single mit vielen Jugendfreunden zur Ehefrau mit vielen Familienkontakten und neuen Freunden oder vom viel gefragten Geschäftsmann zum interessierten Privatier?

Zur Erinnerung:

Ob sich ein Veränderungsprozess innerlich langsam oder schnell vorbereitet und sich dann vollzieht, ob er eine halbe Stunde oder gar Monate andauert: Jede Veränderung durchläuft die spezifischen Herausforderungen der hier beschriebenen vier Schritte, die je nach Situation schnell oder langsam verlaufen. Sie gehen zwar ineinander über, man kann sie jedoch in ihrer Abfolge nicht ohne Auswirkungen für das Bewältigen des gesamten Prozesses einfach überspringen. Ist es doch einmal geschehen, bemerken Sie schnell, dass etwas nicht rund läuft und holpert. Dann gilt: »Wenn es hakt, gehe einen Schritt zurück, manchmal vielleicht sogar zurück zum Anfang und starte neu, wenn sich etwas verwirrt hat.«

Auch im Alltagsleben empfiehlt es sich gelegentlich, eine Veränderung bewusst in vier Schritten zu planen.

Dieses 4-Schritte-Modell des
- Vorbereitens,
- Prüfens der Möglichkeiten,
- Vornehmens von Änderungen und
- des Nachbearbeitens

anzuwenden, ist auch bei vielen täglichen Verrichtungen sinnvoll, besonders dann, wenn man mit neuen Situationen konfrontiert wird. Mit etwas Übung im Umgang mit diesem Modell werden Sie bald zum Meister oder mindestens Profi in Sachen zielführender Veränderung und Finden von Lösungen für sich selbst und andere.

Dazu fällt mir eine Geschichte von einem Freund ein. Mike hat immer ein Abenteuer zu erzählen, wenn man ihn trifft, und man kann sich sehr unterhaltsam mit ihm vergnügen. Und inzwischen weiß ich auch, wie er zu seinen spannenden Geschichten kommt.

Die Geschichte vom Navi: »Zurück auf Anfang!« – Auch ein Navi braucht Veränderungskompetenz

Mein Freund Mike wirkt nach außen immer sehr locker, meistens sehr spontan und unbeschwert. Bittet man ihn um etwas, scheint es immer ganz einfach. Er ist für alles zu haben: »Ist kein Problem«, antwortet er, ist bei jedem Anliegen sofort Feuer und Flamme und wirkt so, als hätte er es schon erledigt, kaum hat man davon gesprochen. Manchmal vergisst er auch eine getroffene Absprache, aber das sieht man ihm gerne nach. Er ist längst bekannt als jemand, der nicht wirklich planvoll sein kann, und er ist Meister der Ausreden. Dass aber große und kleine Malheure, die ihm gelegentlich geschehen, nicht nur an der unfähigen Umwelt liegen, sondern dass es auch etwas mit ihm zu tun haben könnte, wurde ihm erst klar, als er uns in unserem Sommerurlaub besuchen wollte. Er war total begeistert von der Idee und sah sich schon im Kanu in dem romantischen Flusstal in Frankreich. Unheil vorausahnend hatte ich ihm eine genaue Fahrtbeschreibung verfasst, eine Straßenkarte zusätzlich aufgefaltet und ihm den Weg gezeigt. Doch er streifte die Karte nur mit einem uninteressierten Blick, empfand sie sogar als beleidigend für seinen Orientierungssinn und versicherte mir mit einem Abwinken, sein Navi würde ihn schon überall sicher hinführen. Vielleicht muss man hier noch erwähnen, dass mein Ferienort eine in Frankreich ja mehrfach vorkommende Ortsbezeichnung hat und man deshalb immer auch eine genauere Regionalbezeichnung ins Navi eingeben muss.

Im Trubel der Abreise hat Mike, der seinen Freund Stefan als Mitfahrer gewonnen hatte, dann doch meine papierene Fahrtbeschreibung vergessen. Er fühlte sich aber in seinem Sinn gut vorbereitet durch den schlichten Besitz eines Navis. Die beiden machten sich also früh morgens auf den Weg. Gegen Abend wurden wir in Frankreich schon langsam unruhig,

weil seit dem letzten Anruf, der ihre baldige Ankunft angekündigt hatte, schon mehrere Stunden vergangen waren. Gegen 22 Uhr schließlich riefen sie an, um mitzuteilen, sie seien
jetzt am Ortseingang und wir beschlossen, sie dort abzuholen. Aber, Sie werden es schon ahnen, dort war niemand zu
sehen. Eine Rückfrage per Handy ergab: »Ja, wir sehen da den
beschriebenen Kirchturm und die Friedhofsmauer, wir sind
gleich da.« Aber weder beim Kirchturm noch bei der Friedhofsmauer unseres Dorfes war irgendjemand zu sehen und
mir kam plötzlich der äußerst beunruhigende Gedanke, ob
die beiden denn wirklich auch im richtigen Ort in unserem
Departement seien? Kirchtürme und Friedhofsmauern gibt
es überall. Ein erneuter Rückruf bestätigte meine Schreckens-
vision! In letzter Verzweiflung konnten wir den beiden, die
kein Französisch sprachen und sich deshalb auch mit niemandem darüber verständigen konnten, wo sie sich befänden,
noch sagen, sie sollten einen Einheimischen bitten, ans Telefon zu kommen und mit mir zu sprechen. So konnte ich
schließlich mit dem fremden hilfsbereiten Mann in dem weit
entfernten Badeort am Meer vereinbaren, wie er die beiden
Gestrandeten auf den richtigen Weg zu uns schicken könnte.
Sie werden es nicht glauben, die beiden waren in einem Ort
an der italienischen Grenze gelandet, 600 km entfernt von
uns.

Wenn Sie anhand unseres 4-Schritte-Plans nachverfolgen, welche der Schritte in diesem Prozess versäumt wurden, so dass
die beiden statt in einem wunderbaren Flusstal bei Bordeaux in
einen Touristenort am französischen Mittelmeer landeten, entdecken Sie, dass in Schritt 1 zwar geplant war, loszufahren und
dort die Ferien zu verbringen. Aber besonders Mike beachtete
nicht die nächsten Schritte 2 und 3 und war in Gedanken bereits in Schritt 4: »Ich werde es in wenigen Stunden geschafft

haben, mein Navi führt uns ohne Umwege und Überprüfung direkt zum Ziel.« Das ist eine Zukunftsvision ohne Basis. Seine Begeisterungsfähigkeit ist wirklich bewundernswert, oft mitreißend. Sie hat ihn aber daran gehindert, nach dem ersten Schritt des Planens – »Ich könnte das tun« – auch Schritt 2 und 3 auszuführen. Nämlich die verschiedenen Wahlmöglichkeiten, die zum Ziel führen, gegeneinander abzuwägen und mit anderen so zu besprechen, dass er einen funktionierenden Reiseplan entwerfen könnte. Dazu hätte auch gehört, den Wagen noch einmal kurz auf seine Fahrtüchtigkeit zu checken, mit dem Freund ein System zu entwickeln, wie man ohne Sprachkenntnisse durch das Land kommen könnte und sich schließlich mit dem notwendigen Zubehör (wie einem Handykabel) für das digitale Überleben auszurüsten oder auch mit traditionellen Medien, wie einer Straßenkarte, zu versorgen. In Schritt 3 hätte es eine wunderbare Reisezeit werden können, für die man in Phase 2 einzelne Etappen festgelegt haben könnte, um sich so seinem Ziel sicher näher zu bringen.

Am falschen Ort angekommen, mussten Mike und Stefan die versäumten Schritte der vier Phasen Schritt für Schritt nachholen. »Zurück auf Anfang.« Die Fähigkeit, sich Hilfe von anderen zu holen, sobald sie ihr eigenes Vorhaben wieder klar vor Augen hatten, führte jetzt zur Entscheidung, sich die 600 km zu unserem Dorf als eine neu beginnende Reise durch Frankreich zu gönnen, die mit einem Abendessen an der Strandpromenade an der italienischen Grenze und mit einer Übernachtung an dem falschen Ort am Meer beginnt. Die beiden lassen noch einmal ihren Irrweg an sich vorbeiziehen und klären diesmal die Strecke mit Hilfe des freundlichen Franzosen, der sich mit Händen und Füßen und einer Straßenkarte verständlich macht. Glücklicherweise ist Mike voller Unbeschwertheit. Nachdem er kräftig (natürlich auf sein Navi!) geflucht hat, sind die beiden jetzt im gut vorbereiteten Handlungsmodus und kommen tatsächlich einigermaßen ausgeruht am nächsten Abend bei uns an und blickten stolz auf die inzwischen gelungene Reise zurück (Schritt 4). Sie haben viel zu erzählen, und ich hatte dadurch jetzt auch die Gelegenheit, Ihnen, meinen Lesern, das 4-Schritte-Modell an einer Geschichte näher zu bringen.

Was Sie tun können, um Schritt 4 erfolgreich zu meistern

1. Bei der Bewältigung von neuen Anforderungen und Vorhaben braucht man vor allem Zeit, bis die einzelnen damit verbundenen Erfahrungen Teil Ihres Ichs geworden sind.
   Lassen Sie sich Zeit, von Anfang an, für jeden einzelnen Schritt, auch bei kleinen Dingen des Alltags (zum Beispiel um Golf spielen zu lernen, das neue i-Phone zu benutzen, um ein fremdes Gericht kochen und es auch sicher wiederholen zu können). Um ein neues PC-Programm nutzen zu können, erscheint es uns selbstverständlich und einleuchtend, dass wir uns dazu Zeit zum Üben geben. Zum Beispiel braucht ein neues Diktierprogramm als technisches Gegenüber ausreichende Übungseinheiten, bis es Sie endlich fehlerfrei verstehen und verarbeiten kann. So ist es auch mit Veränderungen, die wir an uns selbst oder in unserem Umfeld vornehmen.

2. Erinnern Sie sich daran, wie Sie sich beim Eingewöhnen in eine neue Rolle und/oder bei einer neuen Situation anfänglich oft irgendwie künstlich und steif erlebt haben. Vielleicht haben Sie sich manchmal irgendwie falsch, zu aufgedreht, vielleicht sogar fehl am Platz gefühlt. Man erlebt sich anfangs in neuen Situationen noch ungeschickt oder gerät leicht ins Trudeln. Sie sagen sich: »Das ist nichts für mich!« Doch das ist aller Wahrscheinlichkeit nach oft nur ein sicheres Zeichen dafür, dass Sie sich mit etwas Neuem und Unge-

wohnten auseinandersetzen, was jedoch noch nicht Teil Ihres Selbstbildes ist und Ihnen daher fremd oder sogar lächerlich vorkommt. Das ist ganz normal.

Sie kennen es aus dem Alltag. Man muss neue Verhaltensweisen erst häufiger durchspielen und üben, um mit ihnen vertraut zu werden. Die Hirnforschung spricht davon, dass sich die entsprechenden Neuronen erst neu vernetzen müssen, um zusammen neu feuern zu können. Später dann können wir feststellen, dass die neuen Verhaltensweisen doch zu uns passen, so als wäre es nie anders gewesen.

3. Spielerisch und absichtsvoll können Sie Neues einüben und lernen, neue Situationen zu meistern. Haben Sie schon einmal gesehen, wie sich ein kleines Krabbelkind an einem Stuhl hochzieht und wieder zu Boden plumpst? Wie unermüdlich es sich immer wieder nach oben zieht, bis es schließlich strahlend steht? Wie stolz es ist und sich freut, wenn es wohlwollende Blicke auf sich zieht? Dann muss es lachen und wiederholt es solange von vorn, bis die Bewegung selbstverständlich und zur alltäglichen Gewohnheit wird, die weder das Kind selbst noch die anderen weiter besonders beachten.

Stolpersteine und Hindernisse bei diesem Schritt

Was kann diesen letzten 4. Schritt erschweren?

- Es wirkt als Stolperstein, wenn man sich nach allem Planen, Handeln und Neustarten nicht ausreichend Zeit lässt, um sich auf die neue Situation einzulassen, sie aufzusaugen und Platz in seinem Selbstbild dafür zu schaffen, sondern stattdessen bereits zu neuen Ufern strebt oder verschreckt zum Altbewährten zurückkehrt und sich mit rückblickendem Bedauern zu fest damit verknüpft fühlt.
- Wenn man sich zum Beispiel nicht damit identifizieren kann,

auf welche Art und Weise man gehandelt hat, stellt das ein weiteres Hindernis dar.

- Auch bei dem Versuch, »den Preis ans Leben« zu drücken, der bei jeder Veränderung unweigerlich »zu zahlen ist«, kann man in eingefahrenen Gewohnheiten hängen bleiben oder sogar wieder ganz in das alte Fahrwasser geraten.

Jeder erfolgreiche Geschäftsmann weiß aus bitterer Erfahrung, dass er umso schneller frei wird für ein neues Geschäft oder für neue Unternehmungen, je schneller er die Kosten von notwendigen Veränderungen oder unwiederbringlichen ärgerlichen Verlusten abschreibt, um unbeschwert mit einer neuen Planung beginnen zu können.

Weitere Stolpersteine sind:
- Sie können es versäumen, genügend Zeit für die Erforschung Ihrer eigenen Möglichkeiten in der neuen Situation zu veranschlagen. Jeder größere Baum braucht zwei bis sechs Jahre, bis seine Wurzeln so fest verankert sind, dass er damit beginnen kann, starke Äste auszubilden und sich auszubreiten. Es braucht Zeit, bis er zum ersten Mal zum Blühen kommt, Früchte trägt und stark genug wird, um auch heftigeren Stürmen standzuhalten. Wenn Sie etwas gefunden oder gewählt haben, brauchen Sie Zeit, um sich Schritt für Schritt auf das Neue auszurichten. Aber keine Angst! Das heißt für Ihre eigenen Vorhaben nicht, dass Sie Jahre darauf verwenden müssen, um vielleicht überhaupt erst die richtige Partnerin oder eine befriedigendere Arbeitssituation zu finden!
- Ein Veränderungsprozess kann in dieser letzten Phase noch scheitern, wenn man global alles, was man zuvor erlebt hat, in Bausch und Bogen abwertet (»Ach, ich habe es sowieso nicht geschafft!«) oder wenn man das Alte zu sehr ideali-

siert: »Früher war alles besser« – statt sich mit Aufmerksamkeit der neuen Situation zuzuwenden.

- Und Sie können – mehr oder weniger vorsätzlich – immer wieder altbekannte Störkonflikte heraufbeschwören, die Ihre kostbaren Energien binden, anstatt sich schrittweise an das Neue zu gewöhnen, um dann nach getaner Tat zur Ruhe zu kommen. Ein solcher Störkonflikt kann zum Beispiel darin bestehen, sich nicht einzugestehen, dass man selbst es war, der am jeweiligen Veränderungsschritt mitgewirkt hat und stattdessen versucht, andere für die Veränderungen verantwortlich zu machen. Oder Sie hadern innerlich damit, dass Sie vielleicht zu früh den nächsten Schritt unternommen haben, ohne alles gründlich abgeklärt zu haben.

Vor allem aber: Vergessen Sie nicht, dass Sie den entscheidenden Punkt gesetzt haben: »Ich habe eine Veränderung gewollt. Ich habe sie eingeleitet und sie durchgezogen. Ich stehe jetzt dazu.«

Erst wenn Ihr Prozess diesen selbstbejahenden oder selbstunterstützenden Abschluss gefunden hat, kann die Veränderung auch zum assimilierten Teil Ihres Selbst werden. Das gilt auch dann, wenn Sie dabei Fehler gemacht haben oder nicht alles immer perfekt geklappt hat, nach dem Prinzip: »Aus Fehlern wird man klug!«

Wenn Sie mögen, können Sie einfach mit dem nächsten Veränderungsprozess beginnen.

Kleine Typologie weniger gelingender Veränderungsprozesse

Menschen und ihr Verhalten sind erfreulicherweise äußerst vielfältig. Deshalb gibt es eine fast unbegrenzte Anzahl von wirkungsvollen Strategien, um Veränderungen und Trennungen erfolgreich durchzuführen, und wohl genauso viele weniger nützliche Methoden, die Veränderungsprozesse unendlich in die Länge zu ziehen oder sie sogar nie zum Abschluss zu bringen. Andererseits gibt es scheinbare Meister der Veränderung und der Trennungskompetenz, die sich so schnell verändern können, dass man fast an ein Chamäleon denken könnte. In Kontakt mit ihnen weiß man nie genau, wo sie gerade stehen, wer sie gerade sind und was wir selbst davon halten sollen. Sie kennen aus Ihrer eigenen Erfahrung mit Verändern und Trennung, aber auch von Freunden und Verwandten solche vielfältigen Formen plötzlicher Veränderungen aus heiterem Himmel.

Die Entscheidung, ob eine Veränderungshandlung funktional und zielführend oder eher dysfunktional und wenig erfolgsgekrönt ist, hängt im Wesentlichen auch vom jeweiligen Umgang mit den unvermeidlichen Veränderungen im Leben ab und den von ihnen ausgelösten Gefühlen, Ängsten und Fähigkeiten.

Um Ihnen solche mehr oder weniger ungünstigen Veränderungsstrategien zu zeigen, habe ich zwei typische Grundtypen von Veränderungsmustern ausgewählt und sie jeweils mit einem Namen versehen, der ihre Vorgehensweise in diesen Prozessen illustrieren soll. Ich nenne sie »Max Kleberling« und »Sabine Flüchter«. Wie schon zu ahnen ist, repräsentiert Max Kleberling jemanden, der das Gewohnte schätzt, oft zögert und lange überlegt, bevor er handelt (wenn überhaupt), und meist tut er fast nichts von sich aus. Sabine Flüchter hingegen befindet sich in ständigen Veränderungsprozessen, hält sich bei nichts und niemandem länger auf und bietet ihrer Umgebung wenig Gelegenheit, zu erspüren, mit wem man es zu tun hat und wer sie eigentlich ist. Max Kleberling und Sabine Flüchter sind natürlich Prototypen. Man wird sie nicht in Reinform finden. Aber Max und Sabine können uns eine exemplarische Vorstellung davon geben – wenn hier auch etwas überzeichnet – was dabei herauskommen könnte, wenn man bei einem der vier Schritte der Veränderung richtig kleben bleibt oder sie unbedacht mehr oder weniger überspringt.

Dysfunktionale Strategien der Veränderung bei Schritt 1

Max Kleber scheint für immer und ewig mit dem zufrieden zu sein, was er hat. Er lässt nur ungern Gedanken oder gar Gefühle an Veränderung oder Trennung bei sich zu, geschweige denn, dass er diese jemand anderem gegenüber äußert. Lieber beißt er sich auf die Lippen, knirscht nachts mit den Zähnen oder nagt an seinen Nägeln. Nur für Bruchteile von Momenten könnte er manchmal ungehalten werden. Viel eher zieht er sich zurück in die innere Emigration, frisst allen Unmut in sich hinein, ohne zu erahnen, was es denn sein könnte, was er eigentlich will. Auf längere Sicht könnte er psychosomatische Beschwerden entwickeln oder leichte oder mittelschwere depressive Phasen durchmachen. Lieber überidealisiert er den Status quo und schwört auf jahrzehntealte Bindungen zu Dingen, Menschen und Lebensumständen, die sich zwar bewährt haben, die aber nicht mehr allzu lebendig sind.

Sabine Flüchter dagegen hält sich nicht lange mit Gedanken an die Planung von Veränderungen auf. Sie überspringt weitestgehend jede innere Klärung eines Für und Wider ihrer Projekte. Sie lässt die auftauchenden Impulse oder Gedanken möglicher Veränderung kaum in sich reifen, spricht vielmehr bereitwillig mit anderen darüber, was sie nach dem Veränderungsschritt alles tun werde, so, als hätte sie den Schritt schon vollzogen. Einwände, zum Beispiel gegen einen geplanten Umzug, wie: »Du hast doch hier eine Beziehung, deine Freunde, einen Job?«, wischt sie weg. Sie sei doch eine freie Frau und diese Stadt sei gar zu uncool. Sie klagt schnell über Langeweile, über einen goldenen Käfig und ist schon längst wieder auf dem Absprung, bevor sie richtig angekommen ist.

Dysfunktionale Strategien der Veränderung bei Schritt 2

Sollte Max Kleberling irgendwann in Phase 2 des Veränderns angekommen sein, so wird er mit aller Gründlichkeit die verschiedenen Möglichkeiten von Veränderungen prüfen, aber eher, um nach noch mehr Vorwänden zu suchen, nichts verändern zu müssen, anstatt die Vorteile des Neuen zu ergründen. Wenn er mit anderen über gewisse Veränderungsgedanken spricht, klingt es verallgemeinernd: man müsse doch »an und für sich auch irgendwann einmal irgendetwas ändern«. Er tut dies aber nur scheu und bange und versucht mehr sich selbst als andere davon zu überzeugen, doch lieber alles so zu lassen, wie es ist. Er verharrt in ängstlichem Grübeln, anstatt sich beherzt in die reale Auseinandersetzung vor Ort zu begeben und die genaueren Umstände einer neuen Situation zu erforschen. Wenn er es dann doch tut, vergleicht er kritisch und ängstlich das mögliche Neue mit dem bisher Bewährten und kommt meist zu der Erkenntnis, dass das Bisherige doch besser, vor allem sicherer sei und mehr Vorteile habe. Stets findet er erneute Bestätigung und Zufriedenheit im Status quo. Auch ein Erfolg! Warum in die Ferne schweifen, wenn das Gute so nah liegt?

Sabine Flüchter dagegen schweift gern und entschlossen umher, ohne vorher genau zu prüfen, welche Möglichkeiten und Alternativen überhaupt realistisch sein könnten und die Mühe lohnten. Sie scheint sich wenig um die Irritationen oder gar Kränkungen anderer zu kümmern, die sie mit ihren manchmal ungefilterten und direkten, offenherzig mitgeteilten Rechercheergebnissen und ihren oft großspurigen Ankündigungen auslöst. Vielmehr schwärmt sie vor denjenigen, die sie verlassen wird, ungeniert von den Vorzügen des Neuen, so als wäre es vollkommen selbstverständlich, ständig im Prozess der Veränderung und des Abschieds zu sein, ohne jegliches Bedauern oder dabei Tränen zu vergießen. Ihre Ziele und Veränderungsschritte prüft sie nur ungenau. »Frisch gewagt ist halb gewonnen«, ist ihre Devise, und schon ist sie weg. Und zwar manchmal so hastig, dass es ihr passieren kann, wenig später wieder zurückrudern zu müssen, weil die Realitäten dort, sei es in einer neuen Beziehung oder in einem neuen Umfeld, sich als doch nicht ganz so vielversprechend erwiesen, wie es ihr im ersten Moment erschienen ist, oder weil die Trennungen aus den sozialen und beruflichen Verbindungen doch nicht so reibungslos durchführbar sind, wie sie hoffte. Dann sagt sie häufiger gern: »Es war doch nicht so gemeint.« Sie habe ja nur mal ausprobieren wollen.

Dysfunktionale Strategien der Veränderung bei Schritt 3
Max Kleberling denkt nach wie vor, auch bei Schritt 3, dass es wohl das Beste wäre, dort zu bleiben, wo er ist und bei dem zu bleiben, wer er ist. Manchmal aber hat er sich doch, oft mehr aus Zufall als willentlich, auf etwas Neues eingelassen. Da er es aber versäumt hatte, sich vorher irgendwie mit dem Neuen zu beschäftigen, gerät er gern in eine Situation, doch dazu »Nein« zu sagen. Schließlich erklärt er, dass die Umstände an der Veränderung »schuld« seien und er ein Opfer sei. Er bleibt auf Distanz zum Neuen und vergleicht es immer wieder mit

dem, was er bisher gehabt hatte. So beschäftigt er sich oft mehr mit der vergangenen, damals so schmerzvoll verlassenen Situation oder Beziehung, anstatt sich aktiv mit der neuen Situation auseinanderzusetzen und Neues für sich zu erleben. Er hat das ja alles eigentlich so nicht gewollt. Ständig findet er Anlässe, an der alten Arbeitsstelle oder an dem früheren Wohnort noch was abzuholen oder in der alten Beziehung immer wieder noch einmal etwas zu klären und brüskiert mit diesem Verhalten sein neues Umfeld oder die neue Beziehung. Er lebt zwar physisch in neuen Kontexten, aber seelisch bleibt das Vergangene in ihm immer lebendiger als das Hier und Jetzt, und er idealisiert es zur »guten alten Zeit«.

Sabine Flüchter dagegen ist schon längst bei Schritt 3, am neuen Ort, der neuen Arbeitsstelle oder in der neuen Beziehung gelandet. Sie kennt schon Gott und die Welt, wenn auch nur flüchtig. Alles ist gut. Mit ihren früheren Beziehungen und Lebensumständen hat sie bald nicht mehr viel zu tun und erinnert sich kaum daran. Sie lässt sich allenfalls das eine oder andere nachschicken, was sie vergessen hat. Ihr Image der mutigen Weltbürgerin, die immer auf Achse ist, hilft ihr, mit anderen Menschen Kontakte zu knüpfen, die zwar selbst gern bleiben, wo sie sind, aber auch gern jemanden kennen und an ihm Anteil nehmen, der ständig auf Achse ist. Ihre jeweilige Wohnung hat sie nicht besonders sorgfältig eingerichtet. Eigentlich könnte sie ja gleich wieder losziehen wollen. Manchmal fühlt sie sich einsam. Am Wochenende, wenn keine Arbeit ihren Tag strukturiert, kann sie schon mal »sentimental« werden. Dann surft sie im Internet herum, schreibt E-Mails oder wälzt Kataloge, um herauszufinden, was es sonst noch in der Welt für sie geben könnte.

Dysfunktionale Strategien der Veränderung bei Schritt 4

Max Kleberling hat sich zwar irgendwie, vielleicht weil es unvermeidlich war, in eine neue Situation begeben oder sich in
einer neuen Beziehung eingerichtet, er definiert sich aber weiterhin mit seiner alten Identität. Ihm fällt es schwer, auch nur
probehalber die Identität seiner neuen Situation anzunehmen:
so würde er sich anderen gegenüber immer noch als Kölner bezeichnen, obwohl er schon vor 20 Jahren von Köln nach Wien
umgezogen ist. Er hat viele Gegenstände aus der »alten Heimat« mitgenommen. Es gibt kaum ein Bild, kaum einen Gegenstand in seiner Wohnung oder am Arbeitsplatz, die ihn
nicht an eine frühere Beziehung, die Heimatstadt oder an alte
Freunde erinnern. Er ist halt »immer noch der Alte«. Angebote, neue Menschen kennenzulernen, kann er nur schwer annehmen. Er wird sich nicht besonders für sie interessieren. In
Wien, um bei dem Beispiel zu bleiben, wird er sich nicht an
köstlichem Tafelspitz ergötzen, sondern Sehnsucht nach Rhei-
nischem Sauerbraten haben. Er macht zwar hier und da Erfahrungen in dem neuen Kontext, doch diese scheinen irgendwie
spurlos an ihm vorüberzuziehen, weil er diese Erfahrungen
nicht in den Kern seiner Persönlichkeit eindringen lässt und
dem Alten gegenüber sehr viel »Treue« entwickelt. Er erlebt
zwar Neues, aber nichts, was ihn wirklich angeht, ihn berührt
oder verändern könnte. »Ich bleib halt ein ›Kölsche Jung‹.« Es
kann lange dauern, bis neue Erfahrungen Spuren in seinem
Selbstbild oder seiner Identität hinterlassen. Am Ende dieses
Zyklus der Veränderung wird er sicher nicht so schnell wieder
zu neuen Ufern aufbrechen, sondern eher wieder zurück in die
alte Heimat streben.

Sabine Flüchter gelingt es zwar zügig, im neuen Umfeld
oder in der neuen Beziehung anzukommen, sie lässt sich aber
kaum Zeit, diese genau zu erforschen, geschweige denn sich
tiefer auf sie einzulassen. Auch sie wird sich, wie Max, wenn

auch aus anderen Gründen, nicht gründlich mit den neuen, gegebenen Umständen auseinandersetzen, so dass diese nur Teil einer flüchtigen Erfahrung bleiben, und nicht zum Bestandteil ihrer Kompetenzen und ihrer differenzierten gewachsenen Persönlichkeit werden können. Sie stürzt sich lieber schnell in das nächste Projekt. Vielleicht sogar in die nächste Beziehung. Das Leben erscheint ihr zu kurz, um sich auf nur eine Person oder auf nur eine Stadt länger einzulassen. Die Welt ist ja so groß. Sich länger festzulegen bedeutet für sie, sich zu verlieren, der Freiheit beraubt oder gefangen zu sein. So hinterlassen ihre vielfältigen Erfahrungen nur wenige Erinnerungsspuren in ihrer Persönlichkeit. Sie wirkt auch mit 40 noch irgendwie unreif, manchmal jugendlich naiv trotz ihrer Welterfahrung. Erst in einem viel späteren Lebensalter wird sie vielleicht nachdenklicher. Zwar erscheint sie selbstbewusst, da sie sich leicht trennen kann und viel erlebt hat, sie vermisst aber doch zunehmend ab und zu menschliche Wärme oder das Gefühl, sich auch manchmal verwurzelt zu fühlen.

Zwischen diesen beiden Extremen gibt es natürlich viele verschiedene Spielarten des Umgangs mit Veränderung. Sie werden sich sicher, nachdem Sie dieses Buch gelesen haben, für eine Variante entscheiden, die Ihre eigenen Veränderungsabsichten am besten unterstützt.

TEIL 4

»Und plötzlich tritt der Schluss ein«

(Karl Valentin)

Alles hat ein Ende, nur die Veränderungsprozesse nicht. Denn wenn Sie durch das Lesen dieses Buchs und Ihre eigene Lebenserfahrung in dem fließenden Modus fortwährender Veränderungen angelangt sind, gelegentlich mit bewusster Selbststeuerung, dann sind Sie erst einmal nur mit diesem Buch und der Beschäftigung mit den darin enthaltenen Anregungen zum Verändern und Trennen am Ende.

Ihr tägliches Leben aber bleibt im ständigen Fluss von Veränderung, Trennung, Neubeginn, des Suchens und Findens, intuitiv und absichtsvoll auf seinem optimalen Weg.

Am Ende eines Buchs wie auch bei einer tiefergreifenden Veränderung kann es ratsam sein, sich eine Ruhepause zu gönnen, vor allem damit sich die neueren Erfahrungen einprägen, sich persönliche Einstellungen dazu entwickeln und sich mit Ihren früheren vorhandenen Erfahrungen vernetzen können.

Falls Sie Sportler sind oder Yoga praktizieren, wissen Sie vielleicht, dass sich Muskeln nicht nur bei der unmittelbaren körperlichen Anstrengung eines schweißtreibenden Workouts bilden, sondern besonders in den dazwischen liegenden Pausen. Die Anstrengung gibt den Impuls zum Wachsen und zur Veränderung, in der Ruhepause erfolgen das Wachstum und die Veränderung dann meist ganz von selbst. So ist es auch mit dem »Workout« Ihrer Willensbildung, Ihrem inneren Gespür und Ihrer bewussten Kompetenz für Veränderungen.

Am Ende jedes Schritts einer Veränderung und vor allem am Ende eines Buchs kann es hilfreich sein, sich gedanklich noch einmal die einzelnen Schritte dahin, die einzelnen Hinweise und Übungen vor Augen zu führen.

Die Fähigkeit sich zu verändern und sich zu trennen ist eine Kompetenz, die man lernen kann. Das heißt, Sie könnten sich eine kleine, aber von Ihnen bewusst ausgewählte innere »Datei« eigener Veränderungserfahrungen und neu erlernten Wissens dazu anlegen, die für Sie bei zukünftigen geplanten und

manchmal überraschend daherkommenden Veränderungen
abrufbar sind, und Ihnen so bei aktuellen Erfordernissen wie
ein Kompass navigierend zur Seite zu stehen. Es kann nützlich
sein, die neu gelernten Impulse und Ihre begleitenden Gedanken in Ihre neue Identität zu integrieren und sich jetzt schon zu
vergegenwärtigen, was sich bei Ihnen während des Lesens und
den Sie dabei begleitenden Gedanken und Ideen alles schon
verändert hat.

Vielleicht überfliegen Sie noch einmal das Inhaltsverzeich-
nis und lassen in Ihren Gedanken und Gefühlen die einzelnen
Schritte und Phasen der Veränderung an sich vorüberziehen.
Da entdecken Sie möglicherweise, dass die in den einzelnen
Kapiteln erwähnten Veränderungshinweise bereits Ihre Verän-
derungskompetenz neu aktiviert, gestärkt oder ergänzt haben.
Es ist durchaus möglich und liegt in der Natur von Verände-
rungsprozessen, dass sie Ihnen gar nicht voll bewusst werden.
Länger andauernde Veränderungsprozesse vollziehen sich oft
nicht plötzlich oder spektakulär und bleiben häufig über eine
längere Zeitdauer unbemerkt. Die meisten Veränderungen und
Wachstum geschehen weitgehend von selbst, wenn man diesen
nicht allzu viele innere und äußere Widerstände entgegensetzt.
Denn auch das gehört zur Veränderungskompetenz: Nämlich
Veränderungsprozesse einfach zuzulassen, ohne bewusst einzugreifen.

Wenn Sie es nicht bemerken, kann es aber auch bedeuten,
dass Sie gar nichts verändern möchten, sich vielleicht nur in
Ihrer bisherigen Position bestärken wollten. Oder auch, dass
Ihr unwillkürliches Wissen auf leisen Sohlen im Hintergrund
die Veränderung schon vorbereitet hat, ohne dass Sie es besonders beachtet haben.

Vielleicht fragen Sie sich aber zum Schluss, woran Sie erkennen können, dass Sie Fortschritte gemacht haben, um auch
schwierige Veränderungen in kleinen und bewusst gesteuerten

Schritten nach dem 4-Schritte-Modell vollziehen zu können. Es wird Sie vielleicht beruhigen zu erfahren, dass eine erfolgreiche Veränderung oder Trennung nur zu einem geringen Teil auf der Ebene unseres willentlich gesteuerten Bewusstseins erfolgt und sich im besten Fall zum größten Teil auf der unbewussten Ebene vollzieht. Sie werden eine Zunahme Ihrer Veränderungskompetenz oft erst im Nachhinein erleben, aufgrund dieses inneren Assimilationsprozesses, der jeder Lernerfahrung zu Grunde liegt. Beispielsweise indem Sie bemerken, wie Ihnen Veränderung und Trennung irgendwie beim nächsten Mal bereits viel leichter fallen. Oder dass Sie irgendwann von Ihren nahen Freunden und Verwandten zu hören bekommen: »Du hast dich aber wirklich verändert«, »Du bist so klar, direkt und selbstbewusster geworden«. Solche Rückmeldungen könnten natürlich auch lauten: »Du bist plötzlich so egoistisch, arrogant, selbstbewusst und willensstark geworden«, wenn man Sie früher immer als »allzeit bereit« erlebt hatte.

Geben Sie sich selbst und den anderen Zeit, sich an Ihre neue Identität zu gewöhnen oder zu lernen, sich differenzierter auszudrücken. Sie kennen das, wenn man neu Gelerntes anwendet, kommt es anfangs manchmal noch etwas grob oder ungeschickt rüber. Das legt sich aber bald!

Falls sich Ihr Veränderungsverhalten, wie zu erwarten, nicht so ganz konfliktfrei vollzieht, scheuen Sie sich nicht, auf einzelne Abschnitte des Buchs zurückzugreifen, sich den einen oder anderen der vorgestellten Schritte zur Veränderung zunächst ganz absichtsvoll und bewusst noch einmal zu vergegenwärtigen und zielstrebig umzusetzen. Aktivieren Sie dafür in Ihrem Gedächtnisspeicher, was Sie von dem Gelesenen als Anregung oder sogar Leitfaden für Ihr zukünftiges Leben mitnehmen wollen.

Bevor Sie sich an die Verwirklichung schwieriger Veränderungsschritte machen, aktivieren und benutzen Sie Ihre Fantasie. Stellen Sie sich wiederholt und immer leicht abrufbar vor, wie Ihr Leben in Zukunft aussehen wird, wenn alles nach Ihren Plänen und zu Ihrer Zufriedenheit verlaufen ist. Setzen Sie sich in der Imagination einen positiven Anker für diese Zukunft, dann werden die Auseinandersetzung und die Überwindung von Widerständen in der Gegenwart umso leichter. (siehe »Zukunftsvision«)

Denken Sie an all die Menschen, die Ihre Veränderungsschritte unterstützen würden, anstatt sich auf die Meinung derer zu fixieren, die Ihnen unkenhaft immer wieder davon abraten. Sie werden möglicherweise entdecken, dass es sehr viel mehr Unterstützung in Ihrem Umfeld gibt, als Sie bisher gedacht haben. Riskieren Sie ruhig bewusst Ihr persönliches »Outing«, dass Sie nicht der allzeit bereite Meister aller Lebenslagen sind, sondern auch die Unterstützung Ihrer Freunde brauchen. Sie werden Ihnen danken, dass sie Ihnen persönlich auch einmal etwas zurückgeben können.

Wenn Sie im Laufe Ihres Veränderungsprozesses von inneren Ängsten oder gar Panikattacken belästigt werden sollten, denken Sie daran, dass diese inneren Ängste nicht gefährlich werden können. Sie können lediglich Ihren Lebenselan und Lebensweg auf behindernde Weise bremsen. Vielleicht hilft Ihnen auch der etwas provokative, aber ins Leben zurückführende Satz von Friedrich Nietzsche: »Man muss täglich einen Tod sterben, um am nächsten Tag neu leben zu können.«

Es geht um Ihr Leben, Ihre Zukunft, Ihre Selbstverwirklichung, selbstverständlich auch im Dialog mit anderen, die wegen der sich ständig verändernden Natur des Wachstums auch Veränderung und Trennung brauchen.

Wenn Sie den Weg der selbstverantwortenden Gestaltung Ihrer Persönlichkeit im Austausch mit der Sie umgebenden Umwelt weiter verfolgen wollen, könnten Sie nebenbei erfahren, dass Ihnen, als mutig gewordenem »Veränderer«, die sü-

ßen Früchte der Zufriedenheit durch selbstbewirkte Willens-
durchsetzung und Veränderung in den Schoß rollen.

Einer meiner Lehrer hat mir einmal die persönliche Erfahrung vermittelt, dass vor einem wichtigen Durchbruch plötzlich eine merkwürdige innere Ruhe auftaucht, in etwa wie die
Ruhe vor einem Sturm. Behält man etwas von dieser inneren
Ruhe, dieser intuitiven und wissenden Gelassenheit in den
»ups and downs« der Veränderungsprozesse bei, dann wird
man aller Wahrscheinlichkeit nach die Erfahrung machen, dass
selbst die wildesten Stürme weit weniger gefährlich sind, als
man im Voraus befürchtet hatte. Sie werden vielmehr im Nachhinein erfrischende Klarheit und neue Lebensenergie erleben.

Freuen Sie sich jetzt schon, wie gut Sie mit Augenmaß und
zielorientiert Ihre Veränderungsprozesse aus sich selber heraus
oder im Zusammenhang mit anderen beginnen und zu einem
guten Ende führen oder bereits geführt haben. Motivieren Sie
sich mit dieser Vorfreude und der Gewissheit, Ihre Veränderungsziele zu erreichen. Seien Sie gewiss, dass Sie bald weitere
Schritte gehen werden und Ihre Veränderungspläne im Alltag
mit immer weniger Befürchtungen, Zweifeln und Rückversi-
cherungen ins Rollen bringen, und zwar absichtsvoll und spielerisch zugleich.

Zum Abschluss dieses Buchs frage ich mich, welche Informationen und welche Art von Unterstützung Sie noch brauchen
könnten, um die von Ihnen gewünschten und notwendigen
Veränderungen mutig und selbstvertrauend in Gang zu setzen
oder um etwas in Ihrem Leben für Sie Wichtiges voranzutreiben. Ist es nicht so, dass man manchmal meint, erst alles wissen zu müssen, bevor man sich ausreichend gerüstet und mutig
genug fühlt, um die ersten Schritte zu tun?

Bei jeder Veränderung ist es hilfreich, sich bewusst zu machen, dass ein so einfacher Vorgang, wie einen Stift in der

Hand zu halten und damit zu schreiben, uns früher einen komplexen Lernprozess abverlangt hat und uns inzwischen leicht von der Hand geht.

Ein Ziel erreicht man, indem man »sich auf den Weg macht«. Die Veränderung tatkräftig und konkret zu beginnen ist bereits der wichtigste Schritt zum Erfolg.

Neu erworbenes Verhalten wirkt am Anfang meist noch künstlich und gewollt, es erscheint uns selbst oder anderen sogar merkwürdig, bevor es mit weiterer Übung bald zum gewohnten Repertoire wird. Erinnern Sie sich zum Beispiel nur daran, welche Purzelbäume Sie im Schnee bei Ihren ersten Versuchen, Ski zu fahren, geschlagen haben. Denken Sie für einen Moment daran, wie leicht es bald sein wird, wenn Ihre Fähigkeiten, sich auf Neues einzulassen, sich mit Ihrem bisherigen vertrauten Wissen zur neu erworbenen lebendigen Kompetenz verbinden. Es ist verblüffend zu erleben, dass genau das, was in uns die meisten Widerstände verursacht hat und uns veranlasst hat zu sagen: »Das bin doch gar nicht ich«, manchmal zur äußerst wertvollen Erfahrung mutiert und zum stimmigsten Teil unserer Persönlichkeit wird.

Ich verabschiede mich an dieser Stelle von Ihnen mit den besten Wünschen, dass Sie vielleicht durch diese Impulse etwas Unterstützung für Ihre Veränderungsprozesse mitnehmen, um Ihre gewünschten und ebenso die notwendigen Veränderungen und Trennungen in Ihrem Leben zunehmend anzupacken. Der wertvollste und wichtigste Lehrer der Veränderung ist das Leben selbst. Dass Sie auf diesen ganz persönlichen Lehrer hören lernen, ist das wichtigste Anliegen dieses Buchs.

Ihre
Johanna Müller-Ebert

Notfallkoffer für die Reise durch Veränderungen

Zum Abschluss möchte ich Ihnen noch eine kleine Übung vorschlagen, die Sie durch alle Veränderungsprozesse hilfreich begleiten kann: das Packen eines Notfallkoffers.

Das kann Sie unterstützen, wenn Sie sich für Ihre Veränderungsvorhaben einen kleinen Notfallkoffer packen, sei er konkret oder nur imaginativ.

Ich empfehle Ihnen allerdings, ihn doch lieber für alle Sinne erfahrbar als reales »Notfallset« zusammenzutragen, damit Sie bei Zweifeln oder Unsicherheit im Prozess auf eine konkrete Unterstützung zurückgreifen können. Vielleicht finden Sie dafür eine kleine Schachtel, die als eine Art Schatztruhe dienen kann, oder einen Spielzeugkoffer, oder Sie packen alles in eine Datei, die Sie auf Ihrem Smartphone oder PC aufrufen können, je nach Ihren jeweiligen Bedürfnissen nach Unterstützung.

Folgendes könnten Sie zusammenstellen:

- Ein Foto, das Sie in einer glücklichen Situation zeigt oder eine glückliche Stimmung ausdrückt, in der Sie sich gerne befinden. Finden Sie ein Foto, das Ihnen eine gelungene Veränderung zeigt oder ein Foto von sich von einer bestandenen Prüfung, einer Gipfelbesteigung, ein Foto, das Sie an ein angenehmes Körpergefühl erinnert.
- Eine CD oder einen Stick mit einer angenehmen Musik.
- Manche Menschen fassen gern etwas Angenehmes an, wenn sie sich positiv stimmen wollen, wie zum Beispiel einen Handschmeichler, einen schönen Stein oder ein weiches Stoffstück. Oder legen Sie einen »Gedenk«- oder Kieselstein dazu, auf dem steht, dass Sie ein Held/eine Heldin der Veränderung sind.
- Andere verbinden Veränderungen und Gelingen mit einem

angenehmen Duft, zum Beispiel mit salziger Meerluft oder
Frühlingsblütengerüchen oder dem Geruch einer erwachenden Großstadt am Morgen.

- Notieren Sie sich auf einer Karte drei Telefonnummern von
  drei Personen, die Sie konstruktiv in Konflikten und Ent-
  scheidungsfragen beraten können, die Sie anrufen dürfen
  und denen Sie vertrauen.

- Schreiben Sie sich einen Memo-Satz auf, der wie ein Mantra
  klingt, altbewährt ist und »gut abgehangen«, wie es Bernhard Trenkle[30] nennt, und der in Ihrem willkürlichen und
  unwillkürlichen Wissen gut verankert ist. Ein solcher Satz
  könnte etwa sein: »Unkraut vergeht nicht«, »Rom wurde
  nicht in einem Tag erbaut«, »Allem Anfang wohnt ein Zau-
  ber inne«, »Abwarten und Teetrinken«, »Ein jeder ist seines
  Glückes Schmied« und viele mehr.

- Der Rheinländer hat für solche Fälle das beruhigende Rhei-
  nische Grundgesetz Nr. 1: »Et kütt wie et kütt« (Es kommt,
  wie es kommt) und Nr. 2: »Et hätt noch ewwer jut jegange«
  (Es ist noch immer gut gegangen).

- Vielleicht haben Sie sich aber auch einen Satz aus meinem
  Buch gut eingeprägt: »Ängste und Befürchtungen sind zwar
  unangenehm, aber sie töten nicht!«

Nachwort und Dank

Vor fünf Jahren hatte ich eine dieser Begegnungen, die in der Folge meinen beruflichen und privaten Alltag entscheidend veränderte. Ich wollte wieder einmal etwas Neues für meinen Berufsalltag lernen. Aus Neugier hatte ich mir eine Hypnosesitzung bei einer Kollegin gegönnt und dabei festgestellt, wie nahe sich in der therapeutischen Praxis das Menschenbild der Gestalttherapie und der Hypnotherapie stehen. Kein Wunder, stammen doch beide Verfahren aus der humanistischen Bewegung. Ein weiterer Zufall brachte mich mit dem Milton-Erickson-Institut in Heidelberg, meinem ehemaligen Studienort, zusammen. Die einzigartige Atmosphäre meiner alten und wieder neu entdeckten Universitätsstadt, ihr seelisch und meteorologisch mildes Klima wirkten schon bei meinem ersten Weg dorthin wie eine positive Trance auf mich. Die Offenheit und geistige Freigiebigkeit des Milton-Erickson-Instituts Heidelberg und seiner Lehrer, besonders Gunther Schmidt, standen im Gegensatz zu vielen Weiterbildungen, die ich in einem langen Psychotherapeutinnenleben hinter mich gebracht habe. Ihre würdigende Grundhaltung dem Rat und Unterstützung Suchenden gegenüber sowie die Begegnung mit der Teile-Theorie haben mich sehr inspiriert. Seitdem sitzen auch meine verschiedenen »Ich-Anteile« oft in einer inneren Behandlerkonferenz zusammen und beraten aus verschiedenen Blickwinkeln, wie mein Klient und ich mit einer Zielvorgabe umgehen können. Ich habe viel gelernt und lerne immer noch.

So gilt mein besonderer Dank Euch, Gunther Schmidt und Bernhard Trenkle, die mir im hypnotherapeutischen Feld meine bereits vorhandenen Ressourcen wieder bewusst gemacht und viel Neues gezeigt haben. Dadurch konnte ich nicht nur wichtige Veränderungen in meiner Identität als Psychothe-

rapeutin und Coach zulassen, sondern auch durch die geniale
»Löwen-Geschichte« von dir, Bernhard Trenkle, seit einer
Hypnosedemonstration in der Weiterbildungsgruppe wieder
erholsamen Nachtschlaf finden.

Danken möchte ich an dieser Stelle meinen wichtigsten früheren Lehrern der fortwährenden Veränderung und des professionellen Wachstums: Laura Perls und Isadore From (beide bereits verstorben) aus den Anfängen der Gestalttherapie und all
denen, durch die ich auf meinem Weg der Veränderung zur
Psychotherapeutin beeinflusst wurde: Durch die Schriften
Otto Ranks, durch EMDR und Traumatherapie bei Dr. Arne
Hofmann und durch die Begegnung mit Prof. Dr. Eva Jaeggi,
meiner Doktormutter, durch die ich erfuhr, dass (im Sinne
Graves) ein Psychotherapeut kaum verantwortungsvoll in der
Beziehung mit seinem Patienten handeln kann, wenn er strikt
nur einer einzigen Theorie folgt, sondern dass die jeweiligen
sich im Zeitgeist entwickelnden neuen Strömungen und Theo-
rien eine wertvolle Bereicherung der psychotherapeutischen
Praxis darstellen.

So hat dies auch in diesem Buch seinen Niederschlag gefunden: Es vereint neben den oben genannten Theorien wichtige
Aspekte aus den verschiedenen Denkansätzen psychothera-
peutischer Theorie und Praxis wie der Gestalttherapie, der systemischen Hypnotherapie, EMDR und Traumatherapie, sowie
tiefenpsychologischen wie auch philosophischen und literari-
schen Gedanken, die sich besonders mit Veränderungsprozessen auseinandersetzen.

An zahlreichen Stellen taucht der Begriff »Trennungskompetenz« auf, der Ihnen vielleicht aus meinen früheren Büchern
vertraut ist. Das war unvermeidlich. Trennen und Verändern
sind Schwestern. Manche Veränderungen machen eine ganz
bewusste Trennung notwendig, für andere Veränderungen sind

eine erhöhte Wahrnehmung oder zielstrebiges Wollen und Handeln ausreichend.

Ohne die Unterstützung meiner Freunde, die bereits bei meinem letzten Buch »Trennungskompetenz in allen Lebenslagen« in meinem Leben dabei waren, wäre dieses Buch nie zum Abschluss gekommen. Hier nenne ich nur einige: Entspannung fand ich nach der Arbeit am Schreibtisch beim Boule-Spielen mit meiner »Mannschaft« und beim Samba-Tanzkurs, wo mein »unwillkürliches Wissen« im freien Spiel die Arbeitsergebnisse des Tages umschichten und im Hintergrund verarbeiten konnte. Ich bedanke mich ganz besonders für die vielen Geschichten und Erfahrungen mit Veränderung, die mir das Vertrauen meiner Klienten, meiner Familie und meiner Freunde schenkte.

Dem Kösel-Verlag danke ich für seine Unterstützung, hier ganz besonders Frau Dagmar Olzog für unsere erfrischenden Diskussionen zum Thema Verändern und Trennen, die die Arbeit an diesem Buch begleitet haben, und auch diesmal Herrn Gerhard Plachta für seine ordnende Hand und hilfreichen Anregungen.

Zwei unermüdlichen Weggefährten beim Schreiben und Denken aber möchte ich besonders danken: Frau Bettina Aders, die bei der Arbeit an meinen Büchern immer wieder mit gleichbleibender Geduld die Aufs und Abs der Manuskripte begleitete.

Und ganz besonders danke ich meinem Mann Bertram als wichtigstem »Utensil« in meinem »Notfallkoffer«, vor allem bei Schreibblockade und Überdruss. Er war bei der schrittweisen Veränderung der verschiedenen Textabschnitte ein hilfreicher und kritischer »Beistand« und hat sich in der Versorgung meiner leiblichen Bedürfnisse so nebenbei vom spruchreifen Nudel-Suppenkoch zum Meister des Wienerischen Tafelspitz verändert.

Jetzt habe ich Lust, für eine Weile innezuhalten und bei dem zu bleiben, was ich beendet habe.

Übrigens: Vielen Dank für Ihr Interesse!

Anmerkungen

1. Baumeister, Roy; Tierney, John (2014): *Die Macht der Disziplin. Wie wir unseren Willen trainieren können,* München: Goldmann
2. Müller-Ebert, Johanna (2007): *Trennungskompetenz in allen Lebenslagen. Vom Loslassen, Aufhören und neu Anfangen.* München: Kösel
3. Die Anregung zu der Geschichte stammt aus www.listserv.dsn.de, der Hypnoseliste, einem professionellen Chat von Hypnotherapeuten zum Thema »Therapeutische Geschichten«.
4. Ende, Michael (1973): *Momo. Oder die seltsame Geschichte von den Zeit-Dieben und von dem Kind, das den Menschen die gestohlene Zeit zurückbrachte,* Stuttgart: Thienemann S. 36 f.
5. Schmidt, Gunther, Fortbildungsseminar zu Hypnosystemischem Coaching, April 2012, Milton-Erickson-Institut, Heidelberg
6. Hüther, Gerald (2011): *Was wir sind und was wir sein könnten. Ein neurobiologischer Mutmacher,* Frankfurt/Main: S. Fischer
7. Faschingbauer, M. (2010): »Von Zielen, die Probleme machen, zu optimalem ›polynesischem Segeln‹« in: *Effectuation: Wie erfolgreiche Unternehmer denken, entscheiden und handeln,* Stuttgart: Schäffer-Poeschel
8. Schmidt, Gunther (2007): *Liebesaffären zwischen Problem und Lösung. Hypnosystemisches Arbeiten in schwierigen Kontexten,* Heidelberg: Carl Auer
9. Zeig, Jeffrey K. (2009): *Einzelunterricht bei Erickson. Hypnotherapeutische Lektionen bei Milton Erickson,* Heidelberg: Carl-Auer
10. Trenkle, Bernhard (2012): *Dazu fällt mir eine Geschichte ein. Direkt-indirekte Botschaften für Therapieberatung und über den Gartenzaun,* sowie *Die Löwen-Geschichte* (2009) und *Das Ha-Handbuch der Psychotherapie* (2010) Heidelberg: Carl-Auer
11. »Wer bin ich und wenn ja wie viele« war nicht nur, wie man gemeinhin denkt, der Titel des Bestsellers von Richard David Precht von 2007, sondern bereits der Titel eines Artikels von Gunther Schmidt aus dem Jahr 1994 und eines Vortrages 2003 über hypnosystemische Konzepte in der Arbeit mit der inneren Familie (siehe gleichnamige CD, erschienen bei Auditorium Netzwerk, 2003).
12. Schwartz, Richard C (2007): *Systemische Therapie mit der inneren Familie.* Klett-Cotta Stuttgart, 5. Auflage; Reddemann, Luise (2007):

Imagination als heilsame Kraft. Stuttgart: Klett-Cotta, 13. Auflage; Schmidt, Gunther (2011): *Einführung in die hypnosystemische Therapie und Beratung,* Heidelberg: Carl-Auer-Systeme, 4. Auflage

13. Perls, F.S., Hefferline, F. u. Goodman, P. (2006): *Gestalttherapie. Grundlagen der Lebensfreude und Persönlichkeitsentfaltung.* Stuttgart: Klett-Cotta, 7. neu übersetzte Auflage.

14. In zahlreichen neueren Behandlungskonzepten sind Begriffe und Konstrukte wie innere Familie oder die inneren »Ich-Anteile« fester Bestandteil der psychotherapeutischen Arbeit geworden, wie zum Beispiel in der von Virginia Satir gegründeten Familientherapie. Woltemade Hartman und Kai Fritzsche nennen die »Ich-Anteile« des Selbst »Ego-States« und haben für die Traumatherapie wirksame Behandlungstechniken dazu entwickelt. Im Sinne von Virginia Satir arbeiten auch Richard Schwartz und Tom Holmes und entwickelten einen einzeltherapeutischen Ansatz, in dem der Klient sich selbst mit seiner inneren Familie im vorgestellten Rollenspiel auseinandersetzt (im Gegensatz zu der Praxis des Psychodrama und der Arbeit von Virginia Satir, in der die äußere wie die innere Familie durch Gruppenmitglieder dargestellt wird.) Andere Therapiekonzepte bezeichnen diese Ich-Anteile als »Persönlichkeitsanteile«, meinen aber in etwa dasselbe. Ich verwende der Bildlichkeit halber den Begriff »Ich-Anteile« oder »Seiten«, wie Gunther Schmidt in seinem hypnosystemischen Ansatz (siehe oben). Siehe dazu: Holmes, Tom (2010): *Reisen in die Innenwelt.* München: Kösel; Fritzsche, Kai; Hartman, Woltemade (2013): *Einführung in die Ego-State-Therapie.* Heidelberg: Carl-Auer-Systeme; Schwartz, Richard, a.a.O.

15. Müller-Ebert, Johanna (2011): *Trennungskompetenz in allen Lebenslagen. Vom Loslassen, Aufhören und neu Anfangen.* München: Kösel, 4. Auflage

16. Siehe Weiterbildungsseminar Klinische Hypnotherapie (2011): Milton-Erickson-Institut Heidelberg

17. Der Politiker M. Gorbatschow prägte diesen Satz bei einer entscheidenden Veränderung in der europäischen Staatengemeinschaft.

18. Perls, F., Hefferline, F., Goodman, P. (2006): 7. Auflage, a.a.O.

19. »PSI-Theorie (Theorie der Persönlichkeits-System-Interaktionen)«, Kuhl, Julius (2010): *Lehrbuch der Persönlichkeitspsychologie.* Göttingen: Hogrefe

20. siehe auch Hüninger, F. (2008): *Selbststeuerung und Leistung.* Diss. Universität Osnabrück

21. Die Strategie besteht aus vier Schritten, wie sie sowohl in den humanistischen Verfahren wie der Gestalttherapie oder der systemischen Hypnotherapie bei der Begleitung von Veränderungsprozessen Anwendung finden.
22. siehe Übungen, Reddemann, Luise (2007): in: »Imagination als heilsame Kraft«, Stuttgart: Klett-Cotta, 13. Auflage
23. Die im deutschsprachigen Raum teilweise anerkannte Gestalttherapie hat diesen vierphasigen Prozess der Veränderung und des Wachstums in das Zentrum ihrer psychologischen Theorie und therapeutischen Praxis gestellt. Sie analysiert weder die Erfahrungen der Vergangenheit im Hinblick auf ihre Wirkung in der Gegenwart, noch den Grad der Zweckmäßigkeit eines jeweiligen Verhaltens, sondern macht auf der Basis dieses »Kontaktzyklus«, wie sie es nennt, in einem Vier-Phasen-Prozess für die Beteiligten erlebbar, wie sich der jeweilige Fokus der Aufmerksamkeit, der Auseinandersetzung wie auch der Assimilation von Phase zu Phase verändern, erfolgreich verlaufen oder aber auch zu Turbulenzen und unzweckmäßigen Lösungen des Erlebens und Verhaltens führen kann. Siehe dazu Perls, F.S., Hefferline, F., Goodman, P. (2006): *Gestalttherapie P.H.G. III, Grundlagen der Lebensfreude und Persönlichkeitsentfaltung.* Stuttgart: Klett-Cotta, Theorie des Selbst, Kap. 10 bis 15)
24. Joyce, Rachel (2012): *Die unwahrscheinliche Pilgerreise des Harold Fry,* Frankfurt am Main: Fischer 2012
25. Schmidt, Gunther (2011), a.a.O.
26. Die klassische Dialogdyade einer solchen inneren Entscheidungsfindung beschreibt die Gestalttherapie bildlich als die des »Superdog« und »Underdog«. Das besagt, dass der rational vernünftige Superdog gegen den emotionalen, oft trotzigen und lustlosen Underdog einen unendlich nutzlosen Kampfdialog führt.
27. Terminsetzung nannte Otto Rank, ein Zeitgenosse und Kollege Freuds, die willentliche Festsetzung eines Datums für eine Veränderungs- oder Trennungsabsicht. Er erforschte, dass diese Begrenzung ein therapeutisches Agens ist, um Entscheidungen, besonders zu Veränderung und Trennung, voranzutreiben. Rank, Otto (2006): Technik der Psychoanalyse Bd. I-III, Nachdruck der Ausgabe von 1920. Gießen: Psychosozial
28. Die Gestalttherapie nennt dieses Geschehen »Identifizierung«. Im hypnotherapeutischen Ansatz wird es als Ressource im »inneren Wissen« beschrieben, das unsere Entscheidungen unbewusst mitprägt.
29. Jutta Allmendinger, Studie des Wissenschaftszentrums für Sozialfor-

schung, für die Zeitschrift *Brigitte* vom 13.9.2013: »Berufstätige Mütter auf dem Sprung«

30. Trenkle, Bernhard (2009): *Die Löwen-Geschichte,* Heidelberg: Carl Auer, 5.Auflage

Zum Nachschlagen und Weiterlesen

Alman, B., Lambrou, P. (2007): *Selbsthypnose. Ein Handbuch zur Selbsttherapie*. Heidelberg: Carl-Auer

Bauer, J. (2003): *Das Gedächtnis des Körpers. Wie Beziehungen und Lebensstile unsere Gene steuern*. Frankfurt/Main: Eichborn

Baumeister, R., Tierney, J. (2012): *Die Macht der Disziplin. Wie wir unseren Willen trainieren können*. Frankfurt/Main, New York: Campus

Blohm, W. (2006): *Selbsthypnose und Hypnotherapie. Neue Wege bei Ängsten, Schmerzen, Stress und Depressionen*. Heidelberg: mvg

Bucay, J. (2011): *Komm, ich erzähl Dir eine Geschichte*. Frankfurt/Main: Fischer Taschenbuch

Ende, M. (1973): *Momo. Oder die seltsame Geschichte von den Zeit-Dieben und von dem Kind, das den Menschen die gestohlene Zeit zurückbrachte*. Stuttgart: Thienemann

Faschingbauer, M. (2010): *Effectuation. Wie erfolgreiche Unternehmer denken, entscheiden und handeln*. Stuttgart: Schäffer-Poeschel

Freud, S.: »Über die Berechtigung, von der Neurasthenie einen bestimmten Symptomkomplex als »Angstneurose« abzutrennen« in: (1895) *Studienausgabe*, Bd. 6, 1971, Frankfurt/Main: Fischer S. 25, 27–49

Fritzsche, K., Hartman, W. (2010): *Einführung in die Ego-State-Therapie*. Heidelberg: Carl-Auer

Gessmann, M. (2009): *Philosophisches Wörterbuch*. Stuttgart: Kröner

Hartmann, K., Kuhl, J. (2004): »Der Wille in der Verhaltenstherapie«, in: Petzold, H. G., Sieper, J.: *Der Wille in der Psychotherapie. Band II: Systemische, verhaltenstherapeutische und integrative Verfahren*. Göttingen: Vandenhoek & Ruprecht. S. 7–44

Holmes, T. (2013): *Reisen in die Innenwelt. Systemische Arbeit mit Persönlichkeitsanteilen*. München: Kösel

Hünninger, F. (2008): *Selbststeuerung und Leistung*. Diss. Universität Osnabrück

Hüther, Gerald (2011): *Was wir sind und was wir sein könnten. Ein neurobiologischer Mutmacher*. Frankfurt/Main: Fischer

Joyce, R. (2012): *Die unwahrscheinliche Pilgerreise des Harold Fry*. Frankfurt/Main: Fischer

Kuhl, J. (2010): *Lehrbuch der Persönlichkeitspsychologie. Motivation, Emotion und Selbststeuerung*. Göttingen: Hogrefe

Kuhl, J., Hartmann, K. (2004): »Funktionsdiagnostik von Selbststeuerungs- und Persönlichkeitsstörungen«, in: Petzold, H. G., Sieper, J.: *Der Wille in der Psychotherapie. Band II: Systemische, verhaltenstherapeutische und integrative Verfahren.* Göttingen: Vandenhoek & Ruprecht. S. 45–89

Müller-Ebert, J. (2011): *Trennungskompetenz in allen Lebenslagen. Vom Loslassen, Aufhören und neu Anfangen.* München: Kösel

Nuber, U.: »Sinnvoller Leben. Die Kunst des Herunterschaltens«, in: *Psychologie Heute*, 1/2012, S. 20–25

Perls, F.S., Hefferline, F., Goodman, P. (^{7}2006): *Gestalttherapie. Grundlagen der Lebensfreude und Persönlichkeitsentfaltung.* Stuttgart: Klett-Cotta

Rank, O. (2006): *Technik der Psychoanalyse, Band I-III, Nachdruck der Ausgabe von 1926,* Gießen: Psychosozial

Reddemann, L. (2007): *Imagination als heilsame Kraft. Zur Behandlung von Traumafolgen mit ressourcenorientierten Verfahren.* Stuttgart: Klett-Cotta

Revenstorf, D., Burkhard, P. (2012): *Hypnose in Psychotherapie, Psychosomatik und Medizin. Manual für die Praxis.* Berlin/Heidelberg/New York: Springer

Revenstorf, D., Zeyer, R. (2008): *Hypnose lernen. Leistungssteigerung und Stressbewältigung durch Selbsthypnose.* Heidelberg: Carl-Auer

Roth, G. (2013): *Persönlichkeit, Entscheidung und Verhalten. Warum es so schwierig ist, sich und andere zu ändern.* Stuttgart: Klett-Cotta

Schmidt, G. (2011): *Einführung in die hypnosystemische Therapie und Beratung,* Heidelberg: Carl-Auer-Systeme

Schmidt, G. (2003): *Wer bin ich und wenn ja, wie viele? Hypnosystemische Utilisationskonzepte für Arbeit mit der inneren Familie.* (CD) Müllheim-Baden: Auditorium Netzwerk

Schmidt, G. (2007): *Liebesaffären zwischen Problem und Lösung. Hypnosystemisches Arbeiten in schwierigen Kontexten.* Heidelberg: Carl-Auer

Schwartz, R. C. (2007): *Systemische Therapie mit der inneren Familie.* Stuttgart: Klett-Cotta

Trenkle, B. (2012): *Dazu fällt mir eine Geschichte ein. Direkt-indirekte Botschaften für Therapie, Beratung und über den Gartenzaun.* Heidelberg: Carl-Auer

Trenkle, B. (2009): *Die Löwen-Geschichte. Hypnotisch-metaphorische Kommunikation und Selbsthypnosetraining.* Heidelberg: Carl-Auer

Zeig, J. K. (2009): *Einzelunterricht bei Erickson. Hypnotherapeutische Lektionen bei Milton H. Erickson.* Heidelberg: Carl-Auer